DOKTRIN KRETYEN VOLIM I
ENPRIME E PIBLIYE PA

Pa
Denver Sizemore

Literature And Teaching Ministries
Joplin, Missuori

Tout dwa rezève © 2022
Literature And Teaching Ministries
Joplin, Missouri, USA

Tit orijinal la ann anglè se:
Thirteen Lessons in Christian Doctrine
Dwa otè © 1987
College Press Publishing Company
19è Enpresyon, 1996 – Revize
Emprime ak Rasanble nan Etazini Amerik
Tout dwa rezève

Tout vèsè ki site yo soti nan Bib La
Sosyete Biblik Ayisyen
Rue des Miracles ak Rue du Centre
Port-au-Prince, Haiti

Se Literature ak Teaching Ministries ki pibiliye ouvraj sa.
Literature ak Teaching Ministries
Joplin, Missouri, USA
www.latm.info

ISBN: 978-1-952942-12-9

Tab Matyè yo

Bondye — 5
Jezi, Kris La — 11
Bib La — 17
Legliz La — 22
Lafwa — 28
Repantans — 34
Batèm — 40
Soupe Senyè A — 46
Lapriyè — 52
Bay — 59
Bay Nan Nouvo Testaman — 64
Misyon Legliz La — 70
Retou Senyè A — 77
Egzamen 1 — 86
Egzamen 2 — 89
Egzamen 3 — 92

ENSTRIKSYON YO PO U DOKTRIN KRETYEN VOLIM 1 KOU #102-2

ENSTRIKSYON YO

Kou sa divize an 13 leson. Li enpòtan anpil pou w metrize chak leson avan w komanse leson ki vin aprè a. Gen kèk kesyon etid ak revizyon pandan tout kou a ki fèt pou reveye panse ak soulinye seksyon enpòtan ki nan kou sa. Li esansyèl pou w reponn tout kesyon sa yo konplètman, paske yo bay yon lide sou kesyon yo ki pral parèt nan egzamen ou yo. Ou kapab jwenn repons pou kesyon yo nan liv ou a ak nan Bib la. Pa gen nesesite pou w itilize referans anplis nan lòt liv ke sa ki nan liv sa ak nan Bib la.

EGZAMEN KOU YO

Genyen twa egzamen kote ou ka ouvè liv ak Bib la pou kou sa. Twa egzamen sa yo reprezante 100% nòt final ou. TOUT REPONS TÈS YO SOTI DIRÈKTEMAN NAN LIV LA AK NAN BIB LA ! Poutèt sa, li esansyèl pou w konnen leson ki nan liv la, kòmantè otè yo, ak repons pou chak kesyon etid ak revizyon yo.

Li epi etidye avèk swen leson yo plizyè fwa, epi reponn kesyon etid yo pou seksyon sa. Yon fwa ou fin konprann enfòmasyon yo, ou pare pou w kòmanse pran egzamen ou yo nan lòd sa a :

Egzamen 1 : Leson 1-4 Paj 1-27
Egzamen 2 : Leson 5-8 Paj 27-53
Egzamen 3 : Leson 9-12 Paj 53-90

Ou pare pou w kòmanse kou yo sou Doktrin Kretyen 1. Mwen mande Bondye pou fè etid sa yon lajwa ak yon bagay ou ka aplike nan lavi-w chak jou. Se pou Bondye dirije etid ou yo, epi se pou Li itilize kou sa pou ede w ekipe pou tout lavi w nan sèvis Legliz li a.

ELÈV YO KAPAB ITILIZE LIV TÈKS YO AK BIB LA POU KONPLETE EGZAMEN KOU A !

LESON 1
BONDYE

I. Prèv ke Bondye Egziste
   A. Bib la Revele Li
   B. Bon Sans Anseye Li
   Ch. Entèlijans Siprèm Montre Li
   D. Lanati Pwouve Li
   E. Presantiman Egzije Li
II. Non pou Bondye
III. Nati Bondye
   A. Inite Li – Yon Sèl Bondye
   B. Sentete Li
   Ch. Lanmou Li
   D. Mizèrikòd Li
   E. Pouvwa Li – Omnipotans
   F. Sajès Li – Omnisyans
   G. Omniprezans li
   H. Fidelite Li
IV. Konnen Bondye ak Obeyi Bondye

Èske gen yon Bondye ? Siw di wi, ak kisa li sanble ? Èske li pran swen nou ? Kisa li mande nou ? Se ak kesyon sa yo tout moun ap fè fas. Repons kesyon sa yo pral detèmine direksyon ak objektif chak vi.

I. Prèv Ke Bondye Egziste

A. Bib la Revele Li. Bib la pa eseye pwouve egzistans Bondye. Premye deklarasyon an se : « Nan kòmansman, Bondye . . . » (Jenèz 1.1). Li avwe li tankou yon verite epi deklare ke « Moun fou yo di nan kè yo : Pa gen Bondye » (Sòm 14.1). Bib la di sèl yon moun fou, ki inyore verite sa yo ki ta dwe renye Bondye, epi se pa devan tout moun, men an sekrè, nan kè li. Bib la te ekri sou premye deklarasyon yo, ke prèv Bondye a tèlman fò ke pèsòn moun ki enfòme pa ta dwe nye egzistans li.

Sepandan, pou sa yo ki pa aksepte ansèyman Bib la konsènan Bondye, li vin nesesè pou egzamine lòt prèv pou egzistans li. Me kèk prèv ki pral sifi :

B. Bon Sans Anseye Li. Lalwa egzije ke chak kòz gen yon efè epi dèyè chak efè dwe gen yon kòz. Mond lan se efè a, kisa ki kòz la ? Èske mond lan ak inivè sa te fèt sou chans ? Èske yon bagay ka soti nan anyen ? Oubyen èske Gen yon espri ki enspire nou, ke nou rele Bondye, dèyè tout bagay sa yo ? Bon sans ansenye nou sa. Bib la dakò : « Chak kay gen yon moun ki bati li. Men, se Bondye ki fè tout bagay. » (Ebre. 3.4).

Ch. Entelijans Siprèm Montre Li. Lè nou wè yon gwo kay, nou rekonèt te gen yon achitèk entelijan. Lè n tande yon bèl chan, nou konnen te gen yon konpozitè. Lè nou gade tè sa, nou konnen te gen yon kreyatè. Yo di tè a peze 6,570,000,000,000,000,000,000 (sis sekstilyon, 570 tentilyon) tòn. Gwosè li : 8,000 mil dyamèt ak 25,000 mil tout alantou li. Tè a pi jis nan mouvman li yo pase mont ki pi chè ak pi sansib la. Tè a vwayaje plis pase 595,000,000 mil fwa nan yon ane menm jan li fè wonn solèy la, men li pa chanje menm yon segond nan kantite tan li pran pou chak vwayaj !

Si li ta chanje menm pou yon demi segond, li t ap fè tit tout jounal syantifik nan mond lan. Li gen plizyè milye ane ap fè sa. Kijan nou ka eksplike sa ? Yon Bondye ki gen bon konprann ak pwisans se sèl repons ki rezonab.

D. Lanati Pwouve Li. Salmis la deklare : « Syèl la fè parèt aklè pouvwa Bondye a. Li fè wè tou sa Bondye te fè ak men l » (Sòm 19.1). Pòl, nan Women 1.20, di « Se vre wi. Depi Bondye te fin kreye tout bagay, tout moun ki egzamine travay Li yo ka konprann ki kalite moun Bondye ye, bagay nou pa ka wè ak je nou : ki vle di, jan Li gen yon pouvwa ki pap janm fini, jan li se Bondye tout bon. Se sa ki fè moun sa yo pa gen eskiz menm. »

Lè n ap gade nan mond lan, nou kapab asire ke gen yon Bondye, Li pwisan epi Li saj. Moun ki rejte prèv sa pa gen okenn eskiz pou kwè yo pa kwè a. Gen yon moun ki te ekri « Si mo 'Bondye' te ekri sou tout fèy bwa kap vole, te grave sou tout nwaj kap pase, te grave sou chak wòch granit, prèv Bondye nan mond lan pa tap pi fò pase jan li ye a. Lè entèlijans lèzòm panse an tèm finalite avèk mond lan tankou sa ki vini avan fen li, 'donk' pou chak silogis ap pral 'Bondye'. Linivè a se yon gran pano piblisite k ap eple 'Bondye'. »

E. Presantiman Egzije Li. Presantiman lèzòm rekonèt yon èt ki pi wo epi yo vle adore li. Sa se yon verite pou branch fanmi ki pi payen yo. Pòl te twouve sa se vre nan lavil Atèn (Travay 17.23) nan mitan moun yo ki tap adore zidòl payen yo. Ki kote lèzom jwenn konesans sa ak mo èt diven sa ? Bèt yo pa genyen li. Akòz se sèlman lèzòm nan tout kreyasyon an ki se yon èt relijye, sa se prèv ke se kreyatè li a, Bondye, ki mete nan li konesans sa. Antouka moun ki pa kwè nan Bondye yo pa ka esplike sa.

Peryòd dout sa rejte Bondye pandan nou ap nwaye nan yon lanmè prèv pou Li. Li fe nou sonje yonn nan powèm Minot J. Savage yo :

« O, kote lanmè a ? » pwason yo te kriye,
Pandan yo tap naje nan klète kristal la.
« Nou te tande ansyen lanm lanmè a
E nou vle gade dlo ble a.
Sa ki gen bon konpran yo pale de lanmè enfini
O, kiyès ki kapab di nou si gen bagay sa vre ! »

II. Non yo ki pou Bondye

Non ki pi komen pou Bondye nan Ansyen Kontra a se « Yawe » oswa « Jewova. » Sa vle di « sa ki fè pwòp tèt li. » Kesyon sa toujou ap poze, « Kote Bondye soti ? » Repons lan se Li pa soti okenn kote oswa nan okenn moun. Li egziste nan limenm menm e se toujou konsa sa te ye. Avèk limit nou yo, nou twouve sa difisil pou nou konprann, men sa se yon endikasyon ke Bondye pa gen limit. Lè Moyiz te mande Bondye kòman Li rele nan Egzòd 3.14, Li te di, « Sa m ye a se sa m ye. Apre sa li di ankò : W a pale ak moun pèp Izrayèl yo, w a di yo konsa : Mwen Menm ki rele sa m ye a, se Mwen Menm ki voye ou bò kote yo. » Sa se yon lòt jan yo rele Jewova – « Sa ki egziste a. » Non sa montre aklè ke Bondye etènel (Sòm. 90.2).

Non « Eloyim » lan te aplike nan Jenèz 1.1 ak lòt kote nan Ansyen Testaman an. Sa vle di « sila ki fò a. » Sa montre tout pwisans li « tout-pouvwa » nati li. Sa itilize espesyalman nan koneksyon avèk kreyasyon an.

« Adon » – ki vle di « Senyè, Mèt » souvan aplike pou Bondye nan Bib la. Li endike otorite li sou lèzòm menm jan sou tout kreyasyon an.

III. Nati Bondye

Kreyasyon nap gade a kapab di nou gen yon Bondye. Men li rete pou Bib la – revelasyon Bondye de pwòp tèt li – di nou kisa Bondye sanble nan moun li ye a. Nou fè lis kèk nan karaktè l yo.

A. Inite Li – Yon Bondye. Gen yon sèl Bondye (Detewonòm 6.4). « Koute byen, nou menm pèp Izrayèl ! Senyè a, Bondye nou an, se li ki sèl mèt. » Vèsyon Estanda Ameriken an tradwi li pi klè : « Jewova Bondye nou an se yon Jewova. » Sepandan gen twa pèsonaj nan Trinite a – Papa a, Pitit la, ak Sentespri a. Mo « Bondye » a te anplwaye nan chak vèsè sa yo (1 Korent 8.6 ; Jan 1.1 ; Travay 5.3-4). Mo « Bondye » a te itilize isi a tankou yon pawòl diven plis ke yon non pwòp.

Lide twa pèsòn yon sèl Bondye a sanble pa t deranje moun yo ki te ekri Nouvo Testaman an. Nou ka wè yo te aksepte li ak lafwa lè yo te reyalize jan lèzòm ki yon èt ki gen fen pat ka rive konprann konplètman nati Bondye, yon èt ki pa gen fen.

Nan kèk aspè lèzòm fòme ak twa pati tankou Bondye. Pòl dekri lèzòm tankou « espri, nanm ak kò. » (1 Tesalonisyen 5.23). Lèzòm se yon espri ki gen yon nanm ki viv nan yon kò. Men, li konsidere tèt li kòm yonn. Epoutan, pa gen okenn moun ki rive konprann sa a vre. Si lèzòm pa kapab konprann pwòp nati li, li pa ta dwe yon etone si li pa konprann nati Bondye. Nou aksepte Li ak lafwa menm nou fè pou anpil bagay nan mond sa a.

B. Sentete Li. Sa se pi gran diferans ki genyen ant sèl vrè Bondye a ak lòt dye yo ke lèzòm kreye. Lòt dye yo ke lèzòm kreye yo se pechè epi yo fèb menm jan ak moun ki kreye yo a. Yon etid sou mitoloji Grèk rapòte ke nati pechè dye sa yo sou Mòn Olymp pral konfime sa. San dout lè lèzòm kreye yon dye, li pa kreye youn ki pral kondane l pou peche l yo.

Sa se pa menm bagay pou Jewova. Pandan Izrayèl te antoure ak dye payen yo ki gen nati kòwonpi, Jewova fè loraj gwonde depi Mònn Sinai, « Se pou nou viv apa pou mwen paske mwen menm, Senyè a, Bondye nou an, mwen se yon Bondye apa » (Levitik 19.2). Pwofèt Ezayi te wè nan tanp lan yon vizyon sou Senyè a avèk serafen an ki ap rele youn lòt, yo t ap pale youn ak lòt byen fò. Yo t ap di : « Senyè ki gen tout pouvwa a, li apa ! Wi, li apa ! Se yon Bondye ki apa vre ! Pouvwa li kouvri tout latè. » (Ezayi 6.3). Premye demand pou Bondye nan Modèl Priyè a se « Nou mande pou yo toujou respekte non Ou » (Matye 6.9).

Se sentete Bondye ki fè Li rayi tout sa ki se peche ak mechanste, men Li renmen tout sa ki pi, bon ak sen. Salmis la te chante pou Bondye, « Ou se yon Bondye ki pa pran plezi nan bagay ki mal. Ou pa tolere mechan yo bò kote ou » (Sòm 5.5). Se sentete pafè Bondye a ki fè li enposib pou bagay ki mal te tante li, ankò mwens pou l ta peche (Jak 1.13).

Yon fi ki abiye ak yon wòb saten blan rayi labou plis pase yon moun k ap fouye fòs. Plis yon moun vin pwòp nan nanm li, plis li rayi peche. Paske Bondye konplètman sen, Li rayi tout sa ki mal anpil. Lè Li te detwi lemond ak inondasyon, ak lè destriksyon final latè a ap fèt ak dife montre kijan Bondye eksprime sa Li santi pou peche paske Li sen.

Mo « Sen » nan Nouvo Testaman vle di « Sila ki sen » oubyen sila k ap mennen yon vi ki sen. Chak pitit Bondye k ap mennen yon vi apa se yon sen. Paske nou se pitit yon Bondye ki Sen, nou fèt pou nou viv tankou Li. « Tankou timoun obeyisan, pa kite move lanvi nou te genyen nan tan lontan yo mennen lavi nou ankò, tankou anvan lè nou pat konn Bondye. Okontrè, nan tou sa n ap fè, se pou nou bon nèt, tankou Bondye ki rele nou an bon nèt tou. Paske, men sa ki ekri nan Liv la : Se pou nou bon nèt, paske Mwen Menm, mwen bon nèt. (1 Piè 1.14-16).

Ch. Lanmou Li. Sa se karakteristik siprèm Bondye. « Moun ki pa gen renmen nan kè yo, yo pa konn Bondye, paske Bondye se renmen menm » (1 Jan 4.8). Se lanmou, plis ke tout lòt karakteristik yo, ki dekri nati Bondye pi byen (gade Ezayi. 63.7-9). Lanmou se motif san parèy la ki te voye Jezi sove lèzòm ki te fin pèdi (Jan 3.16).

Premye kote nou wè lanmou Bondye se lè lanmou sa te fè L voye Kris sou latè pou sove lezòm (1 Jan 4.9-10). Lanmou Li parèt tou lè Li adopte nan fanmi Bondye sila yo ki obeyi Levanjil la (1 Jan 3.1). Lanmou li siperyè pase nenpòt lòt lanmou lezòm ta ka genyen (Women 5.6-8).

Nou wè lanmou Bondye nan fason san parèy Li pran swen tout moun me espesyalman jan Li pran swen moun ki rachte yo (Matye 5.44-48 ; Women 8.28).

Padon li ki pa janm sispann pou peche nou yo soti nan lanmou. Wa Ezekyas te di, « Ou wete m nan kè sere m te ye a. Se ou menm ki wete m nan bouch twou a. Ou voye tout peche m yo jete dèyè do ou » (Ezayi 38.17).

Lanmou Bondye gen pou nou menm enspire nan nou renmen pou li. « Pou nou menm, nou gen renmen nan kè nou, paske Bondye te renmen nou anvan » (1 Jan 4.19). Lanmou li motive nou tou pou nou renmen youn lòt. « Mezanmi, si Bondye renmen nou konsa, nou menm tou se pou nou youn renmen lòt. Moun ki rekonèt Jezi pou Pitit Bondye a, Bondye fè youn ak yo, yo fè youn ak Bondye. Pou nou menm, nou gen renmen nan kè nou, paske Bondye te renmen nou anvan. » (1 Jan 4.11 ; gade Jan 14.15).

D. Mizèrikòd Li. Lanmou Bondye se baz mizèrikòd Li jan nou wè sa nan Jan 3.16. Pòl deklare pi lwen pou l di : « Men, Bondye sitèlman gen kè sansib, Li sitèlman renmen nou, Li ban nou lavi ankò ansanm ak Kris la, nou menm ki te mouri akòz peche nou yo. Se yon favè Bondye fè nou lè Li delivre nou. Ansanm ak Kris la, Bondye fè nou leve soti nan lanmò, Li fè nou chita jouk anwo nan syèl la ansanm ak Li tou. Li fè tout sa pou montre pou tout tan ki gen pou vini yo jan Li renmen nou anpil anpil, jan Li aji byen avèk nou nan Jezikri » (Efèzyen 2.4-7).

Gen twa gwo mo nan Bib la ki asosye : Lanmou, mizèrikòd ak gras. LANMOU se baz MIZÈRIKÒD Li, epi Bondye elaji GRAS Li (favè nou pa merite) paske Li gen ak mizèrikòd.

Pi gran ekspresyon lanmou, mizèrikòd ak gras Bondye se te lè Jezi te vini wete peche nou yo. « Men kisa renmen an ye : Se pa nou menm ki te renmen Bondye, se li menm pito ki te renmen nou, ki te voye Pitit Li a pou nou te ka resevwa padon pou peche nou yo, granmesi Pitit la. Pou nou menm, nou gen renmen nan kè nou, paske Bondye te renmen nou anvan » (1 Jan 4.10). Bondye te ka kite nou mouri nan peche nou, epi sa tap jis si te fè sa. Men Bondye chwazi pou Li gen mizèrikòd pou nou epi sove nou, menm si nou pa merite sa.

Bondye montre mizèrikòd Li chak jou lè Li reponn lapriyè repantans nou yo. Gran Prèt la, Jezi ki konprann nou, ak twòn lagras la ki toujou pou nou « Se poutèt sa, ann pwoche avèk konfyans devan fotèy kote Bondye ki renmen nou an chita. Se la n a jwenn padon pou peche nou yo, se la n a jwenn pou granmesi sekou n a bezwen lè nou nan nesesite » (Ebre 4.16). Senyè a « se pasyans l ap pran ak nou, paske Li pa ta renmen pèsòn peri, Li ta vle pou tout moun tounen vin jwenn Li (2 Pyè 3.9). Ala bèl bagay se mizèrikòd Li !

E. Pouvwa Li – Omnipotans. Bondye di nan Jenèz 17.1, « Mwen se Bondye ki gen tout pouvwa a. » Mo « Tout Pouvwa » vle di pa gen limit pou pouvwa Li. Nan Revelasyon 19.6, Syèl la t ap chante, « Alelouya ! Pou Senyè nou an ki gen tout-pouvwa a kap gouvène. » Se pouvwa san limit sa ki te fè Bondye kreye mond lan depi nan kòmansman epi pran swen li jouk jodi a. Mirak ki nan Bib la te fèt akòz pouvwa Bondye. Lèzòm gen difikilte pou kwè istwa kreyasyon Jenèz la ak mirak ki nan Bib la paske yo rejte Bondye ki gen tout pouvwa. Jezi te di « Avèk Bondye tout bagay posib » (Matye 19.26).

F. Sajès Li – Omnisyans. Pòl chante yon kantik lwanj pou sajès Bondye nan Women 11.33, « O, gade jan Bondye rich non ! Bon konprann Li, konesans Li, nou pa ka sonde yo ! Sa depase nou anpil. Ki moun ki ka esplike jijman Bondye ? Ki moun ki konprann lide li gen nan tèt Li » ? Konesans Bondye ak konpreyansyon l pa gen limit. « Senyè nou an gen pouvwa. Li gen anpil fòs. Konesans li pa gen limit » (Sòm 147.5).

Konesans Bondye tèlman gran li, etann li sou ti bagay, bagay ki pa sinifi anyen menm jan ak sou gwo bagay enpòtan. Jezi di li wè lè zwazo tonbe, menm grenn cheve nan tèt nou, yo tout konte. (Matye 10.30). Jan ekri, « Paske, si konsyans nou kondannen nou, nou konnen Bondye pi fò pase konsyans nou, Li konn tout bagay » (1 Jan 3.20).

Li konnen tout bagay de nou, menm tout panse nou yo. « Ou konnen lè m chita, ou konnen lè m kanpe. Ou rete byen lwen, ou konnen tou sa k ap pase nan tèt mwen. Mwen te mèt ap mache, mwen te mèt kouche, ou wè m, ou konnen tou sa m ap fè. Mwen poko menm louvri bouch mwen, ou gentan konnen tou sa mwen pral di. (Sòm 139.2-4).

G. Omniprezans li. Paske Bondye se yon espri, Li kapab tout kote, Li toujou la. Jewova deklare, « Senyè a di : Mwen se yon Bondye ki toupatou. Mwen pa rete yon sèl kote ase. Pa gen kote yon moun ka al kache pou m pa wè l. Nou pa konnen Mwen toupatou nan syèl la ak sou latè a ? Se Senyè a menm ki di sa » (Jeremi 23.23-24). David di nan Sòm 139.7-10 ke li pa ka imajine yon kote li ta ka ale pou l ta lwen kote lanmou ak swen Bondye pa la. Nou pa janm lwen Bondye, menm jan Pòl te di payen li t ap pale yo nan Aewopaj la nan lavil Atèn : « Li fè tout sa pou yo ka chache L, pou yo ta ka rive jwenn Li lè yo eseye pran kontak avèk Li. Men, Bondye pa pi lwen okenn nan nou pase sa. Paske, se nan Li nou gen lavi, se nan Li nou ka bay kò nou mouvman, se nan Li nou gen egzistans. Gen nan powèt nou yo ki te di menm bagay la : Nou menm tou, nou se pitit Li. » (Travay 17.27-28).

Tan pa limite Bondye paske Li etènèl, Li pa gen limit nan pouvwa paske li gen tout pouvwa. Omnisyans li vle di li pa gen limit nan konesans, epi omniprezans li fè nou konnen lespas pa limite li. « Paske Senyè a, Bondye nou an, se li menm ki Bondye anwo tout bondye, se li menm ki chèf sou tout chèf. Li gen pouvwa, li gen fòs, li fè moun respekte l. Li pa nan paspouki, li pa kite yo achte figi l avèk kado yap ofri ba Li ! » (Detewonòm 10.17).

H. Fidelite Li. « Se pou nou rekonèt Senyè a, Bondye nou an, se sèl Bondye ki genyen, sèl Bondye k ap toujou kenbe pawòl Li. Wi, l ap toujou kenbe kontra Lli pase a. L ap toujou renmen moun ki renmen l, moun ki fè tou sa li mande yo fè, de pitit an pitit, pandan mil jenerasyon » (Detewonòm 7.9).

Nan tout chanjman ki kontinye ap rive pandan chak moman nan lavi a, li sanble ke anyen pa stab. Tout lavi a sanble konstwi sou sab k ap deplase sanzatann. Men se pa menm jan avèk Bondye ! Humbolt, eksploratè a te pale de eksperyans li avèk yon tranbleman tè nan Amerik di Sid. Pandan tè a t ap fè mouvman anba pye l tankou yon bato ki sou dlo, anpil pye bwa tonbe, anpil wòch te woule, li te santi ke anyen pa t stab oubyen fyab vre. Epi li te leve zye l gade. Solèy la te toujou la, syèl la te trankil. Se konsa lavi a ye ! Bagay sou tè sa kapab chanje – Bondye pa chanje. David di, « Se ou menm, Senyè, ki te kreye latè nan tan lontan. Se avèk men ou ou te fè syèl la. Yo gen pou yo disparèt, men ou menm w ap toujou la. Yo gen pou yo vin vye tankou rad. W ap chanje yo tankou yo chanje rad, w a mete yo sou kote. Men ou menm, ou p ap janm chanje, ou p ap janm mouri. (Sòm 102.25-27).

Fidelite Bondye anrasinen nan fason Li pap janm chanje (imitabilite) – Nati li ki pa janm chanje. Jewova di, « Mwen se Senyè a, Mwen p ap chanje » (Malachi 3.6). Metòd Li yo ak kontra Li pase avèk lèzòm ka chanje, men prensip Li ak karaktè Li pa chanje. Paske Li pa chanje, lèzòm kapab mete konfyans nan chak pwomès Li fè. Omnipotans Bondye asire ankò plis fidelite Li. Lèzòm ka pa kenbe pwomès yo fè paske akòz feblès yo, yo pap kapab kenbe yo. Bondye ka fè nenpòt sa Li pwomèt.

Otè liv Ebre a kapab di avèk konfyans, « Ann kenbe espwa nou genyen an byen fèm. Paske, nou mèt sèten, Bondye ap kenbe pwomès Li. » (Ebre 10.23).

IV. Konnen ak Obeyi Bondye

Lè nou konsidere jan Bondye gran, nou ta dwe dakò avèk pawòl Bondye nan Jeremi 9.23-24 : « Piga moun ki gen lespri yo fè grandizè dèske yo gen bon konprann, ni moun ki vanyan yo dèske yo vanyan, ni moun rich yo dèske yo rich. Men si yon moun vle fè grandizè, l a fè grandizè dèske li konnen m, dèske li konprann Mwen. Paske Mwen gen bon kè, Mwen fè sa ki dwat ak sa ki kòrèk sou latè. Se bagay sa yo ki fè m plezi. Se Mwen Senyè a ki di sa. »

Pi gran objektif lèzòm nan lavi ta dwe pou « Gen krentif pou Bondye. Fè tou sa Li mande ou fè yo. Se pou sa ase Bondye te kreye moun. (Eklezyas 12.13).

KESYON – BONDYE

VRE / FO

_____ 1. Bib la asime egzistans Bondye.

_____ 2. Pou chak efè dwe gen yon kòz.

_____ 3. Pa gen anpil prèv nan lanati ki pale nou de Bondye.

_____ 4. Li fasil pou konprann ke Bondye te toujou la.

_____ 5. Kretyen aksepte pa lafwa nati Bondye.

_____ 6. Lèzòm pa gen konesans de Bondye jiskaske li li Bib la.

_____ 7. Omniprezans vle di san limit nan lespas.

_____ 8. Imitabilite vle di Bondye gen yon nati ki pa chanje.

_____ 9. Lòt dye yo ke lèzòm kreye yo gen tout pouvwa epi yo sen.

_____ 10. Nouvo Testaman ansenye ke chak moun se yon sen.

RANPLI ESPAS VID YO

1. Nan Jan 3.16, nou wè atribi Bondye yo ki se _____ e _____.
2. Fidelite Bondye asire pa _____ ak _____ Li.
3. Lanmou Bondye pou nou ta dwe kreye nan nou yon lanmou pou _____ ak pou _____.
4. _____ Bondye defini kòm yon favè nou pa merite.
5. Bagay mal pa tante Bondye akòz _____ Li.

KESYON REVIZYON

1. Vrè oswa fo « Bib la pa eseye fè anyen pou pwouve egzistans Bondye. »

2. Vrè oswa fo « Bib la te ekri sou premye deklarasyon yo, ke prèv Bondye a tèlman fò ke pèsòn moun ki enfòme pa ta dwe nye egzistans Li. »

3. Fè lis epi diskite sou senk pwen prensipal otè a pale konsènan prèv ke Bondye egziste.

4. Diskite sou plizyè konsta sou latè ki endike gen yon Bondye ki gen tout pouvwa epi ki saj.

5. Bay lis de vèsè nan Bib la ki anseye ke lanati bay prèv ke Bondye egziste. Ekri de vèsè sa yo nan pwòp tradiksyon Bib ou a.

6. Konplete kòmantè otè a : « Akòz se sèlman lèzòm nan tout kreyasyon an ki se yon ____ _____ sa se prèv ke se _____, Bondye, ki mete nan li _____ sa. »

7. Diskite byen kout kijan w t ap reponn yon zanmi ki di ou, « Poukisa mwen dwe kwè nan Bondye ? Pa gen okenn prèv ke li egziste. »

BONDYE

8. Ki non ki plis komen nan jan yo rele Bondye nan Ansyen Testaman an ?

9. Kòman ou t ap repon yon moun ki mande ou, « Ki kote Bondye soti ? »

10. Kisa Bondye te vle di nan pawòl Li nan Egzòd 3.14 « ...Mwen menm ki rele sa m ye a, se mwen menm ki voye ou bò kote yo » ?

11. Kisa Sòm 90.2 ansenye de Bondye ?

12. Eksplike siyifikasyon non « Eloyim » la, epi bay yon vèsè kote non sa aplike pou Bondye.

13. Pale de siyifikasyon non « Adon » an epi kisa non sa enplike de Bondye.

14. Bay sèt atribi de Bondye ke nou te pataje nan leson an.

15. Kòman vèsyon Ameriken Estanda a tradwi Detewonòm 6.4 ?

16. Ki twa vèsè ki anseye ke mo « Bondye » a aplike pou Papa, Pitit, ak Sentespri an ? Ekri vèsè sa yo selon Bib ou a.

17. Vre oswa fo « Lide twa pèsòn yon sèl Bondye a sanble pa t deranje ekriven Nouvo Testaman an. »

18. Konplete kòmantè otè a : « Nan kèk aspè lèzòm fòme ak _____ _____ tankou Bondye. Pòl dekri lèzòm tankou « _____, _____ ak _____ (1 Tesalonisyen 5.23). »

19. Kisa ki se pi gran diferans ant sèl vrè Dye a ak dye lèzòm kreye yo ?

20. Konplete kòmantè otè a : « San dout lè lèzòm kreye yon _____, li pa _____ yonn ki pral _____ li pou _____ li . »

21. Bay lis epi diskite twa vèsè ki pwoklame Bondye.

22. Bay epi diskite yon vèsè ki anseye ke Bondye rayi peche.

23. Ki vèsè nan Bib la ke ou ta itilize pou rejte kòmantè ki di « Bondye ap tante mwen » ?

24. Konplete kòmantè otè a : « Paske Bondye konplètman sen, Li gen_____ _____ pou tout sa ki mal. _____ te detwi avèk _____, epi destriksyon final_____ ap fèt ak _____ se konsa Bondye eksprime sa Li santi pou _____ paske Li_____.

25. Nan Nouvo Testaman, kisa mo « sen » vle di epi ki moun yo te rele konsa ?

26. Kisa 1 Pyè 1.14-16 anseye konsènan sa nou bezwen pou nou Sen ?

Doktrin Kretyen

27. Kisa ki karakteristik siprèm Bondye ?

28. Bay lis epi diskite sou plizyè fason yon moun ka wè lanmou Bondye.

29. Daprè Jan 3.16, Women 5.6-8, ak 1 Jan 4.9-10, kijan Bondye montre lanmou li pou lèzòm ? Aprann pa kè twa vèsè sa yo nan Bib ou a.

30. Kiyès ki te di « Nan lanmou ou, ou kenbe m pou m pa tonbe nan twou lanmò a ; ou pa gade sa mwen fè ki mal yo. » Ki kote nou jwenn pawòl sa yo nan Bib la ?
Medite sou pawòl sa yo epi diskite kisa yo anseye sou lanmou ak padon Bondye.

31. Daprè 1 Jan 4.11, Kòman nou ta dwe reyaji anfas lanmou Bondye a ?

32. Konplete kòmantè otè a : « Twa gran mo te asosye youn dèyè lòt nan Bib la : _____, _____, ak _____. _____ se baz _____ Li, epi Bondye elaji _____ (favè nou pa t merite) paske li plen ak mizerikòd. »

33. Ekri 2 Pyè 3.9 pa kè. Kisa vèsè sa anseye sou nati Bondye ?

34. Bay yon definisyon brèf mo sa yo :

Omnipotans

Omnisyans

Omniprezans

35. Kisa mo « Tout-Pouvwa » a vle di ?

36. Chwazi epi diskite plizyè vèsè nan Bib la ki pale de sajès ak omnisyans Bondye.

37. Diskite sou sa Jeremi 23.23-24 ak Sòm 139.7 anseye sou omniprezans Bondye.

38. Konplete kòmantè otè a : « Bondye pa gen limit nan _____ paske Li _____, li pa gen limit nan _____ paske Li gen_____. _____ Li vle di Li pa gen limit nan_____, epi _____ Li fè nou konnen_____ pa limite Li. »

39. Chwazi epi diskite plizyè pasaj ki eksprime fidelite Bondye.

40. Fè rezime sou kisa Jeremi 9.23-24 ak Eklezyas 12.13 ansenye sou lè nou konnen ak obeyi Bondye.

LESON 2
JEZI, KRIS LA

I. Jezi, Pitit Bondye a
II. Tit ki Endike Travay Li ak Pozisyon Li
   A. Jezi, Sovè Nou
   B. Jezi, Senyè Nou
   Ch. Jezi, Mediatè Nou
   D. Jezi, Pwofèt Nou
   E. Jezi, Gran Prèt Nou
      1. Jezi te komisyone kòm Gran Prèt
      2. Preparasyon Li
      3. Ofrann Li
   F. Jezi, Wa Nou
      1. Yo te anonse Jezi t ap yon Wa
      2. Kris te deklare Li se Wa
      3. Nati wayòm Li a
      4. Dire gouvènman Li a

« Li pral fè yon pitit gason. Wa rele l JEZI. Se Li menm ki pral delivre pèp Li a anba peche yo » (Matye 1.21, se nou ki mete l an lèt majiskil). Se konsa zanj lan te bay Jozèf enfomasyon sou Jezi, sou non Li ak misyon Li. Jezi se mo Grèk ki se menm avèk mo Ebre « Jozye » ki vle di « Jewova se sali. » Jezi vle di « Sovè », ki byen dekri travay Li pou sove lèzòm nan peche yo (Lik 19.10).

Tit Kris la oswa Mesi vle di « sila ki konsakre a. » Li dezinye Jezi kòm akonplisman espwa Mesyanik Jwif yo nan Ansyen Testaman an. Non Jezikri a vle di ke Li se Mesi ki te vin sou latè pou sove limanite ki te pèdi.

I. Jezi, Pitit Bondye a

Kesyon bon sans ki vini aprè a se, Kiyès Jezi sa ye, Mesi sa ? Anpil repons te bay. Kèk nan Jwif yo te panse l se te pitit Mari ak Jozèf (Mak 6.3 ; Matye 13.55). Kèk lòt te rele l « twonpè » (Matye 27.63). Lòt moun te panse Li se yon pwofèt (Jan 6.14). Jouk jounen jodi a gen moun ki di Li te jis yon moun, sof ke Li te viv yon pi bèl vi ke lòt moun yo.

Kisa Bib la di ? Kisa Jezi te di ? Kisa apòt yo ki te konnen l byen di de Li ?

JAN BATIS TE DI JEZI SE PITIT BONDYE. « Mwen wè sa ak je m, se sa ki fè mwen di nou se Li ki Pitit Bondye a vre » (Jan 1.34).

MAK TE DI JEZI SE PITIT BONDYE. « Men kòmansman Bon Nouvèl ki pale sou Jezikri, Pitit Bondye a. » (Mak 1.1).

PYÈ TE DI JEZI SE PITIT BONDYE. « Simon Pyè reponn : Ou se Kris la, Pitit Bondye vivan an. » (Matye 16.16).

PÒL TE DI JEZI SE PITIT BONDYE. « Bondye te voye pwòp pitit Li. Li soti nan vant yon fanm, Li viv anba lalwa Jwif yo, » (Galat 4.4).

ZANJ GABRYÈL TE DI JEZI SE PITIT BONDYE « . . . Tipitit ki pral fèt la pral viv apa pou Bondye, y a rele l Pitit Bondye. » (Lik 1.35).

DEMON YO TE DI JEZI SE PITIT BONDYE. « Ey, Pitit Bondye a. Kisa nou gen avè ou ? Eske ou vin isit la pou fè n soufri anvan lè nou ? » (Matye 8.29).

JEZI TE DI LI SE PITIT BONDYE. « Gran prèt la keksyone Li ankò, li mande l : -Èske se ou ki Kris la, Pitit Bondye ki merite lwanj la ? Jezi reponn li : -Wi, se mwen menm. » (Mak 14.61-62a ; gade Matye 26.64 ; Jan 10.36).

Temwayaj ki kouwone a soti nan PAPA a ki te di : « Sa se pitit Mwen renmen anpil la. Li fè kè m kontan anpil » (Matye 3.17 ; gade Matye 17.5).

Pouvwa diven ak onè ki te atribye a Jezi. Anplis temwayaj sa yo ki anlè a sou divinite Kris la, yo te di Li gen pouvwa ak onè ke sèlman Dye genyen.

1. Kris gen pouvwa pou Li kreye. Atravè Bib la se Bondye ki gen pouvwa pou kreye (Jenèz 1.1 ; Ezayi 48.12-13). Men nan plizyè lòt pasaj nan Bib la Jezi gen menm pouvwa sa. (Jan 1.1-3 ; Efezyen 3.8-11 ; Kolosyen 1.16-17).

2. Kris gen pouvwa pou padone peche. Se sèl Bondye ki gen pouvwa sa. Men nan Lik 5.20-25, Jezi deklare Li gen pouvwa pou padone peche yo epi li demontre sa lè Li geri nèg ki te paralize a.

3. Kris se yon sijè lwanj apwopriye. Se sèl Bondye ki dwe resevwa adorasyon. Sepandan, Papa a bay Jezi onè sa a. « Papa a pa jije pèsòn, men Li bay Pitit la tout pouvwa pou jije. Konsa, tout moun va gen respè pou Pitit la, menm jan yo gen respè pou Papa a. Moun ki pa respekte Pitit la, li pa gen respè pou Papa ki voye l la non plis » (Jan 5.22-23).

Pouvwa ak onè sa yo se pou Kris paske Li se « sèl Pitit Bondye a, Li menm ki Bondye tou, Li menm k ap viv kòtakòt ak Papa a . . . » (Jan 1.18). Lè Jezi te pale ak pèp la de Bondye, Li pa t janm itilize mo « Papa Nou. » Li pa t janm klase tèt li avèk lòt moun yo pou endike egalite. (Nan Matye 6.9 Jezi itilize mo « Papa Nou, » men se te yon priyè pou l te montre disip Li yo jan pou yo lapriyè).

Jezi pa t yon moun senp. Li se sèl Pitit Bondye. Li te vini sou tè a epi Li te viv tankou moun pandan kèk lane. Men Li se epi Li te toujou pitit Bondye nan sans inik.

II. Tit Ki Endike Travay Li ak Pozisyon Li

Gen yon moun ki te di li konte antou desan senkat tit Jezi genyen nan Bib la. Yon dyaman gen plizyè aspè, men yo chak pral reflete kèk nouvote epi bèlte nan bijou an. Menm jan ak dyaman an, yon moun ka gade Jezi nan yon ang oswa yon aspè nan lavi Li epi wè kèk bèl bagay nouvo k ap reflete grandè l ak lanmou Li pou lèzòm. Nan leson sa nou pral jis etidye kèk nan plizyè aspè sa yo nan lavi Mèt la.

A. Jezi, Sovè Nou. Webster defini Sovè tankou « Sila ki sove oswa delivre. » Petèt aspè sa nan lavi Jezi briye plis ke tout lòt yo.

Zanj lan te di Jozèf, « Wa rele l Jezi. Se li menm ki pral delivre pèp Li a anba peche yo » (Matye 1.21). Zanj Bondye a te di moun ki t ap gade mouton yo sou kolin Jide a, « Jòdi a, nan lavil David la, nou gen yon Sovè ki fenk fèt : se Kris la, Senyè a » (Lik 2.11). Jezi te rezime avèk presizyon misyon Li sou latè lè Li te di, « Moun Bondye voye nan lachè a vin chache sa ki te pèdi pou l delivre yo » (Lik 19.10).

Women 5.6-8 deklare ke lè lèzòm te fèb, yo pa t kapab sove tèt yo ; lè li te pechè li pa t merite sove, avèk gras ak lanmou Bondye, Kris te mouri pou l sove li. 1 Pyè 1.18-19 di ke lèzòm te delivre, te rachte epi te sove soti nan esklavaj se pa t avèk ajan ak lò, « Men se ak san presye Kris la, yon ti mouton san defo ak okenn enfimite. »

Willis R. Hotchkiss, yon misyonè an Afrik, te pase plizyè mwa ap chèche yon mo Afriken ki te ka eksprime lide Sovè a. Yon jou te gen yon gwo latwoublay nan vilaj la. Lè mesye Hotchkiss te jwenn foul moun ki te rasanble nan sou plas vilaj la, li te jwenn yon moun peyi a, ki te dechire epi li t ap senyen. Li t ap eksplike kijan li chape anba grif yon tig. Li te itilize yon mo pou l dekri moun ki te sove l la.

Imedyatman Mr. Hotchkiss te ekri mo sa. Nan dimanch pwochen li te preche sou Jezi tankou sovè nou epi li te itilize mo sa. Konsa moun yo te antoure l apre sèvis la, yo te di, « Kounye a nou resi konprann ke Jezi te mouri pou sove nou anba peche ak Satan. Se sa ou t ap eseye di nou depi lontan an. »

Mr. Hotchkiss di, « Sa fè katran m ap viv an Afrik poukont mwen. Mwen te frape pa lafyèv pandan 30 fwa, twa fwa kèk lyon te atake mwen epi plizyè fwa rinoseròs te atake mwen ; anpil fwa moun peyi a tann anbiskad pou mwen ; pandan katòz mwa mwen pa t janm wè yon moso pen. Men kite m di nou, mwen tap kontan viv tout bagay sa yo ankò si mwen te kapab gen jwa pou m pote ankò mo sa a 'Sovè' epi flache l nan fènwa ki te anvlope yon lòt branch fanmi nan Afrik santral. »

Anpil fo relijyon montre moun kap swiv yo kijan pou yo abize kò yo oubyen tòtire tèt yo pou yo ka gen sali. Gen lòt menm se nan kenbe kèk leson moral. Malgre sa lespwa a pa klè. Gran asirans krisyanis la se ke se Bondye nan lanmou Li, ki te sove nou, se pa avèk travay jistis nou fè yo, Lli te delivre nou. Li pa t delivre nou paske nou te fè kèk bagay ki bon, men paske Li menm li te gen pitye pou nou. Li delivre nou lè Li lave nou, Li voye pouvwa Sentespri Li nan nou pou chanje nou nèt, pou n te ka viv yon lòt jan. Bondye voye Sentespri Li sou nou an kantite, granmesi Jezi, Kris la, ki delivre nou. » (Tit 3.5-6).

Sèlman krisyanis ki gen yon Sovè ! Yon rezon anplis pou nou kwè ke li se sèl vrè relijyon an.

B. Jezi, Senyè Nou. Pa gen okenn mo ki pi klè pou lafwa premye kwayan yo ke mo « Senyè. » Pyè te pwoklame nan jou lapannkòt la ke Jwif yo te kloure Jezi men Bondye te fè li alafwa « SENYÈ e Kris » (Travay 2.36 majiskil ajoute). Nan Travay 10.36, Pyè di li se « Senyè nou tout. »

Pòl di ke nou dwe konfese avèk bouch nou « Jezi se SENYÈ » (Women 10.9). Moun ki kwè, konfese Jezi kòm Senyè li, kòm Mesi li oubyen Kris li, men espesyalman kòm Senyè ! ! Nan Filipyen 2.9-11, Pòl eksplike ke « Bondye leve Li [Jezi] nan plas ki pi wo epi ba Li non ki pi wo ke tout lòt non, nan non Jezi tout jenou dwe koube, nan syèl ak sou tè a, epi tout lang konfese ke Jezi se Senyè pou glwa Bondye Papa a » !

Mo « Senyè » endike Kris souveren sou moun k ap swiv Li yo – Legliz la (Kolosyen 1.18). Li se Mèt, Kretyen yo se sèvant Li. Mo « Sovè » endike sa Kris te fè ak sa Li ap fè pou kwayan an. Mo « Senyè » a reflete sa kwayan ta dwe fè pou Kris Sovè li. Anpil moun renmen li pie tande sa Jezi te fè pou yo. Men souvan yo pa konsène de sa Kris ap atann de yo ak mande yo an retou. Si Kris pa Seynè nou tout, Li pa pral Senyè nou nan tout ! Jezi te di, « Poukisa ou rele mwen, 'Senyè, Senyè,' epi ou pa fè sa mwen di ou fè ? » (Lik 6.46). Jodi a nou bezwen mete aksan sou aspè sa nan relasyon nou ak Jezi.

Ch. Jezi, Medyatè. Mo « Medyatè » vle di yon moun ki « kanpe nan mitan » de pati. Li enplike ke de pati yo fache oswa gen yon bagay ki pa mache ant yo epi medyatè a angaje l pou l pote amoni ak akò pou yo. Bib la ansenye ke yon moun k ap viv nan peche se lènmi Bondye, se etranje pou Bondye, san espwa.

Kris te vini epi mouri pou l te ka fè lapè ant Bondye ak lèzòm, swa Jwif oswa payen, « Avèk lanmò Kris la sou lakwa a, li wete sa ki t ap fè de pèp sa yo youn rayi lòt, li fè yo tou de vin byen ak Bondye, li mete yo ansanm youn ak lòt nan yon sèl kò » (Efezyen 2.16).

Kris te mouri sou kwa a pou l te ka retire gwo baryè a ki ant Bondye ak lèzòm ki se – PECHE. Lè n aksepte padon Jezi ofri nou atravè levanjil la, lèzòm ka rekonsilye epi ka tounen fè youn ak Bondye ankò.

Sèlman Kris ki te kalifye pou retire baryè sa, paske Li menm sèl te san peche. Pèsòn pa t ap ka mouri pou peche lòt moun yo, pandan li gen pil peche pa li. Se vre tou se sèl Jezi ki kapab yon Medyatè ant Bondye ak lèzòm. Pòl di, « Se yon sèl Bondye a ki genyen. Se yon sèl moun tou ki mete lèzòm dakò ak Bondye ankò, se Jezi, Kris la » (1 Timote 2.5 italik ajoute). Jezi te di, « Pèsòn pa ka al jwenn Papa a si li pa pase pa Mwen » (Jan 14.6 italik ajoute).

Yon medyatè ta dwe gen konesans sou tou de pati yo epi li dwe santi l konsène pou byennèt chak pati yo. Jezi « egziste nan fòm Bondye » (Filipyen 2.6) avan Li te vini sou latè te byen konprann aspè Bondye. Li te vini sou latè pou Li te kapab konnen ak konprann aspè lèzòm. (Li Ebre 2.17-18 ; 4.15-16.) Kounye a Li se sèl medyatè pafè ant Bondye ak lèzòm.

D. Jezi, Pwofè nou. Nan sans laj la, Lè n ap gade travay Jezi, li divize jeneralman an twa fonksyon ke Li akonpli : pwofèt, prèt ak wa.

Pwofèt nan Ansyen Testaman an te yon moun ki te pale pou Bondye. Amòs te di li pa yon pwofèt, ni pitit yon pwofèt, men li se yon gadò mouton ak kiltivatè pye sikomò. Men « Senyè a pranm nan pye travay mwen, dèyè bèt mwen yo, li ban m lòd pou m al fè pèp Izrayèl la konnen mesaj li voye ba yo. Kounye a menm, koute pawòl Senyè a » (Amòs 7.14-16 italik ajoute). Pwofèt yo se predikatè, yo t ap pale mesaj Bondye a pou tan yo tap viv la ak pou bezwen nan tan yo a. Yo te vwayan tou, yo te prevwa evènman ki poko rive.

Ansyen Testaman an montre san okenn dout yon gran pwofèt ki tap vin pòtpawòl Bondye sou tè a. Nan Detewonòm 18.15 Moyiz te revele ke « Bondye, Mèt nou an, gen pou l voye yon pwofèt ban nou tankou l te voye m lan. Se va youn nan frè nou yo. Se pou nou koute tou sa la di nou. » Pyè fè n konnen ke pwofèt sa se te Jezi (Travay 3.22).

Ebre 1.1-2 deklare ke lotrefwa Bondye te kominike lèzòm mesaj Li atravè plizyè mwayen, men « nan denye jou sa yo Li pale avèk nou atravè pitit Li. » Jezi te vini pou l te yon Pwofesè Diven ki soti nan Bondye epi pou te revele volonte Bondye pou lèzòm.

Kòm pwofèt Bondye, Jezi te pale avèk otorite pou moun yo te ka konnen ke Li t ap pale pou Bondye. « Lè Jezi fin di pawòl sa yo, foul moun yo te sezi tande sa l t ap montre yo. Se pa t menm jan ak dirèktè lalwa yo, paske Li te pale ak yo tankou yon moun ki gen otorite » (Matye 7.28-29). Men Li te pale senp epi klè pou tout moun te ka konprann. « Yon pakèt moun te tande Jezi ak kè kontan » (Mak 12.37b). Yo tout te dakò, menm lènmi li yo, « Pa janm gen moun ki pale tankou Li ! » (Jan 7.46)

Ministè pwofetik Jezi a te kontinye avèk Sentespri a Li te voye, apre Li te retounen nan syèl la. Jezi te di disip li yo nan lannwit avan li te mouri a, « Moun ki pou vin ankouraje nou an, se Sentespri. Se Papa m k ap voye l nan non mwen. Sentespri sa a va montre nou tout bagay, la fè nou sonje tou sa m te di nou. (Jan 14.26 italik ajoute).

Lè nou li nan Nouvo Testaman, Nou kapab aksepte li avèk lafwa epi ak fèm asirans ke li se mesaj Bondye voye pou nou. Jezi, pi gran pwofèt Bondye a te di, « Bagay m ap montre nou la a, se pa nan mwen yo soti. Yo soti nan Bondye ki voye m lan » (Jan 7.16). « Mwen ap rakonte nou sa mwen te wè nan prezans Papa » (Jan 8.38).

E. Jezi, Gran Prèt Nou. Yon prèt se te yon minis owa yon lidè nenpòt ki relijyon, menm si se ta Payen (Travay 14.13) oswa Biblik (Mat. 8.4) Gran prèt la te lidè pami prèt yo. Nan Ebre Jezi parèt dis fwa kòm Gran Prèt Nou. Kris te reprezante kòm Vrè Gran Prèt la Arawon se te yon egzanp ki soti nan li. Tout Kretyen se Prèt (1 Pyè 2.9).

Devwa li yo jan li eksprime nan Ebre 5.1 se : « Pami moun yo toujou chwazi yon gran prèt, lèfini yo mete l apa pou l ka fè sèvis Bondye pou yo. Se li menm tou ki pou ofri kado ak bèt pou touye pou peche yo bay Bondye. » Fonksyon gran prèt la pandan peryòd lalwa Moyiz la se te kondwi adorasyon Jewova nan Tanp lan ak ofri sakrifis bay Bondye pou pèp la. Arawon, antan ke moun, donk yon gran prèt ki se yon pechè, li te gen pou l ofri sakrifis an premye pou peche li yo ak peche fanmi li (Levitik 16). Epi li ta rantre yon dezyèm fwa nan zòn ki pi Sen yo, pou l fè aspèsyon san sou fotèy mizèrikòd la pou peche pèp Izrayèl la. Lè sa fèt, peche pèp Izrayèl la te kouvri pou lane apre lane jiskaske Kris te ka vini, « Ti mouton Bondye a » te efase konplètman peche pèp la (Ebre 10.1-4).

1. Jezi te Komisyone kòm Gran Prèt. Nan Ebre 5.4-6, ekriven an mansyone ke se Bondye Li menm ki te fè Jezi Gran Prèt : « Pèsòn pa ka bay tèt li grad gran prèt la. Se Bondye sèlman ki ka rele yon moun nan plas sa a, jan sa te fèt pou Arawon. Se konsa, Kris la pa t chwazi tèt Li pou l te resevwa grad gran prèt la. Okontrè, Li resevwa l nan men Bondye ki te di Li : Ou se pitit mwen, depi jòdi a se mwen ki Papa ou. Li di yon lòt kote ankò : Ou prèt pou tout tan menm jan ak Mèlkisedèk. »

David te konnen sa sak fè li te deklare sa nan Sòm 110.4 Nou deja di ke Jezi se pwofèt nou, Gran Prèt, ak Wa. Li enteresan pou note ke Jezi pa yon Gran Prèt apre lòd Arawon an. Arawon te soti nan branch fanmi Levi – branch fanmi prèt la. Ekriven Nouvo Testamen yo presize anpil sou verite ki di ke Jezi te « soti nan branch fanmi David » (Lik 2.4 ; gade Mak 11.10 ; Matye 21.9). Kijan Jezi ta yon Gran Prèt epi Li soti nan branch fanmi Jida ki se yon branch fanmi wayal ? Repons lan dwe jwenn nan lefèt ke Jezi se yon Gran Prèt apre lòd Mèlkisedèk la (Ebre 6.20 ; 7.15-17). Mèlkizedèk te siperyè Abraram epi li te alafwa Wa Salèm epi Prèt Bondye ki pi wo a. (Ebre 7.1-4).

2. Preparasyon Li. Preparasyon Jezi oubyen fòmasyon pou l te Gran Prèt nou te kòmanse lè Li te kite laglwa syèl la epi Li te vini sou tè a pou l vin fè yon sèl ak sila yo ke Li reprezante (Filipyen 2.5-8).

Ebre 2.14 revele ke Jezi te patisipe oubyen pataje « Kò ak san » menm jan ak nou. Nan Ebre 4.15, preparasyon Li kontinye tankou Li te tante nan tout bagay menm jan nou tante tou, men san Li pa janm peche. Yon pati nan fòmasyon Li pou gran travay sa parèt nan Ebre 5.8 kote nou li ke Li te aprann obeyisans atravè bagay Li te soufri yo, se konsa, sa te fè Li pafè oswa konplè kòm Gran prèt nou an. Pou Jezi te jwe ròl medyatè a byen ant Bondye ak lèzòm, Li te devni menm jan ak frè Li yo nan tout fason, pou l te ka vini yon Gran Prèt ki plen mizèrikòd ak fidelite nan sèvis pou Bondye, epi pou li te ka fè sakrifis pou wete peche lèzòm. Paske Li te soufri limenm tou lè Li te tante, Li kapab ede sila yo ki anba tantasyon » (Ebre 2.17,18).

Doktrin Kretyen

Eksepte fè peche, pa gen anyen nan eksperyans lèzòm fè ke Li pa konnen. Jodi a kòm Gran Prèt nou an ki fidèl epi ki plen mizèrikòd, Li ap sèvi devan Bondye pou pèp Li a ki peze anba peche ak maladi (Ebre 4.15-16 ; Women 8.33-34).

3. Ofrann Li. Lè Arawon te fè sakrifis pou padon peche pèp Izrayèl yo anba Ansyen Kontra a, li te itilize san toro bèf yo ak bouk kabrik yo pou yon sakrifis. Men lè Jezi Gran Prèt nou an te ofri sakrifis Li a bay Bondye, Li te ofri tèt Li (Ebre 9.11-12). «Lè Kris te vini kòm Gran Prèt bon bagay yo ki deja isit la, Li te ale nan tant ki pi gwo ak plis pafè a ki pa fèt ak men lèzòm, ki vle di, ki pa fè pati nan kreyasyon sa. Li pa t antre pa mwayen san bouk kabrit ak ti towo bèf ; men, se pa mwayen pwòp san pa Li, Li te antre nan kote ki apa pou Bondye a yon fwa pou tout tan afen ke tout moun ka jwenn delivrans ki p ap janm fini an »

Nou jwenn verite sa yo nan Bib la :

a. Tant Randevou a kote Kris te ofri sakrifis Li a pa t yon tant nan dezè a oswa yon tanp nan lavil Jerizalèm. Sakrifis pou wete peche a pa t fèt nan lye ki apa pou Bondye a nan lavil Jerizalèm, men li te fèt nan syèl la menm devan prezans Bondye (Ebre 9.24).

b. Lotèl sakrifis Li a pa t yon otèl ki fèt ak kwiv nan lakou tanp la, men se te yon kwa madoulè sou mòn Gòlgota.

c. Sakrifis Li a pa t san bouk kabrit ak towo bèf men se te pito pwòp "san presye Kris la, yon ti Mouton san tach epi san domaj" (1 Pyè 1.19). Li se sakrifis la ak sakrifikatè a (Jan 10.17-18).

d. Efè sakrifis Li a. Efè sakrifis Arawon nan jou sakrifis pou padon peche a te senpman fèt pou yon rapèl chak lane – li pat efase peche (Ebre 10.4).

Men, lè Jezi te ofri sakrifis Li a, Li pat bezwen pou ofri tèt Li chak ane, oubyen Li «tap oblije soufri plizyè fwa depi lè Bondye te kreye tout bagay. Men, kounye a, lè tout bagay prèt pou fini, Li parèt yon sèl fwa, Li bay tèt Li tankou bèt yo ofri pou wete tout peche, epi Li fini.» (Ebre 9.26 italik ajoute). Jezi te ofri tèt Li yon sèl fwa pou tout moun, sakrifis pafè ki mete yon fen nan sakrifis bèt epi ki efase peche pou toutan, se sak fè li posib pou n antre nan delivrans etènèl atravè san Li.

F. Jezi, Wa Nou.

1. Yo te anonse Jezi t ap yon Wa. Twazyèm pi gran travay Kris, se te pou l Wa, Jeremi te pwofetize sa, «Yon jou ap vini. Lè sa a, m a chwazi yon moun ki dwat nan fanmi David la pou wa. L a gouvène yo ak bon konprann. L a fè sa ki dwat, l a mete jistis nan tout peyi a» (Jeremi 23.5 ; gade Zakari 6.13).

Rèy Li te soti nan Bondye men se nan branch wa David Li te fèt. Gabriyèl di Mari, «L ap vin yon grannèg, y a rele Li Pitit Bondye ki anwo nan syèl la. Mèt la, Bondye nou, va fè l wa tankou David, gran granpapa Li.» (Lik 1.32). Bondye te pwomèt David ke yon moun ta pral soti nan pitit li yo ki ta pral etabli yon wayòm k ap dire pou toutan. (2 Samyèl 7.12-13). Sa te akonpli avèk Jezi.

2. Kris te deklare Li se Wa. Apre batèm Li, Li te kòmanse ap preche ke wayòm syèl la te rive. Nan Matye 16.28, Jezi te anonse «Nan moun ki la kounye a, gen ladan yo ki p ap gentan mouri san yo pa wè Moun Bondye voye nan lachè a tounen tankou yon wa k ap gouvène.» Lè Pilat te mande Jezi, «Eske ou se Wa Jwif yo ?» Li te di, «Wi, se sa jan w di a» (Lik 23.3).

3. Nati wayòm Li a. Jezi te di wayòm Li pa soti nan mond sa. Nan Jan 18.36 Jezi fè Pilat konnen «Nan peyi kote m wa a, se pa tankou peyi ki sou latè. Si gouvènman peyi kote m wa a te tankou gouvènman peyi ki sou latè, sèvitè m yo ta goumen pou mwen. Yo pa ta kite m tonbe nan men Jwif yo. Non. Nan peyi kote m wa a, se pa tankou peyi ki sou latè.»

Wayòm Jezi se yon wayòm espirityèl (gade Women 14.17 ; Ebre 1.8,9). Wi Kris se yon Wa vre. Li se Wa verite a ; Wa ki sove a, Wa lapè a ; Wa jistis la. Gouvènman Li a kontwole kè tout lèzòm nan objektif pou sove nanm yo.

4. Dire gouvènman Li a. Gabriyèl te di Mari, «La gouvène pèp Izrayèl la pou tout tan, gouvènman l lan p ap janm fini» (Lik 1.33). Pyè egzije tout Kretyen pou yo travay ak pèsistans pou afime apèl ak chwa Bondye te fè yo a«... Konsa, la ban nou dwa antre lib nan peyi kote Jezi kris, Senyè nou ak Sovè nou an, ap gouvène tankou wa pou tout tan an» (2 Pyè. 1.11). Kris nan rèy Li tankou yon medyatè kounya lap chèche nanm ki pèdi. Lap kontinye renye nan letènite. Pandan tan sa nou pral wè anpil kouwòn sou tèt Li, epi nou pral konnen ke Li se vrèman «Wa sou tout wa yo ak Senyè sou tout senyè yo» (Revelasyon 19.12,16).

KESYON – JEZI, KRIS LA.

VRE / FO

_____ 1. Non Jezi vle di Sovè.

_____ 2. Jezi pa t deklare Li se Pitit Bonye.

_____ 3. Mo Senyè a di kisa Jezi te fè pou nou.

_____ 4. Yon medyatè se you moun ki rekonsilye de pati.

_____ 5. Yon pwofèt se yon moun ki bay mesaj Bondye ba li pou lèzòm.

_____ 6. Kris se yon pwofèt tankou Moyiz.

_____ 7. Prensipal tach gran prèt la se te pou ofri sakrifis pou peche.

_____ 8. Jezi te yon Gran Prèt apre lòd Arawon.

_____ 9. Pwofèt nan Ansyen Testaman an te alafwa predikatè epi vwayan.

_____ 10. Jezi pral Wa pou tout tan.

RANPLI ESPAS VID YO

1. Ekri de pouvwa Bondye genyen ke Jezi genyen yo tou.

JEZI, KRIS LA

a._____

b._____

2. Bay twa diferans ki genyen ant sakrifis pou peche Arawon an ak sakrifis Jezi a.

   a._____

   b._____

   c._____

3. Èske Bondye te rekonsilye ak lèzòm oswa lèzòm ki te rekonsilye ak Bondye ? (2 Korent 5.18-20 ; Ef. 2.14-18)

   _____
   _____
   _____

KESYON REVISYON

1. Ki non Ebre ki vle di menm bagay ak non Grèk pou « Jezi » ? Kisa non sa vle di ?

2. Non « Jezi » vle di _____.

3. Kisa tit « Kris » oubyen « Mesi » vle di ?

4. Bay kat moun nan Nouvo Testaman ki te pwoklame Jezi se Pitit Bondye, bay referans vèsè pou apiye chak repons ou yo.

5. Ki pasaj ki anseye ke Gabriyèl te deklare Jezi va Pitit Bondye ?

6. Bay twa pasaj ki montre ke Jezi te endike ke Li se Pitit Bondye.

7. Nan Matye 3.17, kiyès ki di Jezi se Pitit Bondye ?

8. Bay twa pouvwa diven ak onè ki atribye ak Jezi nan leson ou an, epi bay yon vèsè referans pou apiye repons ou a.

9. Konplete pawòl otè a : « Jezi pa t yon moun senp. Li se sèl _____ _____.»

10. Bay sis tit ki endike travay ak pozisyon Jezi

11. Daprè Matye 1.21, poukisa Pitit Bondye a te rele « Jezi » ?

12. Konsènan Lik 19.10, poukisa Jezi te vini sou tè a ?

13. Rezime kisa Women 5.6-8 ak I Pyè 1.18-19 ansenye sou Jezi, Sovè nou an.

14. Selon Tit 3.5-6, kijan Bondye te sove nou ?

15. Chwazi epi diskite sou twa pasaj nan Bib la ki pwoklame ke Jezi se Senyè.

16. Konplete kòmantè otè a : « Mo _____ endike sa Kris te fè ak sa Li ap fè pou kwayan an. Mo _____ reflete sa kwayan ta dwe fè pou Kris _____ li.»

17. Ekri Lik 6.46 nan vèsyon Bib ou a. Ki peche nan lavi-w ki ta dwe elimine avan pou w ka vrèman rele Jezi « Senyè, Senyè » ?

18. Kisa mo « medyatè » a vle di epi kijan li aplike pou Kris ?

Doktrin Kretyen

19. Kisa 1 Timote 2.5 ak Jan 14.6 ansenye sou Jezi kòm medyatè nou ?

20. Konplete deklarasyon sa : « Lè n ap gade travay Jezi nan sans laj, li divize jeneralman an twa fonksyon ke Li te akonpli.._____, _____ ak _____. »

21. Kisa Detewonòm 18.15 ak Travay 3.19-26 ansenye sou Jezi, pwofèt nou ?

22. Kijan Bondye pale ak nou jodi a ? (Gade Ebre 1.1-2)

23. Bay epi diskite sou de vèsè ki montre Jezi te pale epi anseye ak otorite.

24. Konbyen fwa yo te fè referans a Jezi kòm Gran Prèt nou nan liv Ebre a ?

25. Kiyès ki te komisyone Jezi kòm Gran Prèt ? Bay yon vèsè referans pou apiye repons ou a.

26. Kòman Jezi te fè vin yon Gran Prèt epoutan se nan branch fanmi Jida Li te soti ki te yon branch fanmi wayal ?

27. Kilè preparasyon oswa fòmasyon Jezi pou l te ka vini Gran Prèt la kòmanse ? Bay yon vèsè referans pou apiye repons ou a.

28. Kisa Ebre 5.8 anseye sou fòmasyon Jezi pou l te vin Gran Prèt nou ?

29. Selon Ebre 2.17-18, Poukisa Jezi te dwe vini sou tè a tankou yon moun ?

30. Ki sèl bagay, nan eksperyans lèzòm fè, ke Jezi pa t janm fè ?

31. Jodi a, èske Jezi toujou ap sèvi nou devan Bondye tankou Gran Prèt nou ? Eksplike repons ou a epi apiye li ak yon vèsè.

32. Ki sakrifis Jezi, Gran Prèt nou an, te ofri bay Bondye ? Ki vèsè nan Ebre ki apiye repons ou a ?

33. Èske sakrifis Arawon te fè pou padon peche nan jou sakrifis la efase peche pèp yo ? Explike.

34. Konplete kòmantè otè a : « Jezi te ofri tèt Li yon sèl fwa pou tout moun, yon _____ pafè ki mete yon fen nan sakrifis bèt epi ki efase _____ sa ki fè li posib pou n antre nan _____ _____ atravè _____ Li. »

35. Site de pwofèt nan Ansyen Testaman ki te anonse Jezi te gen pou l vin Wa. Bay de pasaj ki apiye repons ou a.

36. Diskite de pasaj ki fè konnen Jezi te deklare Li se Wa.

37. Kisa pawòl Jezi nan Jan 18.36 te vle di, « Wayòm Mwen pa soti nan mond sa » ?

38. Konbyen tan rèy Jezi kòm Wa pral dire ? Bay plizyè vèsè ki apiye repons ou a.

LESON 3
BIB LA

I. Non Pou Bib la
   A. Pawòl Bondye
   B. Pawòl ki Bay Lavi / Pawòl Bondye
   Ch. Liv Sen yo
II. Orijin Bib la
   A. Kisa Bib la Di sou Orijin li
      1. Ansyen Testaman
      2. Nouvo Testaman
   B. Prèv Sou Orijin Diven Bib la
      1. Pwofesi akonpli
      2. Inite mèvèye
      3. Prèv Bon Sans
III. Valè Bib la
   A. Valè li pou moun ki Pèdi
   B. Valè li pou moun ki Sove
IV. Kijan pou Li ak Konprann Bib la
V. Karaktè Sakre Pawòl La

Bib la se liv ki plis popilè nan mond lan. Thomas Carlyle te di, « Mwen rele Bib la, apa de tout teyori sou li, youn nan pi gwo bagay ki te ka genyen ki ekri avèk plim. Yon liv nòb ! Liv tout moun ! »

Se liv ki plis vann atravè lemond. De milyon kopi Bib la te vann chak ane pandan 100 tan ki sot pase yo. Li te tradwi nan plis pase 2,000 lang ak dyalèk. Sa plis pase nenpòt lòt liv.

Alexander Campbell te ekri :

> Bib la se menm bagay li ye pou mond entèlektyèl ak moral la, ke sa solèy la ye pou planèt yo nan sistèm nou an – fondasyon an ak sous limyè ak lavi, espirityèl epi etènèl. Pa gen yon lide espirityèl nan tout ras sou latè ki pa soti nan Bib la. Imedyatman filozòf yo jwenn yon reyon solèy endepandan de lanati, konsa tou teyologyen yo va jwenn yon konsepsyon espirityèl nan lèzòm, endepandan de SÈL MEYÈ LIV la. » (*Christian System*, paj 3).

I. Non Pou Bib La.

Mo « Bib » la nan limenm senpman vle di « liv. » Anpil relijyon gen koleksyon ekriti sakre pa yo, pafwa yo pale de yo tankou bib pa yo. Pou kretyen an, Bib la vle di koleksyon Liv yo nan Ansyen Testaman ak Nouvo Testaman ki rekonèt epi itilize kòm baz ak otorite lafwa Kretyen an. Bib la sèvi ak lòt mo pou identifye tèt li.

A. Pawòl Bondye. « Se konsa, mwen pa sispann di Bondye mèsi tou pou jan nou te pare zòrèy nou koute lè m t ap fè nou konnen pawòl Bondye a. Nou te resevwa l pou sa l ye a : pou pawòl Bondye, pa pou pawòl lèzòm. Se pawòl sa a k ap travay nan kè nou, nou menm ki gen konfyans nan Bondye »(1 Tesalonisyen 2.13). Pyè deklare ke nou resevwa yon lòt lavi atravè « pawòl Bondye a ki yon pawòl vivan epi ki la pou tout tan » (1 Pyè 1.23). Sa idantifye Bib la tankou mesaj oswa pawòl ki soti nan Bondye

B. Pawòl ki Bay Lavi Oswa Pawòl Bondye. Etyèn pale de lalwa yo te bay sou Mòn Sinayi a tankou « Pawòl ki bay lavi a » (Travay 7.38). Yon pawòl se yon mesaj ki soti nan yon èt oswa sous diven. Non sa endike ke mesaj ki soti nan Jewova se yon mesaj vivan ki soti nan Bondye vivan an. Pòl rele Bib la « Pawòl Bondye » (Women 3.2). Moyiz te di pitit Izrayèl yo pou yo kenbe kòmandman Bondye yo epi ansenye pitit yo obsève yo tou. « Paske, se pa pawòl nou ka pran konsa konsa – Se lavi yo ye pou nou. Se yo menm k ap fè nou viv lontan nan peyi nou pral pran pou nou an, lè n a fin janbe lòt bò larivyè Jouden an. (Detewonòm 32.47 italik ajoute, gade Ebre 4.12).

Ch. Liv Sen yo. Pòl fè referans ak ekriti Ansyen Testaman yo tankou « Liv Sen » (Women 1.2). Sa senpman vle di « ekriti sakre » ki se ekspresyon ki te itilize nan 2 Timote 3.15. Mo « liv » nan limenm vle di « sa ki ekri. » Sa se mo komen ke Senyè nou an ak apot Li yo te itlize pou liv Ansyen Testaman yo. (Mat. 21.42 ; Mak 14.49 ; Lik 24.32 ; Jan 5.39 ; Travay 18.24 ; Rom. 15.4).

II. Orijin Bib La

A. Kisa Bib la Di sou Orijin li.

Nan yon tribinal, prèv ki pi enpòtan konsènan otè yon testaman se sa testaman pral di ki ladanl. Si testaman di ke se John Brown ki otè li, sa ap mande anpil prèv pou ta pwouve l otreman. Menm prensip sa sèvi tou pou detèmine kiyès ki vrè otè Bib la. Ann egzamine kisa Bib la di sou otè li.

1. Ansyen Testaman – Plizyè santèn fwa ekriven Ansyen Testaman yo itilize ekspresyon sa yo « Men sa Senyè a di », « Jewova di », eksetera. (Egzòd. 24.12, 25.1 ; Ezekyèl 5.5,11). David di nan 2 Samyèl 23.2, « Se Lespri Senyè a k ap pale nan mwen. Se mesaj li k ap soti nan bouch mwen. » Jeremi dekri apèl li pou l pwofetize konsa : « Apre sa, Senyè a lonje men l, Li manyen bouch mwen. Epi Li di m : -Men mwen mete pawòl mwen nan bouch ou » (Jeremi 1.9).

Apot Pòl lè li t ap pale de liv Ansyen Testaman yo li te di selon enspirasyon li : « Tou sa ki ekri nan Liv la, se nan Lespri Bondye a yo soti. Y ap sèvi pou montre moun verite a, pou konbat moun ki nan erè, pou korije moun k ap fè fot, pou montre yo ki jan pou yo viv byen devan Bondye. Konsa, yon moun k ap sèvi Bondye, li tou pare, li gen tou sa li bezwen pou l fè tou sa ki byen. » (2 Timote 3.16,17).

Apot Pyè fè nou konnen ke pwofèt yo nan Ansyen Testaman pa t kreye pwòp mesaj pa yo, « Pwofèt yo pa

Doktrin Kretyen

t janm bay mesaj paske yo menm yo te vle. Okontrè, se Sentespri ki te pouse yo lè yo t ap bay mesaj ki soti nan Bondye » (2 Pyè 1.21). Se yon verite tout moun konnen ke Jezi ak apot Li yo te toujou konsidere Ansyen Testaman an kòm revelasyon ki soti nan Bondye.

2. Nouvo Testaman – Se pa sèlman ekriven Ansyen Testaman yo ki deklare ke mesaj yo te soti nan Bondye men Otè Nouvo Testaman yo tou te fè konnen ke mesaj yo te soti nan Bondye. Pòl di nan Galat 1.11,12, « M ap di nou sa, frè m yo, bon nouvèl m ap anonse a pa soti nan moun. Paske mwen menm, mwen pa t resevwa l nan men pèsòn, ni se pa yon moun ki te montre m li. Men, se Jezikri menm ki te fè m konnen li. »

Pyè pale de sa Pòl ekri yo tankou « Liv » lè di, « Li ekri menm jan nan tout lèt li yo, li pale nou sou bagay sa yo. Gen kèk pwen nan lèt li yo ki difisil pou konprann. Se konsa, moun inyoran yo ak moun ki fèb nan konfyans Bondye yo ap tòde sans pawòl yo, tankou yo fè l pou lòt liv yo tou. Men, se sa menm k ap fin detwi yo » (2 Pyè 3.16 italik ajoute). Mo « Liv » jan yo itilize l la endike yon ansanm ekriti espesyal ki gen rapò ak yon enspirasyon ki soti nan Bondye. Ekspresyon « lòt liv yo » montre ke Pyè mete ekriti Pòl yo nan menm nivo ak Ansyen Testaman an. Jezi te di apot Li yo ke Sentespri a ap pèmèt yo sonje tout sa Li te ansenye yo. Sentespri a ap anseye yo anpil lòt bagay tou (Jan 14.26, gade Matye 10.19,20). Pòl te felisite frè Tesalonik yo paske yo te resevwa mesaj li a « Nou te resevwa l pou sa l ye a : pou pawòl Bondye, pa pou pawòl lèzòm » (1 Tesalonisyen 2.13 itali ajoute).

Tout moun temwaye ke otè Bib la se Bondye. Se moun Sentespri a te enspire ki te erki li.

B. Lòt Prèv pou Orijin diven Bib la.

1. Pwofesi akonpli. Youn nan gran prèv pou enspirasyon Bib la se pwofesi ki akonpli yo. Sa a se amons avèk presizyon yon evènman nan lavni ki pral pase dè santèn ane pita. Lè sa fèt, se yon prèv ki fò ki montre ke pwofèt la genyen yon pouvwa ki soti anwo. Pafwa yon moun ka devine pa chans, men lè kantite pwofesi yo akonpli ak presizyon, la vin pa gen posiblite pou se chans sa ye.

Pwofesi konsènan Jezi - Anba a gen yon lis kèk pwofesi ki konsène Jezi ak akonplisman yo nan Nouvo Testaman an.

	Pwofesi	*Akonplisman*
1. Kote Jezi fèt	Miche 5.2	Lik 2.1-7
2. Moun ki vini avan Li te predi l	Ezayi 40.3	Matye 3.1-3 ;
	Malachi 4.5	Matye 11.11-14
3. Jida trayi li	Sòm 41.9	Jan 13.18 ;
		Lik 22.47,48
4. Li te mouri avèk kriminèl	Ezayi 53.9-12	Lik 23.33
5. Pa t gen yon zo kase	Sòm 34.20	Jan 19.31-37
6. Yon grannèg te antere l	Ezayi 53.9	Matye 27.57-60
7. Rezireksyon l te predi	Sòm 16.10	Matye 28.1-6

Sa yo ak anpil lòt pwofesi nan Ansyen Testaman an pote bon temwayaj ki montre se yon otè diven Bib la genyen.

2. Inite mèveye. Bib la te ekri sou yon peryòd 1,500 ane sou twa kontinan diferan pa anviwon 40 ekriven. Pwofesyon ekriven sa yo se te gadò mouton ak Wa, kiltivatè ak doktè. Bib la te ekri nan twa lang diferan epi li gen 66 liv ki separe ki pale sou tout sijè imajinab. Men, se esansyèlman yon liv ! Kijan sa fè posib ?

Inite sa ka ilistre pa yon gran òkès. Li petèt konpoze de 100 mizisyen ak diferan kalite enstriman mizik. Men lè yo jwe, gen yon sèl gran amoni, rezon an se paske gen yon mayestro, ki se chèf òkès la ki dirije ak kontwole tout mizisyen yo lè y ap jwe. Bondye te fe jwe gran mizik Li a pou plis pase 1000 lane, epi lè yon mizisyen pa jwe, yon lòt pran akò a. Men se te yon gran konsè mizikal – tèm nan pa t janm pèdi, epi lè dènyè akò a fini, nou wè ke tout mouvman ak melodi yo te genyen yon sèl gran tèm.

Eske chak mizisyen te konpoze pwòp mizik pa yo epi jwe li jan yo te chwazi jwe l ? Oswa te gen yon sèl konpozitè ak yon dirèktè dèyè tout sa ? Vrè konklizyon an se Bondye ki vrè otè Bib la epi Li te dirije chak ekriven jan Li te enspire yo ak Sentespri a. Sa se repons ak inite Bib la.

3. Prèv Bon Sans. John Wesley te gen yon fason brèf men entèresan pou pwouve ke Bib la soti nan Bondye. Li te di Bib la ta dwe yon envansyon bon moun oswa zanj ; move moun oswa demon, oswa envansyon Bondye.

(a) Li pa tap ka envansyon bon moun oswa zanj ; paske yo pa ta ka, ni yo pa tap vle fè yon liv, epi bay manti tout tan yo tap ekri l, pou y ap di : 'Men sa Senyè a di', lè se ta pwòp envansyon pa yo.

(b) Li pa tap ka envansyon move moun oswa demon ; paske yo pa t ap fè yon liv ki kòmande tout devwa, entèdi tout peche, ak kondane nanm yo pou lanfè etènèl.

(c) Pou rezon sa, li te fè konklisyon sa a, ke se enspirasyon diven ki dwe bay Bib la.

III. Valè Bib la

Ki nivo enpòtans Bib la pou Kretyen yo ? Ki valè li genyen pou moun pèdi yo ? Nou menm ki kwè li, nou konnen ke li gen gran enpòtans pou nou ak pou moun ki pèdi yo.

A. Valè li genyen Pou moun pèdi yo. Bib la di :

1. Nou te gen yon lòt lavi gras ak pawòl la. « Granmesi pawòl Bondye a ki yon pawòl vivan epi ki la pou tout tan, nou resevwa yon lòt lavi. Fwa sa a, nou pa soti nan yon jèm ki ka mouri, men nan yon jèm ki pa ka mouri. » (1 Pyè 1.23). Jak di, « Granmesi pawòl verite a, Li ban nou lavi jan l te vle l la, pou nou kapab gen premye plas nan tou sa Li kreye » (Jak 1.18).

2. Nou te sove gras ak pawòl la. « Se poutèt sa, derasinen tout vye abitid ki pa dakò ak volonte Bondye ansanm ak tout kras mechanste ki nan lavi nou, voye yo jete. Soumèt nou devan Bondye, asepte pawòl Li te plante nan kè nou an, paske se pawòl sa a ki ka sove nanm nou » (Jak 1.21).

3. Lafwa vini atravè Pawòl la. « Konsa, se lè ou tande mesaj la ou vin gen konfyans. Mesaj la, se pawòl Kris la y ap anonse » (Women 10.17).

Nou konnen ke Kris se Sila ki sove nou. Sepandan, Bib la, se sous konesans nou sou Kris ak sou pouwa Li genyen pou sove. San pawòl la pa t ap gen okenn konesans sou lanmou Li ki sove, an konsa tou pa t ap gen lafwa oswa pa t ap gen obeyisans lakay lèzòm. Se poutèt sa Bib la di nou sove pa rapò ak pawòl la. Li se mwayen Bondye itilize pou mennen nou bay Kris.

B. Valè li genyen pou moun ki sove. Pou Kretyen an, Bib la endispansab. Gen anpil fason ki fè Pawòl la gen valè pou lavi Kretyen an.

1. Bib la se yon mwayen pou grandi espirityèlman. « Tankou timoun ki fenk fèt, se pou nou kriye dèyè bon lèt san dekoupe ki soti nan Bondye, pou nou kapab grandi, pou nou kapab fin delivre nèt » (1 Pyè. 2.2). Sa manje ye pou kò fizik la se sa Pawòl la ye pou lèzòm espirityèl. Li se manje pou nanm li. Jezi te di « Men sa ki ekri : Moun pa kapab viv ak manje ase. Yo bezwen tout pawòl ki soti nan bouch Bondye tou » (Matye 4.4). Yon neglijans nan etid pawòl la kreye yon fèblès espirityèl. Pòl te di ansyen Efèz yo »Kounye a m ap remèt nou nan men Bondye avèk mesaj favè Li a. Se li menm ki ka fòtifye nou, ki ka ban nou tout bon bagay Li sere pou tout moun ki pote non Li » (Travay 20.32 italik ajoute).

2. Pa mwayen Pawòl Bondye a, Kwayan yo lave de fatra peche yo. Jezi te di apot Li yo, « Nou menm, avèk tou sa m moutre nou yo, nou deja nan kondisyon pou n fè volonte Bondye » (Jan 15.3). Nou konnen ke se san Kris la ki lave nou de tout peche (1 Jan 1.7 ; Ebre 9.14). Men se atravè Pawòl la, alò (konesans de li ak obeyisans li) ke yo mennen nou bay san sa. Salmis la te poze kesyon sa e li te bay repons sa. « Kisa yon jenn gason dwe fè pou l mennen bak li dwat ? Se pou l toujou mache jan ou di l mache a » (Sòm 119.9).

Pawòl la se mwayen ki pèmèt nou rete pwòp epi ki mete nou apa oswa sanktifye nou pou sèvis Bondye. Jezi te lapriyè Papa a, « Fè yo viv pou ou nèt granmesi verite a. Pawòl ou se verite a » (Jan 17.17)

Gen yon moun ki te di, « Liv sa pral kenbe w lwen peche, oswa peche pral kenbe w lwen Liv sa.»

3. Gras ak Pawòl Bondye a, Kretyen yo kapab venk atak Satan. Lè satan te tante Jezi nan dezè a, Senyè nou an te repouse tout kou yo avèk pawòl Bondye (Matye 4.1-11). Pòl te di moun Efèz yo, « Pran mete sou nou tout kalite zam Bondye ban nou pou nou ka kenbe tèt anba riz Satan. … Pran pouvwa Bondye k ap delivre nou an tankou yon kas an fè nan tèt nou ak Pawòl Bondye a tankou yon epe Sentespri a ban nou » (Efezyen 6.11-17). Bib la se epe Kretyen an nan batay espirityèl sa kont peche. Salmis la te rekonèt verite sa tou lè li te di, « Mwen sere pawòl ou yo nan kè mwen, pou m pa fè peche kont ou » (Sòm 119.11).

4. Yon konesans apwofondi sou Pawòl la bay konfyans ak kouraj a moun k ap genyen nanm pou Kris. Yon nonm ki te pretann ke li pa yon kwayan te jennen anpil predikatè avèk agiman san sans li yo. Yon evanjelis te desann nan vil la pou dirije yon konferans evanjelik. Nonm sa te vini nan konferans la ak entansyon pou « nwi » evanjelis la ak yon pil agiman. Nonm ki pa kwayan an te avanse. Evanjelis la te reponn chak kesyon yo avèk pawòl sa « Men sa Senyè a di. » Nonm lan te deranje epi jennen, li te kite konferans la. Nan demen, yon zanmi te mande l ki jan sa te ye nan deba a.

Li te reponn, « Pa twò byen. Mwen pa t ale pou m diskite ak Bondye Tou Pwisan an. »

IV. Kijan pou Li ak Konprann Bib la

Jehovas se Bondye ki gen sajès. Revelasyon Li se yon Liv konesans. Bondye toujou envite lèzòm pou vini kounye a epi « an regle koze sa, Senyè a di » (Ezayi 1.18a). Sa se vre, nou ta dwe apwoche Pawòl Bondye a ak menm entèlijans ak konpreyansyon, menm janm nou aproche nenpòt lòt liv konesans.

Men kèk prensip sou etid kòrèk ki pral fè Bib la pi konpreyansif ak sinifikatif.

A. Detèmine Kiyès k ap pale. Li ka se Bondye oswa Satan oswa bourik Balaram nan oswa yon moun fou. Li enpòtan anpil pou w gen yon konpreyansyon kòrèk pou konnen kiyès ki t ap pale pawòl sila.

B. A Kiyès Pawòl la t ap adrese ? Èske pawòl la te adrese ak Kretyen an oswa pechè etranje a ? Sinifikasyon an ka totalman diferan selon a kiyès li adrese.

Ch. De kisa li pale ? Kisa ki kontèks la ? – Sa ki vini anvan ak kisa ki swiv konesans senp patikilye sa pral eklèsi anpil Ekriti ki okontrè t ap difisil.

D. Kilè li pale ? Poze kesyon sa : Èske pasaj sa te ekri pou moun ki t ap viv nan epòk Patriyakal la, nan epòk Mozayik la, oswa nan epòk Kretyen an ? Bondye te aji avèk pèp Li a nan diferan fason nan chak peryòd sa yo. Li enpòtan pou Kretyen an swiv entriksyon Bondye yo pou tèt li jounen jodi a. Dènye règ sa pi enpòtan.

V. Karaktè Sakre Pawòl la

Pwiske Bib la se yon revelasyon ki soti nan Bondye, ki te ekri pa Sentespri ki te enspire lèzòm, nou dwe trete l avèk anpil anpil respè. Moyiz te di Izrayèl, « Kounye a, nou menm pèp Izrayèl, se pou nou kenbe tout lòd ak tout prensip mwen te montre nou yo. Se pou nou mache daprè lòd sa yo pou nou ka viv, pou nou ka antre nan peyi Senyè a, Bondye zansèt nou yo, ap ban nou an. Piga nou mete, piga nou wete anyen sou sa mwen mande nou fè a. Se pou nou kenbe tout kòmandman Senyè a, Bondye nou an, jan mwen te montre nou yo a » (Detewonòm 4.1-2).

Gen yon lide parèy nan dènye avètisman Bib la. « Mwen menm Jan, men sa m ap di tout moun ki tande

Doktrin Kretyen

pawòl Bondye ki nan liv sa a. Si yon moun mete nan pawòl sa yo anyen ki pa t ladan l, Bondye va mete tout kalamite yo pale nan liv sa a sou chatiman li merite a. Konsa tou, si yon moun wete anyen nan pawòl Bondye ki nan liv sa a, Bondye va wete pòsyon ki ta pou li nan pye bwa ki bay lavi a ak nan lavil Bondye a, nan pye bwa ak lavil yo pale nan liv sa a» (Revelasyon 22.18,19).

Pwiske Bib la se Pawòl Bondye, lèzòm ap nan gwo danje, si yo ajoute sou li oswa retire ladan l oswa neglije li. Lè tout moun pral kanpe devan gran twòn blan an, Pawòl sa pral youn nan Liv ki pral jije yo nan moman sa. Si nou obeyi pawòl Bondye, li va sove nou. Si nou dezobeyi l, li va kondane nou (Kolosyen 3.16). Se pou nou koute pawòl Pòl yo epi kite Pawòl Kris la demere an abondans nan nou (Kolosyen 3.16a).

KESYON – BIB LA

RANPLI ESPAS VID YO

1. Mo « Bib » la vle di _____.

2. Yon Pawòl se _____
   _____

3. Ki prèv ki pi enpòtan nan chache konnen kiyès ki ekri yon dokiman ?
   _____
   _____

4. Bib la te ekri sou yon peryòd _____ lane sou _____ kontinan diferan pa anviwon _____ ekriven imen.

5. John Wesley te panse ke te gen sèlman senk sous pou Bib la. Bay yo.

   a. _____ b. _____

   ch. _____ d. _____

   e. _____

6. Bay twa benediksyon pawòl la pote pou kwayan an.

   a. _____

   b. _____

   ch. _____

7. Ki benediksyon Pawòl la pote pou moun ki te pèdi yo ?
   a. _____

   b. _____

   ch. _____

8. Bay kat (4) règ pou w konprann Bib la.

   a. _____

   b. _____

   ch. _____

   d. _____

KESYON REVIZYON

1. Bay twa mo Bib la itilize pou idantifye pwòp tèt li ?

2. Diskite kisa 1 Tesalonisyen 2.13 ak 1 Pyè 1.23 ansenye sou Pawòl Bondye.

3. Kisa Detewonòm 32.47 ansenye sou Pawòl Bondye ?

4. Ki mo ki pi komen ke Jezi ak apot yo te itlize pou liv Ansyen Testaman yo ?

5. Kisa mo « Liv sen » vle di » ?

6. Eksplike kisa Ansyen Testaman ansenye sou orijin Bib la.

7. Diskite sou kisa 2 Timote 3.16-17 ak 2 Pyè 1.21 ansenye sou enspirasyon Liv la.

8. Daprè Galat 1.11-12, kijan Pòl te resevwa levanjil li t ap preche a ? Kijan sa apiye verite ki di ke mesaj Bib la te soti nan Senyè a ?

BIB LA

9. Èske Pyè te janm rekonèt ekriti Pòl yo te egal ak Liv Ansyen Testaman ? Eksplike.

10. Kòman pwofesi ki akonpli yo pwouve enspirasyon Bib la ?

11. Bay senk pwofesi konsènan Jezi ak akonplisman yo nan Nouvo Testaman.

12. Konplete sa : « Bib la te ekri sou yon peryòd _____ lane sou _____ kontinan diferan pa anviwon _____ ekriven. Pwofesyon ekriven sa yo se te_____ ak _____, _____ ak _____. Bib la te ekri nan _____ lang diferan e li gen _____ liv separe, chak sijè te imajinab »

13. Diskite epi bay de pasaj ki ansenye sou kijan nou gen lavi gras ak pawòl la.

14. Èske Bib la sijere ke nou te sove gras ak pawòl la ? Eksplike.

15. Daprè Women 10.17, kisa ki sous lafwa ? Ekri vèsè sa jan ou jwenn li nan Bib ou a epi aprann li pa kè.

16. Bay epi diskite plizyè pasaj ki anseye ke Bib la se yon mwayen pou grandi espirityèlman.

17. Si san Kris la netwaye nou de tout peche (Ebre 9.14 ; 1 Jan 1.7), Kòman li ka vre pou Pawòl Bondye netwaye fatra peche kwayan an ?

18. Ekri Sòm 119.9-11 Jan ou jwenn li nan Bib ou a epi aprann li pa kè.

19. Konplete fraz sa a : « Liv sa pral kenbe w lwen _____ oswa _____ pral kenbe w lwen liv sa » Eksplike kòman/poukisa fraz sa se yon verite.

20. Diskite kòman pawòl Bondye a ka ede kretyen yo genyen batay la kont Satan. Ki vèsè yo nan Bib la ki ka ede w reziste tantasyon Satan ?

21. Èske aktyèlman ou satisfè ak konesans ou epi konpreyansyon ou genyen sou Pawòl Bondye ? Ki sa ou ta renmen fè pou ogmante konesans ou sou Bib la ?

22. Bay epi diskite de pasaj ki bay avètisman kont ajoute sou pawòl Bondye, retire ladan l, ak inyore l.

23. Konplete kòmantè otè a : « Lè tout moun pral kanpe devan gran twòn blan an, Pawòl sa pral youn nan _____ ki pral _____ yo nan moman sa. Si nou obeyi _____ _____, li va _____ nou. Si nou _____, li va _____ nou. »

Doktrin Kretyen

LESON 4
LEGLIZ LA

I. Kisa Legliz la ye ?
   A. Sinifikasyon Mo « Legliz » la
   B. Sinifikasyon Lokal ak Jeneral Mo a
II. Kòmansman Legliz la
   A. Prediksyon Sou Legliz K ap Vini an
   B. Etablisman Legliz la Oswa Wayòm nan
   Ch. Prèv Ki Soti Nan Pwofesi
III. Fondatè Legliz la
IV. Fondasyon Legliz la
V. Gouvènman Legliz la
   A. Jezi Kris se Tèt la
   B. Gouvènman Otonòm
      1. Nati
      2. Limit
VI. Non pou Legliz la
   A. « Legliz la »
   B. Legliz Bondye
   Ch. Kay Bondye
   D. Tanp Bondye

I. Kisa Legliz la ye ?

A. Siyifikasyon Mo « Legliz. » Mo Jezi te chwazi pou dekri pèp Li a se te yon ansyen mo Grèk, ecclesia. Mo « eklezyastik » nou an soti ladan l, li vle di « asosye ak legliz la. » Mo a orijinalman te deziye rasanbleman regilye sitwayen ki nan yon vil ki lib. Mesaje ofisyèl vil la te kon « rele apa » sitwayen yo pa mwayen yon piblikasyon pou regle afè vil la. Konsa, mo legliz la vle di « Sila yo rele apa. »

Konsa, Legliz la fòme ak moun yo te rele soti nan peche pou vin mache dwat – soti nan mond lan pou vin nan Legliz la. Pyè fè konnen sa nan 1 Pyè 2.9, « Men nou menm, nou se yon ras Bondye chwazi, yon bann prèt k ap sèvi Wa a, yon nasyon k ap viv apa pou Bondye, yon pèp Li achte. Li fè tou sa pou n te ka fè tout moun konnen bèl bagay Bondye te fè yo, Bondye ki rele nou soti nan fènwa a pou nou antre nan bèl limyè Li a. » Kretyen an te resevwa apèl atravè levanjil la pou soti nan mond lan (2 Korent 6.17,18) pou vin jwenn Kris nan objektif pou travay pou Bondye.

Etyèn te fè referans ak pitit Izrayèl yo nan Ansyen Testaman tankou asanble Bondye a oswa kongregasyon nan dezè a (Travay 7.38). Izrayèl tou te resevwa apèl pou kite Ejip pou yo te vin pèp chwazi Bondye epi pou yo fè volonte Li. Sa se yon egzanp Legliz Senyè a jodi a.

B. Siyifikasyon Lokal ak Jeneral Mo a. Nan Nouvo Testaman an mo « legliz » gen alafwa yon siyifikasyon lokal ak yonn jeneral. Li fè referans alafwa ak yon kongregasyon individyèl epi ak kominote pèp Bondye a nan tout mond lan.

Nan Travay 5.11 li pale de legliz la nan Jerizalèm. Men, mo legliz nan Travay 9.31, fè referans ak anpil kongregasyon lè Lik di, « legliz la te gen repo toupatou nan Jide, nan Galile ak nan Samari. Li t ap devlope, li t ap viv avèk krentif pou Bondye.... » Souvan Pòl ta adrese ak ti gwoup Kretyen yo k ap reyini nan yon kay (Women 16.3-5 ; Kolosyen 4.15 ; Filemon 2). Men Pòl pale de legliz nan yon sans ki pi laj nan 1 Korent 10.32 ak 1 Timote 3.15. Chak kongregasyon te legliz la nan kominote li. Sepandan, li te yon moso pou konplete tout asosyasyon Kretyen yo. Gwoup Kretyen yo kapab separe jewografikman men yo toujou yon sèl nan Kris ak Legliz Li. Petèt Thomas Campbell te bay yon bon definisyon pou legliz la ke nenpòt ki lòt moun, lè li te di :

> Legliz Kris la, sou latè se esansyèlman, entansyonèlman konstitisyonèlman yonn ; li gen ladan l tout moun nan tout kote, ki deklare lafwa yo nan Kris la ak obeyi Li nan tout bagay daprè sa ki ekri nan Bib la, epi yo manifeste menm bagay nan tanperaman yo ak nan kondwit yo, pa nan okenn lòt fason ankò ; paske okenn lòt moun pa ka vrèman epi korèkteman rele Kretyen.

II. Kòmansman Legliz la

A. Prediksyon Sou Legliz K ap Vini an. Premye fwa mo « legliz » mansyone nan Bib la se nan Matye 16.18. Pyè te konfese Jezi kòm Kris ak Pitit Bondye. Jezi te beni Pyè epi Li te di, « Sou wòch sa mwen pral bati legliz mwen an. » Avèk itilizasyon tan fiti a, Jezi endike klèman ke legliz la pa t ko etabli. Jezi kontinye lide Li a sou sa ki konsène legliz la lè Li te di Pyè, « Mwen pral ba ou kle wayòm syèl la ; nenpòt sa ou mare sou tè li ap mare nan syèl la tou, nenpòt sa ou lage sou tè a li ap lage nan syèl la tou » (Matye 16.19). Li pwouve aklè nan itilizasyon mo « legliz » nan vèsè 18 la ak mo « wayòm syèl » nan vèsè 19 la ke mo sa yo vle di menm bagay. Mo « legliz » ak « wayòm » te itilize tou nan menm sans nan Kolosyen 1.13 kote Pòl pale de « wayòm Pitit li renmen an. » Men nan vèsè 18 san dekoupe lide a, li dekri menm enstitisyon an kòm « Kò a, legliz la. » Mo sa yo endike menm gwoup moun.

Etablisman wayòm Kris oswa legliz la te mansyone avan konvèsasyon sa avèk Pyè. Jan Batis te anonse wayòm ki gen pou vini an lè li te rele, « Tounen vin jwenn Bondye. Paske, Bondye ki wa nan syèl la ap vin pran pouvwa a nan men l » (Matye 3.2). Ekspresyon « nan men l » siyifi ke li te pwòch. Jezi, tou swit apre te preche, « Tounen vin jwenn Bondye. Paske, Bondye ki wa nan syèl la ap vin pran pouvwa a nan men li » (Matye 4.17). Senyè a te di apot yo, « Nan moun ki la kounye a gen ladan yo ki p ap mouri san yo pa wè Bondye vin pran gouvènman an nan men l avèk pouvwa » (Mak

9.1), Wayòm lan te dwe etabli avèk pouvwa pandan tout tan lavi apot yo.

B. *Etablisman Legliz la oswa Wayòm.* Pandan ministè Kris sou tè a, Li pa t etabli legliz la. Apre rezirèksyon Li, disip yo te mande Li, « Mèt, èske se kounye a ou pral mete gouvènman pèp Izrayèl la sou pye l ankò ? » (Travay 1.6). Jezi te reponn, « Nou pa bezwen konnen ki jou ni ki lè sa va fèt. Se Papa a ki fikse dat la Li menm, pou kont Li. Men, lè Sentespri a va desann sou nou, n a resevwa yon pouvwa. Lè sa a, n a sèvi m temwen nan Jerizalèm, nan tout peyi Jide ak nan tout peyi Samari, jouk nan dènye bout latè. » (Travay 1.7,8). Li te bay yo lòd tou pou « rete lavil Jerizalèm jouk pouvwa k ap soti anwo nan syèl la va desann sou nou » (Lik 24.49). Akonplisman pwomès sa yo konsènan Sentespri ak establisman wayòm lan te rive nan premye fèt Lapannkòt la apre rezirèksyon Kris la. Li Travay 2.1-42. Pandan tan sa apot yo te batize nan Sentespri a epi yo te resevwa pouvwa Li te pwomèt yo a. Pyè te preche premye mesaj levanjil la epi anviron 3,000 moun te kwè nan Kris kòm Senyè yo ak Mesi a, yo te repanti de peche epi yo te batize nan Kris (Travay 2.36-41). Sa yo se te kondisyon pou antre nan legliz Senyè a. Chak referans pou legliz la apre jou Lapannkòt la montre ke li deja egziste (gade Travay 5.11 ; 8.1). Pyè reponn kesyon sou kòmansman legliz la nan Travay 11.15 lè li pale de fèt Lapannkòt la kòm « kòmansman an. »

Ch. *Prèv ki Soti nan Pwofesi.*

Prèv sa yo nou prezante nan Nouvo Tesman kòm kòmansman legliz la pwofesi te konfine yo. Ezayi 2.1-3, te prevwa nan dènye oswa fen jou yo, ki fè referans ak epòk Kretyen an, ke mòn kay Senyè a ta dwe etabli. Li ta dwe gran epi tout nasyon ta dwe vini ladan l. Apre li bay pwofesi enpòtan sa : « Senyè a rete sou mòn Siyon an, l ap bay lòd Li. Li rete lavil Jerizalèm, l ap pale ak pèp Li a » (Ezayi 2.3b).

Bondye te bay lalwa Moyiz la sou Mòn Sinayi men levanjil Pitit Li a ta dwe soti Jerizalèm. Jezi konfime pwofesi sa nan Lik 24.46,47 lè Li di, « Men sa ki te ekri : Kris la gen pou l soufri jouk Li mouri, men sou twa jou Li gen pou l soti vivan nan lanmò. Y a pran non l pou yo mache fè konnen mesaj la nan tout peyi, kòmanse lavil Jerizalèm, pou mande tout moun pou yo tounen vin jwenn Bondye pou yo ka resevwa padon peche yo. »

Legliz Kris la oswa wayòm Li te etabli nan Jou Lapannkòt la apre Li te resisite epi monte nan syèl.

III. Fondatè Legliz la

Legliz la se pa yon estrikti moun fè, tankou yon pati politik oswa yon enstitisyon ki fè sosyal. Li se yon òganizasyon diven. Li gen yon fondatè diven ak yon tèt diven.

Jezi te di apot yo « Mwen pral bati legliz Mwen. » Li se legliz Li. Li se moun k ap bati l la. Li se tèt legliz la (Kolosyen 1.18). Pòl rele l « legliz Bondye vivan an » (1 Timote 3.15). Legliz la se lamarye Kris la, se Li menm ki te sove l ak sanktifye l pou yo fè youn ak Li. (Efezyen 5.25). Yo fè referans tou ak Legliz la kòm kò Kris (Efezyen 1.22,23 ; 4.12 ; Kolosyen 1.18). Legliz la se kò Kris la, li konplete Kris la. Kris la menm, avèk pouvwa Li, Li konplete tout bagay ki toupatou (Efezyen 1.23).

Legliz la se pou Kris tou paske Li rachte li avèk pwòp san presye Li. Pòl anseye ansyen Efèz yo pou « okipe legliz Bondye a, legliz Li te achte ak pwòp san Pitit Li a » (Travay 20.28 ; gade 1 Pyè 1.18-19).

IV. Fondasyon Legliz la

Yon legliz diven avèk yon tèt diven, bezwen yon fondasyon diven tou. Se sa li ye ! Lè Lyè te konfese Jezi kòm Mesi a ak Pitit Bondye a, Jezi te reponn, « Se sou wòch sa a m ap bati legliz Mwen. Ata lanmò p ap kapab fè l anyen » (Matye 16.18). Atravè Bib la, yo fè referans a Jezi kòm wòch. Pa egzanp, nan Ezayi 28.16, Bondye di, « Se mwen menm menm k ap mete yon fondasyon byen fèm, byen solid nan lavil Siyon an. Nan kwen fondasyon an, m ap mete yon gwo wòch pye byen chita.… » Pyè repete sa nan 1 Pyè 2.6 epi li aplike l a Kris. Yo fè referans a Jezi kòm Wòch nou te voye jete lè nou t ap bati a, se li menm ki tounen wòch ki kenbe kay la (Travay 4.11,12). Pòl reponn kesyon sou fondasyon legliz la lè li di, « fondasyon an deja la : se Jezikri. Pèsòn pa ka poze yon lòt » (1 Korent 3.11). Kris se fondatè legliz la. Li se fondasyon an.

V. Gouvènman Legliz la

Chak òganizasyon k ap byen fonksyone dwe gen yon fòm gouvènman. Pa gen eksepsyonn pou legliz la. Lè legliz la konsidere kòm inivèsèl, fòm gouvènman li an se yon monachi total. Lè yo konsidere li sou pwentvi kongregasyon lokal, li gen yon pouvwa limite nan gouvènman otonòm lan.

A. *Jezi se tèt la ak otorite total Legliz la.* « Bondye mete tout bagay anba pye Kris la, Li mete l pou l sèl chèf legliz la » (Efezyen 1.22).

« Okontrè, ann pale verite a avèk renmen nan kè nou, konsa n a ka grandi nan tout sans nan Kris la ki chèf kò a » (Efyezen 4.15).

« Paske, yon mari se chèf madanm li menm jan Kris la se chèf legliz la. Se Kris la menm ki delivre legliz la ki kò Li » (Efezyen 5.23 italik ajoute).

« Se Li ki tèt legliz la, legliz la se kò Li. Se li menm ki bay kò a lavi. Se li menm an premye ki te leve soti vivan nan lanmò pou l te ka gen premye plas nan tout bagay. » (Kolosyen 1.18 ; gade 2.10).

1. Kòm otorite siprèm nan legliz la, Jezi gen tout pouvwa. « Jezi pwoche bò kote yo, Li di yo konsa : Mwen resevwa tout pouvwa nan syèl la ak sou tè a » (Matye 28.18).

2. Kòm tèt legliz la, Kris gen tout pouvwa pou l fè lalwa. Kris gen pouvwa pou pibliye lwa pou gouvène legliz Li a ak aktivite li yo.[2]

Doktrin Kretyen

Li te pibliye lwa sa yo e yo antre nan konstitisyon an :

a. Kalifikasyon pou sitwayènte. Jan 14.6 ; Mak 16.16 ;
b. Kalifikasyon pou ofisye wayòm nan. 1 Tim. 3.1-13 ; Tit 1.5-9 ;
c. Devwa sitwayen yo. Matye 5.3–7.27 ; 1 Pyè 2.21 ;
d. Devwa ofisye yo. 2 Timote 4.2 ; 1 Pyè. 5.2 ; Travay 6.1-6 ;
e. Lwa sou finans. 1 Korent 9.1-13 ; 16.1-2 ; 1 Timote 5.17-18 ;
f. Lwa sou disiplin. 1 Korent 5.1-13 ; 1 Tesalonisyen 5.12 ; 1 Timote 5.20 ;
g. Lwa pou restorasyon sila ki pechè ankò. Travay 8.18-24 ; 2 Korent 2.5-11.

Lè-w gen pouvwa sa a, yon moun ka wè tout siyifikasyon lòd Jezi te bay apot Li yo lè nan gran komisyon an li te di yo ale, ansenye epi batize, « montre yo pou yo obsève tou sa mwen te ban nou lòd fè . . . » (Matye 28.20 italik ajoute). Pwomès Kris pou li avèk legliz la depann de obeyisans li ak kòmandman sa.

B. Gouvènman otonòm lan Legliz Lokal la. Paske legliz la se moun ki konpoze li, Kris te bay lèzòm pouvwa limite nan gouvènman otonòm lan.

1. Nati gouvènman otonòm lan. Pouvwa sa demokratik. Manm legliz lokal la se otorite final nan kesyon gouvènman otonòm. Nou wè sa nan kèk referans tankou Travay 6.3-5 ; 11.29,30 ; 1 Korent 16.3.

Pouvwa sa egzèse atravè Ansyen yo ki se responsab ak gadò pèp la. Legliz la chwazi yo pou dirije ak kontwole nan non legliz la (gade 1 Pyè 5.1-5). (Pou kalifikasyon ansyen yo, gade 1 Timote 3.1-7 ak Tit 1.5-9).

2. Limit pouvwa gouvènman otonòm sa. Gen limit byen defini ki te mete sou legliz la nan pati gouvènman otonòm nan. Otorite legliz la pou fè règleman ak pran desizyon te limite sèlman a kesyon opinyon ak opòtinite kote Bib la pa bay yon enstriksyon egzat : Pa egzanp legliz la dwe seleksyone kantite ansyen oswa dyak ; kijan de kay legliz la bezwen ; eksetera. Bagay sa yo enpòtan nan travay wayòm nan men pa gen okenn « Men sa Senyè a di » pou gide legliz la. Gen sitiyasyon Kris te kite pou se lèzòm ki pote jijman pa li. Menm, nan stiyasyon sa yo, desizyon yo ta dwe pran nan amoni avèk Lespri a ak ansèyman Kris la... W.L. Hayden, nan liv li a Church Polity (politik Legliz), fè obsèvasyon sa sou sijè gouvènman otonòm nan :

Nan ki okazyon ak pou ki objektif Kretyen yo te otorize pou yo vote ?

Yo pa gen dwa pou yo vote sou kesyon lafwa, devosyon, oswa moralite. Laverite pa dwe deside pa yon vòt, ni okenn enstitisyon diven ki respekte adorasyon an oswa moralite Legliz kretyen an pa dwe deside pa yon majorite. Sa yo se kesyon revelasyon, otorite diven, epi sa yo dwe regle pa

'Men sa Senyè a di', se pa ak 'Men sa mojorite a di'. Men, nan tout bagay ki pa nan lafwa, devosyon oswa moralite, nan tout bagay ki gen pou wè ak opòtinite, pa gen okenn lòt fason pou deside, ke pa yon vòt nan fratènite a.[3]

VI. Non pou Legliz la

A. « *Legliz* » la. Sa se deziyasyon yo te pi souvan itilize pou legliz la nan Nouvo Testaman. Pafwa yo te konn itilize non zòn kote legliz la ye a. Pa egzanp : « legliz nan peyi Jide, Galile ak Samari » (Travay 9.31) oswa « legliz Tesalonik yo » (2 Tesalonisyen 1.1). Itilizasyon mo sa san okenn fraz pou kalifye l endike nati inik legliz la. Pa t gen anyen tankou l nan sosyete a. Te gen yon sèl. Kris te bati yon sèl. Legliz la te kapab grandi nan anpil peyi ak anpil kontinan men li te toujou « Legliz la. » Tout Kretyen yo te manm sèl kò sa. (1 Korent 1.2).

B. Legliz Bondye a. Lòt mo yo te pi souvan konn itilize se te « Legliz Bondye », oswa « Legliz Bondye yo » (2 Korent 1.1 ; 1 Tesalonisyen 2.14). Non sa endike planifikatè ak kreyatè legliz la. Li endike tou mèt li paske legliz la se pou Bondye menm jan lo pou Kris.

Ch. Kay Bondye. 1 Timote 3.15. Non sa prezante legliz la tankou yon fanmi. Li fè nou sonje ke Bondye rete nan Legliz Li a epi Li se Papa nou tout. Jezi abite avèk nou tou epi Li tankou gran frè nou. Women 8.17 fè nou sonje ke kòm pitit Bondye nou se eritye Bondye epi nou vin eritye ak Kris. Galat 3.26,27 revele kijan nou vin pitit Bondye. « Se paske nou gen konfyans nan Jezikri kifè nou se pitit Bondye. Nou tout, nou te resevwa batèm pou n te ka viv ansanm ak Kris la, nou mete sou nou kalite ki nan Kris yo. »

D. Tanp Bondye. 1 Korent 3.16,17. Non sa a dekri karakteristik adorasyon legliz la. Bondye abite nan tanp ki Sen an, Legliz, epi se la yo adore l. Pyè di ke Kretyen yo « Nou menm tou, tankou wòch vivan, kite Bondye sèvi ak nou pou bati kay Li a ak pouvwa Sentespri, pou nou ka sèvi l tankou prèt k ap viv pou Li. Konsa, granmesi Jezikri, n a ofri bay Bondye ofrann ki soti nan kè nou, ofrann ki pou fè l plezi » (1 Pyè 2.5). Donk, Legliz la se tanp espirityèl ki bati ak wòch vivan yo (gade Efè 2.19-22). Bondye abite nan chak kwayan atravè Lespri Sen an ke Li bay tout Kwayan ki obeyisan (Travay 2.38). Si kwayan an fidèl a Kris, tèt la, yon jou la va wè Li pèsonèlman jan Li ye a (1 Jan 3.2). Nan jou sa Bondye pral abite avèk pèp Li a epi Li va Bondye yo. (Revelasyon 21.3). Sa se gran motivasyon ak objektif legliz la.

NÒT YO

1. Robert Richardson, *Memoirs of Alexander Campbell* (Menwa Alexander Campbell) (Cincinnati : Standard Publishing Co., 1890, Vol. I), p. 258.
2. Don DeWelt, *The Church in the Bible* (Legliz la nan Bib la) (Joplin, MO :College Press).
3. Ibid.

KESYON – LEGLIZ LA

VRÈ / FO

_____ 1. Wayòm Kris la espirityèl olye tanporèl.

_____ 2. Legliz la ak wayòm lan se de kò diferan.

_____ 3. Ezayi te prevwa ke wayòm lan t ap etabli mòn Siyon.

_____ 4. Mo « legliz » la toujou fè referans ak kongregasyon lokal la.

_____ 5. Lafwa se sèl kondisyon pou kapab antre nan legliz Senyè a.

_____ 6. Wayòm nan te etabli nan jou fèt pak la.

_____ 7. Legliz la te kòmanse ak Jan Batis.

_____ 8. Mo « ecclesia » a te fè referans orijinalman a yon asanble sitwayen Grèk.

_____ 9. Tout Kreyen yo se nanm legliz Kris la.

_____ 10. Yon moun ka sove san li pa manm legliz Kris la.

RANPLI ESPAS VID YO

1. Gouvènman legliz la nan sans inivèsèl li, li se yon _____ : sepandan legliz lokal la gen kèk _____.

2. Nan ki pati nan lavi a ke legliz pa gen otorite pou vote oswa fè règleman ?
_____
_____

3. Bay de non pou legliz la epi bay siyifikasyon yo chak. _____
_____

KESYON REVIZYON

1. Ki mo Jezi te itilize pou dekri pèp Li a, kisa mo sa te vle di orijinalman ?

2. Kiyès ki kompoze legliz la, ki vèsè nan Bib la ki apiye repons ou a ?

3. Eksplike kijan Izrayèl te yon egzanp legliz Senyè a ?

4. Eksplike kijan mo « legliz » kapab fè referans alafwa a kongresyon local la epi ak kominote pèp Bondye a nan tout mond lan.

5. Konplete kòmantè sa ke Thomas Campbell te fè a : « _____ _____ la, sou latè se esansyèlman, _____ _____ youn ; li gen ladan l tout moun nan tout kote, ki deklare _____ yo nan Kris la ak _____ obeyi Li nan tout bagay daprè sa ki ekri nan _____ la, e yo manifeste menm bagay nan _____ yo ak nan _____ yo, pa nan okenn lòt fason ankò ; paske okenn lòt moun pa ka _____, epi _____ rele _____. »

6. Ki kote mo « legliz » la te parèt pou premye fwa nan Bib la ? Ekri vèsè a nan Bib ou a epi aprann li pa kè.

7. Kisa itlizasyon « tan fiti » Jezi a endike sou legliz Li a ?

8. Eksplike kijan mo « legliz » ak « wayòm » ka itilize alafwa youn pou lòt daprè Matye 16.18-19.

9. Kilè legliz la te etabli ?

10. Kisa Jan Batis ak Jezi te anseye sou wayòm syèl la ?

11. Ekri Travay 1.7-8 nan Bib ou a, epi aprann pa kè vèsè enpòtan sa yo.

12. Kilè pwomès Kris yo konsènan Sentespri a ak etablisman wayòm lan te akonpli ?

13. Ki apot ki te preche premye mesaj Levanjil la ? Konbyen moun ki te kwè nan Kris, ki te repanti de peche epi ki te batize nan Kris ? Ki kote yo ka jwenn referans nan Bib la pou repons ou a ?

Doktrin Kretyen

14. Kisa Travay 11.15 anseye anplis sou kòmansman legliz la ?

15. Kisa Ezayi 2.1-3 pwofetize sou kòmansman legliz la ?

16. Diskite sou kisa pawòl Jezi yo nan Lik 24.46-47 ansenye sou kòmansman legliz la ?

17. « Legliz Kris la oswa wayòm Li te etabli nan_____ _____
    _____ la apre
    _____ epi
    _____. »

18. Ekri ak aprann pa kè yon vèsè nan Nouvo Testaman ki anseye Jezi se tèt legliz la.

19. Bay liv Nouvo Testaman ak chapit ki anseye ke legliz la se lamarye Kris.

20. Ki kote Nouvo Testaman fè referans a legliz kòm kò Kris ?

21. Ki kote nan Nouvo Testaman ki anseye ke Jezi te achte legliz la ak pwòp san Li ? Aprann pa kè vèsè sa.

22. Kiyès ki se fondasyon legliz la ? Diskite plizyè vèsè nan Bib la ki apiye repons ou a.

23. Itlize Bib ou pou ekri 1 Korent 3.11 epi aprann pa kè vèsè sa.

24. Diskite sou kisa Efezyen 1.22, 4.15, ak 5.23 ansenye sou Jezi se tèt legliz la. Aprann pa kè vèsè sa.

25. Aprann pa kè Matye 28.18 epi ekri li.

26. Si Jezi te jwen **tout** pouvwa ak otorite, men Ki kantite pouvwa Li kite pou lòt ? Eksplike repons ou a.

27. Eksplike kisa Jan 14.6 ak Mak 16.16 ansenye sou kalifikasyon sitwayènte nan legliz la.

28. Diskite sou kisa 1 Timote 3.1-13 ak Tit1.5-9 ansenye sou kalifikasyon pou ofisye wayòm lan.

29. Eksplike kisa Matye 5.3-7, 27 ak I Pyè 2.21 ansenye sou devwa sitwayen nan legliz la.

30. Fè rezime devwa ofisye yo nan wayòm la jan li te ansenye nan 2 Timote 4.2, 1 Pyè 5.2 ak Travay 6.1-6.

31. Kisa 1 Korent 9.1-13, 16.1-2, ak 1 Timote 5.17-18 ansenye sou lwa finans la ?

32. Eksplike lwa sou disiplin ki te ansenye nan 1 Korent 5.1-13, 1 Tesalonisyen 5.12 ak 1 Timote 5.20.

33. Rezime kisa travay 8.18-24 ak 2 Korent 2.5-11 anseye sou restorasyon sila ki pechè ankò.

LEGLIZ LA

34. Ki vèsè nan Bib la ki ansenye ke manm legliz lokal la se otorite final nan kesyon gouvènman otonòm nan ?

35. Èske gen limit nan pouvwa gouvènman otonòm legliz lokal yo ? Eksplike repons ou a.

36. Konplete fraz W. L. Hayden la : « Yo pa gen dwa pou yo vote sou kesyon _____, _____ oswa _____. Laverite pa dwe deside pa yon _____, ni okenn enstitisyon diven ki respekte _____, oswa _____ Legliz kretyen an pa dwe deside pa yon _____. Sa yo se kesyon _____, _____ diven, epi sa yo dwe pa regle pa 'Men sa _____ di,' se pa ak 'Men sa _____ di.' Men, nan tout bagay ki pa nan _____, _____ oswa _____, nan tout bagay ki gen pou wè ak opòtinite, pa gen okenn lòt fason pou deside, men pa yon _____ nan _____ a. »

37. Diskite sou kat non legliz ki te anseye nan leson sa.

38. Ki deziyasyon ki pi popilè yo te itilize pou legliz la ? Ki dezyèm mo yo te konn plis itilize pou legliz la ?

39. Daprè Galat 3.26-27 kijan nou vin pitit Bondye ?

40. Ki pi gran motivasyon ak objektif pou legliz la ?

LESON 5
LAFWA

I. Itilizasyon mo « Lafwa » nan Nouvo Testaman an.
   A. Lafwa – Te itilize tankou yon lòt mo pou Krisyanis
   B. Lafwa – Dekri lavi kretyen an
   Ch. Lafwa – Kòman l te aplike pou pechè payen an
II. Kisa Lafwa Ye ?
III. Kijan Nou Kapab Gen Lafwa ?
   A. Lafwa kretyen te pwodwi menm jan ak nenpòt lòt lafwa
   B. Lafwa se rezilta ki montre ou asepte yon temwanyaj ou byen yon prèv
IV. Relasyon Ant Lafwa Ak Obeyisans
   A. Obeyisans Lafwa
   B. Obeyisans se Senpman Lafwa an Aksyon
V. Benefis Lafwa a
   A. Li esansyèl pou resevwa benediksyon Bondye yo
   B. Kèk benefis ki pwòp ak lafwa
      1. Li asire sali pou lèzòm
      2. Lafwa fè Bondye plezi
      3. Lafwa pote lapè nan kè Kretyen an
      4. Lafwa leve lespri nou ak vizyon nou pou n ka wè ak panse tankou Bondye

I. Itilizasyon mo « Lafwa » nan Nouvo Testaman

A. Lafwa – Te itilize tankou yon lòt mo pou Krisyanis. Youn nan itilizasyon mo « lafwa » se pou idantifye kò verite a nan sa kwayan an kwè a oswa tankou yon lòt mo pou Krisyanis. Jid ekri « pran defans lafwa Bondye te bay yon sèl fwa pou tout tan an, pou tout moun pa l yo » (Jid 3). Galat 1.23, « Nonm ki t ap pèsekite nou nan tan lontan an, kounye a men l ap mache anonse lafwa li te vle kraze a. » Nan Travay 13.8, Lik rapòte ke Elymas te fè rezistans ak Pòl ak Banabas « pou l eseye detounen gouvènè a de lafwa. » Nan pasaj sa yo, menm jan ak anpil lòt ki ta ka site, mo « lafwa » a te itilize nan sans laj kòm yon sinonim pou Krisyanis.

B. Lafwa – Dekri lavi kretyen an. Womenn 1.17, « Moun ki jis la dwe viv pa lafwa. » Nan 1 Tesalonisyen 1.3, Pòl ekri, « mwen toujou sonje jan n ap viv byen paske nou gen konfyans nan Bondye, jan n ap travay di paske nou gen renmen nan kè nou, jan nou rete fèm nan espwa nou gen nan Jezikri, Senyè nou an » 2 Korent 5.7, « Si n ap mache, se pa paske nou wè tout bagay klè, men se paske nou gen konfyans nan Kris la. » Nan pasaj sa yo ta dwe remake ke Kretyen an viv pa lafwa, travay pa lafwa ak mache pa lafwa. Kretyen an vrèman ap viv pa lafwa.

Ch. Lafwa – Kòman l te Aplike pou pechè payen an. Nan objektif pou vini yon Kretyen, yon pechè dwe gen lafwa oswa jan yo souvan di, kwè nan Jezi. « 'Bon, nou menm ?' li di yo. 'Ki moun nou di mwen ye ?' Simon Pyè te reponn, Ou se Kris la, Pitit Bondye vivan an » (Matye 16.15,16). Lè chèf prizon Filip la te mande Pòl kisa pou l fè pou l sove, Paul te di l : « Mete konfyans ou nan Senyè Jezi, epi wa va delivre, ou menm ansanm ak tout fanmi ou » (Travay 16.31). Jezi ak Pòl tou lè de te bay lafwa oswa kwayans nan Kris kòm yon mwayen esansyèl pou kapab vin yon Kretyen. Kounye a an nou egzaminen lafwa sa ki esansyèl pou yon moun ka sove.

II. Kisa Lafwa ye ?

Ebre 11.1, « Lè yon moun di li gen konfyans nan Bondye, sa vle di li sèten li gen pou l resevwa sa l ap tann lan. Li gen konviksyon bagay nou pa ka wè ak je nou egziste tout bon vre. » Otè a defini lafwa tankou « sèten » oswa « garanti » oswa « fondasyon » bagay li gen pou l resevwa yo. Li se yon « prèv » tou oswa « konviksyon » oswa « demonstrasyon » bagay nou pa ka wè ak je.

Lè yo te itilize lafwa nan yon sans objektif (sans egzat) li se yon prèv oswa garanti epi sou li espwa kretyen an te bati. Lè yo te itilize l nan sans sibjektif (sans ki pa egzat), lafwa se « asirans » li gen pou l resevwa sa l ap tann lan, epi yon « konviksyon » ke bagay nou pa ka wè ak je nou egziste tout bon vre. Asirans sa oswa konfyans sa pèmèt kwayan an trete tan k ap vini an tankou li te gentan la epi sa ki envizib yo tankou bagay li wè. Se pa yon konesans konplè ke nou pral genyen yon jou men li se asirans fèm k ap kenbe yon moun fidèl jiska lafen. Chapit 11 nan liv Ebre a montre an detay ke vrè lafwa tankou jan sa te ye lakay Abraram, Moyis, Rarab, ak anpil lòt te senpman yon konfyans nan Bondye ke yo te kwè yo dwe fè konfyans.

Yon lòt mo ki petèt dekri nati lafwa a pi byen se « konfyans. » Lè yo te itilize lafwa nan sans jeneral petèt vle di senpman ou dakò ak kèk reyalite oswa prensip kòm laverite. Pa egzanp, yon moun ka kwè ke George Washington te viv men pa ta gen okenn eleman pou fè konfyans nan li kòm yon moun. Non sèlman kèk verite konsènan Jezi te konvenk lafwa kretyen an, men li te gen eleman pou fè konfyans ki ajoute nan Li kòm Senyè ak Sovè. Egzanp lafwa Abraram lan ke nou jwenn nan Women 4.20,21 montre eleman pou fè konfyans sa. « Li [Abraram] pa t pèdi konfyans nan Bondye, li pa t janm mete nan tèt li ke pwomès Bondye a te ka pat rive. Okontrè, li te vin gen plis konfyans toujou ; epi li t ap chante lwanj Bondye. Li te gen fèm konviksyon Bondye te gen pouvwa pou l te fè sa l te pwomèt la. » Abraram te « fò nan lafwa » paske li te « plen asirans » ke Bondye ta akonpli pwomès li a epi ba l yon pitit gason. Li te tèlman mete konfyans li nan Bondye komplètman, li te kwè si li te touye Izarak jan Bondye te ba li lòd la, ke Bondye ta fè l leve vivan ankò soti nan lanmò (Ebre 11.17-19).

Robert Richardson di ke Alexander Campbell te konsidere mo

'Konfyans' la oubyen 'kwayans' la pou eksprime nan sans laj sinifikasyon mo lafwa a. Vizyon senp ak konpreyansif sa a, se te sa ke Mr. Campbell, nan istwa relijye pase li, li menm te adopte, epi li te kontinye defann li pandan tout lavi li. Nan mitan pil konfli l yo, tout bon, li te souvan oblije, nan goumen kont erè popilè yo sou sijè a, pou ensiste sou gran bezwen ki genyen pou gen bon jan prèv, ak pou afime, trè sensèman, ke kote ki pa gen okenn prèv, pa kapab genyen okenn lafwa ; Men, li te toujou wè vrè lafwa nan Kris la kòm yon volonte pou soumèt ak otorite l, ki fòme ak yon konfyans sensè, pèsonèl nan li kòm Pitit Bondye ki te nonmen Sovè pou limanite.[1]

III. Kijan Nou Kapab Genyen Lafwa ?

Anpil moun wè kèlkeswa bagay relijye tankou mistè. An reyalite plis li parèt mistè plis li atire atansyon kèk moun. Toujou genyen kèk aspè nan lafwa lèzòm pa ka konprann nèt, men jeneralman lafwa pwodwi nan kè lèzòm atravè yon pwosesis rezonab epi entèlijan. Sa mennen nou a premye panse nou ki se :

A. Lafwa Kretyen te Pwodwi menm jan ak nenpòt lòt lafwa. Pa egzanp, kijan lafwa nan nenpòt pèsonaj istorik te pwodwi ? Li te pwodwi a pati prèv ak temwayaj ki konvenk lespri. Nou kwè ke George Washington te viv paske gen anpil liv ki te ekri sou li, anpil moniman te konstwi pou li, ak lòt prèv ke li te viv. Kijan yon moun ka vin kwè oswa gen konfyans nan yon doktè ? Evidamman li te dwe jwen temwayaj ak prèv pou l vin gen lafwa ak konfyans sa.

Lafwa nan Kris pwodwi nan menm fason an. Kretyen an aksepte kòm verite pil prèv ki nan Bib la ki pwouve ke Kris te viv epi Li se Mesi ak Pitit Bondye jan Li te di l la. Bondye atire atansyon lèzòm pa yon manyè sansib epi entèlijan.

B. Lafwa se Rezilta yon Temwayaj akseptab oswa prèv. Bib la endike klèman ke lafwa pwodwi lòske yo aksepte prèv konsènan Kris.

« Si nou te kwè tout bon nan Moyiz, nou ta kwè nan mwen tou, paske li ekri sou mwen tou. Men, nou pa kwè nan sa l te ekri a. Ki jan pou n ta fè kwè sa m ap di nou an ? » (Jan 5.46,47).

« Jezi te fè anpil lòt mirak ankò devan disip li yo, men nou pa rapòte yo nan liv sa a. Tou sa ki ekri nan Liv sa a, mwen ekri yo pou nou ka kwè Jezi se Kris la, Pitit Bondye, pou lè nou kwè a nou ka gen lavi nan Li » (Jan 20.30-31 italik ajoute).

« Lè yo fin diskite kont yo, Pyè kanpe, li di yo : Frè m yo, nou konnen ki jan, depi lontan, Bondye te chwazi m pami nou tout pou m anonse bon nouvèl la bay moun lòt nasyon yo, pou yo menm tou, yo ka tande l pou yo rive kwè nan Bondye » (Travay 15.7).

Pasaj sa yo fè li pafètman klè ke lafwa Kretyen, menm jan ak tout lòt lafwa, dwe baze sou temwayaj. Pòl nan Women 10.16,17 eklèsi kòman lafwa te pwodwi. « Men, se pa tout ki asepte bon nouvèl la. Se poutèt sa Ezayi te di : Mèt, kilès ki te kwè mesaj nou te bay la ? Konsa, se lè ou tande mesaj la ou vin gen konfyans. Mesaj la, se pawòl Kris la y ap anonse. » Lafwa sa se rezilta yon temwayaj ki pwouve alafwa pa vwa larezon ak vwa enspirasyon.

D.L. Moody te rapòte, li di pandan jenès li kòm yon minis, li te lapriyè Bondye souvan pou Li ta ba li lafwa. Yon jou li t ap li nan Women 10.17, Lafwa vini de sa ou tande.... Pawòl Bondye. » Touswit sa eklèsi l ke li t ap chèche lafwa nan move direksyon. Kounye a li te reyalize ke Bondye te gentan di li kijan pou l vin gen lafwa. Mr. Moody te kòmanse chèche pawòl Bondye ak atansyon, epi li pwomès gras Bondye, ak fè efò pou aksepte yo. Pandan l li sa Bondye te fè pou Abraram, Moyiz, David ak lòt yo, konfyans li nan Bondye te ogmante. Li konkli ke Bondye ki te la yè a se menm Bondye jodi a, Li menm jan kounye a jiska lafen. Plis li te li ak ranpli lespri l ak prèv sou fidelite Bondye, se plis konfyans li te grandi pi plis nan pwomès Bondye yo. Konsa lafwa li te ogmante nan akò konplè ak jan Bondye te pwomèt sa dwe ye.

IV. Relasyon Ant Lafwa Ak Obeyisans

Anpil fwa moun gen konfizyon sou relasyon egzat ant lafwa ak obeyisan. Kèk moun santi gen yon konfli ant yo de a. Men, yon etid Bib la ak plis atansyon ap endike olye lafwa ak obeyisans se de aksyon diferan, yo se reyèlman de pati ki fè youn an antye.

A. Obeyisans Lafwa. Pòl souvan itilize ekspresyon « obeyisans lafwa » a. Pandan li ap pale de Kris nan Women 1.5 , Pòl di, « Granmesi Jezikri sa a, Bondye fè m favè pou m travay tankou apot, pou m mennen moun tout nasyon, nan non menm Kris la, pou yo vin kwè nan Li, pou yo obeyi Li. (gade Women 16.26). Travay 6.7 di, « Menm pami prèt yo, te gen anpil ki te asepte kwè pawòl la. » Kisa li vle di pa « obeyisans lafwa » ? Obeyisans lafwa se obeyisans ke lafwa pwodui, oswa ki soti nan lafwa. Pòl t ap afime ke levanjil la dwe preche pou rive pote obeyisans ke lafwa pwodui a.

Gen omwen de kalite obeyisans nan mond lan. Yonn se yon obeyisans ke lafwa diven te pwodwi. Lòt la soti nan larezon lèzòm. Yonn nan kalite obeyisans yo soti nan men Bondye. Lòt la se nan lèzòm. Lèzòm ka aji anba yon pakèt enfliyans oswa motif. Prensip ki enfliyanse lèzòm pou aji a enpòtan. Pou eklèsi, yon moun ka onèt nan biznis paske li peye. Li ka pa konnen oswa prete atansyan ke Bondye ap tann pou li onèt. Li fè li paske se yon bon pratik nan biznis. Sa ta dwe obeyisans akoz larezon lèzòm.

Obeyisans Kretyen ka atire atansyon larezon lèzòm men jeneralman se pa sa ki fèt. Gen yon rezon pou sa. Bondye vle konnen si nou obeyi Li akoz lafwa ak lanmou oswa si nou obeyi l pou kèk lòt motif. Nan tout epòk Bondye chwazi kèk reyalite ki demontre aklè konfyans lèzòm nan Bondye. Pa egzanp, osi lwen ke Èv te kapab wè, pa t gen okenn bon rezon pou li pa ta manje fwi entèdi a. Li te bon pou manje, li te bèl nan je, epi li te swetab pou te fè li vin saj. Se poutèt sa, sèl rezon pou li pa t manje l se ke Bondye te di pa manje l. Lè li te manje fwi a, se te yon ka dezobeyisans klè.

Jodi a, Bondye egzije yon aksyon obeyisans menm jan an pou teste lafwa nou. Sa se ak batèm Kretyen an. Anpil moun pral di, «byen, mwen pa wè okenn koneksyon ant aksyon batèm lan ak akseptasyon mwen ak Bondye». Sou yon pwentvi rasyonèl, sa a se vre. Pa gen okenn mwayen atravè larezon lèzòm pou eksplike ki jan batèm se yon pati pou vin Kretyen, eksepte ke Kris la di sa. Nan Mak 16.16, Jezi di, «Moun ki kwè epi ki resevwa batèm va delivre.» Pyè nan Travay 2.38 di 3,000 moun yo «Tounen vin jwenn Bondye, epi youn apre lòt vin resevwa batèm nan non Jezikri, pou Bondye padone tout peche nou yo. Apre sa, n a resevwa Sentespri, kado Bondye a.» Lè yon moun dakò pou li batize li fè li paske Kris te mande sa. Se tès lafwa li nan Kris. Se yon tès lanmou li pou Kris. Jezi te di, "Si nou renmen m, se pou n obeyi kòmandman m yo" (Jan 14.15). Se yon tès obeyisans li ak Kris.

B. Obeyisans se Senpman Lafwa an aksyon. Sa a se sa Jak te vle di lè li te di ke lafwa sa a, si li pa eksprime nan obeyisans oswa aksyon, se pa vrè lafwa. Menm move lespri yo kwè ke Jezi la, men lafwa yo a pa janm abouti ak obeyisans (Jak 2.14-26). Li fè nou sonje ke Abraram te pwouve lafwa li a lè li te ofri Izarak akoz obeyisans. Obeyisans se pa yon bagay yon moun fè anplis oswa a kote lafwa li, men se pito lafwa li an aksyon. Yon moun pa gen vrè lafwa si li pa mennen l a obeyisans. Yon bon konpreyansyon de sa a ap reponn kesyon tankou si yon moun sove pa lafwa sèlman oswa pa obeyisans sèlman. Li sove pa tou lè de. Pou eklèsi, kesyon li ta ka poze, «Ki bò nan sizo a ki koupe twal la ?» Laverite a se tou de bò sizo yo ki koupe twal la. Pou nou ka sove, nou dwe itilize tou de bò yo, bò lafwa a ak bò obeyisans la. Yo pa ka separe.

V. Benefis Lafwa a

Enpòtans lafwa pa ka egzajere, paske li se pi gwo prensip nan lavi Kretyen an.

A. Li Esansyèl Pou Resevwa Benediksyon Bondye Yo. Nan tout epòk yo, Bondye te sove yon moun ak beni l sou prensip lafwa a. Efezyen 2.8 di, «se pa gras nou te sove, pa mwayen lafwa.» Gras se sèl mo ki rezime gran prensip ki pèmèt Bondye beni moun lan. Se akoz lanmou ak mizèrikòd Bondye ki fè Li pwolonje tout benefis Li yo pou lèzòm atravè gras. Sèl atitid reseptif posib ki pèmèt lèzòm resevwa benediksyon Bondye yo se lafwa. Li se kle ki louvri pòt trezò syèl la.

B. Kèk Benefis ki pwòp Ak Lafwa.

1. Li asire delivrans pou lèzòm. Lè Pyè t ap pale de konvèsyon ak Payen yo, li di «Li (Bondye) pa t fè okenn diferans ant yo menm ak nou menm : nou wè Li lave kè yo paske yo te kwè nan Li» (Travay 15.9). Nan Travay 10.43 Pyè di, «Tout pwofèt yo te di sa sou Li : Nenpòt moun ki met konfyans yo nan Jezi va resevwa padon pou tout peche yo granmesi non sa a.» Lafwa se repons lèzòm pou Sali ke Bondye pwolonje rive sou li.

Jan sa te endike anvan, lè Bib la pale de sove pa lafwa, li konprann ke lafwa eksprime nan obeyisans. Kòm prèv, Pyè nan premye lèt li a di «Kounye a, lè n ap obeyi verite a, nou nan kondisyon pou nou fè sèvis Bondye, pou nou sa gen yon renmen sensè pou frè yo . . .» (1 Pyè 1.22 ; gade Women 6.17, 18).

2. Lafwa fè Bondye plezi. Ebre 11.6, «Nou konnen pèsòn pa ka fè Bondye plezi si li pa gen konfyans nan Bondye. Moun ki vle pwoche bò kot Bondye, se pou yo kwè gen yon Bondye, yon Bondye k ap rekonpanse tout moun k ap chache Li.» Petèt pi gran derespektan lèzòm fè Bondye se lè li doute pawòl Li. Jezi te rale zòrèy disip Li yo pou feblès sa pi souvan pase nenpòt lòt fot. Refize oswa echwe nan kwè pwomès Bondye yo se yon derespektan pou lanmou Li, gras Li, ak pouvwa Li genyen pou l beni lèzòm. Otè Ebre a di li «enposib» pou w fè Bondye plezi san lafwa.

3. Lafwa pote lapè nan kè Kretyen an. Jezi te di apot Li yo ki te tris, lè Li ta pral kite yo, «Pa kite bagay sa yo toumante nou. Mete konfyans nou nan Bondye, mete konfyans nou nan mwen tou» (Jan 14.1). Konsolasyon pou tritès yo ak kè twouble yo soti nan yon vrè lafwa nan Kris ak nan Bondye.

Jezi bay solisyon pou tout krent ak ekyetid nan Matye 6.25-34. Pou rezime nan mo senp, solisyon an se kwè tankou yon timoun nan bonte, lanmou ak pouvwa Bondye. Elizabeth Cheney te rezime panse sa nan powèm li a.

Tande nan yon jaden
Robin te di ti zwazo a,
« Mwen ta reyèlman renmen konnen
Poukisa moun enkyete sa yo
Prese ak angwase konsa. »

Ti zwazo a te di Robin,
« Zanmi, mwen panse ke li ta dwe
Paske yo pa gen okenn Papa nan syèl la
Ki sousye pou yo menm jan Li sousye pou ou menm ak mwen.

4. Non sèlman lafwa pote benefis nou sot mansyone yo, men tou *li leve lespri nou ak vizyon nou pou n ka wè ak panse tankou Bondye.* Ely V. Zollars afime sa nan yon fason ki pi elegan.

Nou dwe remake, nan koneksyon sa, lafwa nan divès itilizasyon li yo kouvri anpil chan aktivite. Li louvri pòt sa ki pase yo epi mete sou kote tout rido lavni a. Se poutèt sa, konesans li ba nou an pi laj pase sa ki soti nan sans fisik, konsa li leve lèzòm enfiniman pi wo ke nivo zannimo a. Si nou te fèmen konesans nou nan prèv ke sans sa yo te founi an, chan travay nou t ap limite anpil. Zye ak zòrèy natirèl ka konnen sèlman yon mond tou pitit. Ak lèd yon mikroskòp ak yon teleskòp nou ka gade yon mond ki pi gran, men li toujou trè limite, men ak zye lafwa nou kapab kenbe sa nou pa t janm wè avèk je bon sans, epi konsa n a rete nan mitan bèl bagay ki pap janm fennen.²

NÒT YO
1. Robert Richardson, *Memoirs of Alexander Campbell* (Memwa Alexander Campbell yo), Vol. I(Cincinnati :Standard, 1890), pp. 177,178.
2. Ely V. Zollars, *The Great Salvation* (Gran Sali a) (Cincinnati :Standard, 1895), pp. 95-96.

KESYON YOGI – LAFWA

VRÈ / FO

_____ 1. Nan Ebre 11.1 lafwa définit tanka « sètitid ke li gen pou l resevwa sa l ap tann lan. Li gen konviksyon bagay nou pa ka wè ak je nou egziste tout bon vre. »

_____ 2. Lafwa vini atravè yon revelasyon dirèk ki soti nan syèl.

_____ 3. Nouvo Testaman anseye degre lafwa. (Gade Matye 8.26 ; 15.28).

_____ 4. Demon yo pa gen lafwa nan Kris.

_____ 5. Li bon pou nou gen lafwa men li pa yon nesesite.

_____ 6. Batèm se yon bon travay ke yon Kretyen fè.

_____ 7. Batèm se yon aksyon obeyisans ki eksprime lafwa nan Kris.

RANPLI ESPAS VID YO

1. Mo lafwa te itilize nan twa fason ?

    a. _____

    b. _____

    ch. _____

2. Alexander Campbell te konsidere ke mo _____ la oswa _____ la pou eksprime klèman siyifikasyon mo lafwa a.

3. Yon moun ka obeyi pou de motif. Kisa yo ye ?

    a. _____

    b. _____

4. Bay twa benefis lafwa.

    a. _____

    b. _____

    ch. _____

KESYON REVIZYON

1. Bay epi diskite twa fason mo « lafwa » te itilize nan Nouvo Testaman an.

2. Bay epi diskite plizyè pasaj ki itilize « lafwa » tankou sinonim Krisyanis.

3. Diskite sou kisa Women 1.17, 1 Tesalonisyen 1.3 ak 2 Korent 5.7 anseye sou lafwa ak lavi Kretyen an.

4. Revize Matye 16.15-16 ak Travay 16.31 epi diskite sou kisa vèsè sa yo anseye sou lafwa ak kijan yon moun ka vin Kretyen.

5. Ekri Ebre 11.1 Jan li ye nan Bib ou a. Aprann pa kè vèsè sa.

6. Konplete deklarasyon sa a : « Lè yo te itilize _____ nan yon sans _____ li se yon _____ oswa garanti sou li espwa Kretyen an te bati. Lè yo te itilize l nan sans _____, se _____ li gen pou l resevwa sa l ap tann lan, epi yon _____ bagay nou pa ka wè ak je nou egziste tout bon vre. »

Doktrin Kretyen

7. Diskite kòmantè otè a, « Yon lòt mo ki petèt dekri nati lafwa a pi byen se « konfyans. »

8. Konplete deklarasyon sila a : « ......jeneralman lafwa pwodwi nan kè lèzòm atravè yon pwosesis _____ epi _____. »

9. Bay epi diskite de fason yon moun ka vin gen lafwa.

10. Diskite sou plizyè pasaj ki anseye ke lafwa Kretyen an dwe bati sou akseptasyon prèv ak temwanyaj.

11. Daprè Women 10.16-17, kijan lafwa pwodwi ?

12. Èske lafwa ak obeyisans se 2 aksyon separe oswa de pati ki fè yonn antye ? Eksplike repons ou a ?

13. Kisa « obeyisans lafwa » vle di ?

14. Bay epi diskite pou pi pitit de (2) kalite obeyisans nan lemond.

15. Eksplike poukisa obeyisans Kretyen ka atire atansyon larezon lèzòm men jeneralman se pa sa ki fèt.

16. Konplete deklarasyon sila : « Jodi a, Bondye egzije yon aksyon obeyisans menm jan an pou teste _____ nou. Sa se ak _____ _____. »

17. Konplete deklarasyon sila : « Lè yon moun dakò pou li batize li fè li paske _____ te _____ sa. Se tès lafwa li nan _____. Se yon tès _____ li pou _____. »

18. Rezime kisa Jak 2.14-26 anseye sou lafwa an aksyon.

19. Li Jak 2.24 epi konplete vèsè sa, « Ou wè kòman yon moun jistifye paske li fè sa ki byen, se pa _____ paske yon moun gen _____ kifè Bondye fè l gras »

20. Kijan Abraram te pwouve lafwa li nan Bondye ?

21. Èske obeyisans se pa yon bagay yon moun fè anplis oswa a kote lafwa li ? Eksplike repons ou a.

22. Eksplike kijan otè a itilize ilistrasyon sizo k ap koupe yon twal pou demontre ke yon moun pa sove pa lafwa sèlman oswa pa obeyisans sèlman.

23. Kisa ki esansyèl pou n ka resevwa tout benediksyon Bondye yo ?

24. Kisa ki se kle ki louvri pòt trezò Syèl la » ? Explike pouki sa se vre.

25. Kisa Travay 15.9 ak 10.43 ansenye sou kijan lafwa asire sali yon moun ?

26. Konplete deklarasyon sa : « Jan sa te endike anvan, lè Bib la pale de sove pa lafwa, li konprann ke _____ _____ nan _____. »

27. Diskite kijan 1 Pyè 1.22 ak Women 6.17-18 ansenye nan sans laj ke lafwa eksprime nan obeyisans.

28. Poukisa li enposib pou n fè Bondye plezi san lafwa ? Aprann pa kè Ebre 11.6.

29. Eksplike kijan lafwa ka pote lapè nan kè Kretyen an. Aprann pa kè Jan 14.1.

30. Konplete fraz sa : « Lafwa leve lespri nou ak vizyon nou pou n ka _____ ak _____ _____ _____ . »

LESON 6
REPANTANS

I. Kisa Repantans ye ?
   A. Definisyon Repantans
   B. Montre egzanp Repantans
II. Kisa Repantans Pa ye
   A. Repantans pa ta Dwe Konfonn ak Lapenn
   B. Repantans Diferan Tou ak Refòm
   Ch. Repantans pa ta Dwe Konfonn ak Laperèz
III. Motif Ki Mennen ak repantans
   A. Bonte Oswa Lanmou Bondye
   B. Lapenn Pou Peche
   Ch. Lapèrèz Pou Jijman
IV. Reparasyon epi Relasyon l Ak Repantans
V. Nesesite Pou Repentans
   A. Repantans Nesesè Pou Pechè Payen An
   B. Repantans Esansyèl Tou Pou Kretyen An
VI. Kèk Anpèchman Pou Repantans
   A. Ògèy Natirèl Kè ka Anpeche Repantans La
   B. Enfliyans Peche, Dezi Kòwonpi Se Yon Lòt Anpechman
   Ch. Pwokrastinasyon (Ranvwaye pou demen) Se Youn nan Pi Gwo Anpèchman Pou Repantans

Apèl pou repantans parèt bonè nan Bib la. Pyè rele Noye «predikatè jistis» (2 Pyè 2.5). Byenke li pa t deklare li dirèkteman, sètènman Noye te preche repantans a moun nan epòk li a nan jefò pou sove yo anba delij la.

Pwofèt yo te toujou kontinye ap mande Izrayèl pou yo repanti de peche yo epi tounen jwenn Bondye (Jowèl 2.12-14 ; Ezekyèl 33.11). Jan Batis te vin preche nan dezè Jide a, « Tounen vin jwenn Bondye. Paske, Bondye ki wa nan syèl la ap vin pran pouvwa a nan men l » (Matye 3.2). Lè Jezi te kòmanse ministè l sou latè, Li te vin nan Galile ap preche levanjil Bondye a epi Li t ap di, « Jou a rive. Kounye a, Bondye ki wa nan syèl la ap vin pran pouvwa a nan men li. Tounen vin jwenn Bondye. Asepte Bon Nouvèl la » (Mak 1.15).

Mesaj Bondye a se menm bagay la nan epòk Kretyen an. Nan jou Lapannkòt la apot Pyè te mande moun yo pou « Tounen vin jwenn Bondye, epi youn apre lòt vin resevwa batèm nan non Jezikri, pou Bondye padone tout peche nou yo. Apre sa, n a resevwa Sentespri, kado Bondye a » (Travay 2.38).

Nan mesaj Jezi pou sèt legliz Azi yo (Revelasyon 2, 3), Li te mete aksan sou doktrin repantans la. Uit fwa nan de chapit sa yo, Li itilize mo « repanti » oswa « repantans. » Repantans se te yon premye bezwen toutan nan Bib la. Li plis pase yon bezwen jounen jodi a pou sa yo ki andedan menm jan ak sa yo ki deyò Legliz Senyè a.

I. Kisa Repantans ye ?

A. Definisyon Repantans. Mo Grèk ki te tradwi « repantans » nan Nouvo Testaman se metanoia. Mo sa vle di « genyen yon lòt mantalite » oswa « chanje mantalite. » Moun ki repanti a chanje mantalite li parapò a peche. Li se menm bagay ak mo Ansyen Testament « tounen. » Definisyon Thayer bay pou metanoia se « chanje mantalite yon moun pou li ka vin pi bon, pou l chanje sensèman avèk degoutans pou peche pase l yo. »[1]

Pwofesè J.W. McGarvey te defini repantans konsa : « repantans se yon chanjman volonte (oswa mantalite) ki te rive akoz yon lapenn pou peche epi ki pwodwi yon refòm nan lavi. »[2]

Nan definisyon sa yo nou ta dwe remake twa etap sa yo : (a) repantans se yon chanjman mantalite oswa volonte ; (b) chanjman sa se lapenn pou peche yo ki te pwodwi l ; (ch) epi li pote yon chanjman nan kondwit ak lavi.

B. Montre egzanp Repantans. Vrè repantans te demontre nan legliz Korent la jan nou wè nan 2 Korent 7. Pòl te rale zòrèy yo sevèman pou peche yo nan lèt 1 Korent an. Pi devan li tè ekri nan 2 Korent 7.8-9 ke li te kontan, se pa paske avètisman l la te fè yo lapenn, men pito "paske lapenn nou te genyen an te fè nou chanje kondwit". Li kontinye : « Paske, lè yon moun sipòte lapenn li jan Bondye vle l la, sa chanje kè li pou l ka rive sove . . . " sipòte lapenn jan Bondye vle l la vini avan epi li kondwi a repantans yo oswa chanjman mantalite yo. Sali te vini apre epi se yon rezilta repantans yo.

Istwa ti gason banbochè a oubyen pitit pèdi a nan Lik 15 se yon bon demonstrasyon repantans. Nou wè peche jenn gason an nan fason li rejte volotontèman otorite ak kay papa li. Kou rèd sa te mennen li nan yon peyi byen lwen. Antan li la « li lage kò l nan banbòch, li gaspiye tout lajan l» (Lik 15.13). Nou wè pwofondè peche l lè nan mank lajan, zanmi, ak manje, li te bese nan pozisyon bay kochon manje.

Repantans li te kòmanse lè li te vin reyalize vrè pozisyon l. Jezi te di « Lè li te vin jwen bon sans li » (Lik 15.17). Sa ta endike ke yon moun ki nan peche pèdi tèt li ! Li pa panse twò klè. Jenn gason an te reyalize ke li te fè yon betiz nan lavi li epi ke li te pi ba ke sèvant ki pi ba lakay papa li. Sa te mennen li nan premye pa pou repantans lan, sa se yon lapenn paske l nan peche. Lapenn pou peche te mennen nouvo desizyon. Li te di « M ap leve, mwen pral tounen jwenn papa m » (Lik 15.18). Li te chanje mantalite li sou kesyon peche. Kounye a li te rejte li epi li te regrèt peche li epi li te reyalize pri terib li te peye pou plezi li pran nan peche pou yon sezon. Li te chanje mantalite li konsènan papa li ak kay papa li. Sa se dezyèm faz ki mennen nan repantans.

Pou ke repantans li a konplè, dwe gen yon «chanjman» ak «refòm» nan lavi. Jenn gason an te kapab chita la nan pak kochon an pou tout rès lavi l ak lapenn li a ak nouvo desizyon li a san li pa janm vrèman repanti. Repantans li a te konplè, lè Jezi di, «Li leve vre, li pran chemen tounen kay papa li» (Lik 15.20).

Nou wè yo demontre nan istwa sa twa eleman repantans la : yon chanjman mantalite akoz yon lapenn pou peche ki an retou te pote yon refòm nan lavi.

II. Kisa repantans Pa Ye

Nou te wè atravè definisyon ak demonstrasyon kisa repantans lan ye, kounye a an vire kote negatif la pou konprann plis repantans lan pandan n ap montre sa li pa ye.

A. Repantans pa ta Dwe Konfonn ak Lapenn. Pòl di klèman, «Paske, lè yon moun sipòte lapenn li jan Bondye vle l la, sa chanje kè li pou l ka rive sove. Pa gen anyen la a pou n règrèt. Men, lapenn nou sipòte jan tout moun fè l la, se touye l ap touye nou.» (2 Korent 7.10). Li di ankò, «Men kounye a, kè m kontan, pa paske mwen te fè nou lapenn, men paske lapenn nou te genyen an te fè nou chanje kondwit» (2 Korent 7.9). Yon lapenn pou peche se yon bagay ki vini avan oswa yon motif jis ki mennen nan repantans, men nan limenm menm se pa repantans. Yo asosye tankou koz ak efè. Efè a se chanjman mantalite a, koz la se lapenn pou peche a. Yon moun ka regrèt pou konsekans peche san li pa regrèt pou peche a menm. Pifò nan prizonye yo regrèt pou peche yo – regrèt yo te kenbe yo ! Sèlman lè yon moun reyèlman regrèt pou peche a limenm menm, kèlkeswa konsekans yo, lapenn sa pral mennen l abandone peche a.

B. Repantans Diferan Tou Ak Refòm. Nan Matye 3.8, Jan te di Farizyen yo, «Fè bagay ki pou fè wè lavi nou chanje tout bon» Li t ap mande yo pou montre atravè lavi yo ki chanje ak bon zèv yo ke yo te vrèman repanti. Refòm lavi a se rezilta repantans, se pa repantans la limenm menm. Li ta posib pou yon moun chanje oswa menm kite fè kèk bagay mal, san li pa repanti. Yon moun ka sispann bwè tafya pou li pa mouri san li pa repenti pou peche sou anba tafya a. Anpil sikonstans yo ka mennen yon moun chanje aksyon li yo lè pa gen vrè chanjman mantalite sou kesyon viv nan peche a. Men, refòm, se fwi repantans la.

C. Repantans pa ta Dwe Konfonn Ak Laperèz. Se vre pè jijman se yon motif ki mennen repantans. Men laperèz sèlman, pa repantans.

Lè Pòl t ap preche Feliks nan Travay 24.25, li te rezone sou jistis ak kontwòl pwòp tèt ak jijman k ap vini an. Lè Feliks te tande Pòl dekri jistis, ke limenm, Feliks pat genyen ; kontwòl pwòp tèt, sa ke li pa t egzèse ; e jjman, pou sa ke limenm pa t prepare, li te pè anpil. Li te reponn, «Bon, kounye a ou mèt ale. Lè m a gentan m a rele ou ankò» (Travay 24.25). Apre Pòl te kite l, laperèz li te kalme, Feliks pa t bay okenn prèv chanjman mantalite oswa chanjman lavi. Anpil moun, panse ke yo ap mouri, avèk anpil laperèz ak anpil dlo nan je te reklame pou yo te repanti, men apre yo geri, pa gen anpil ki montre yon lavi ki ta endike ke yo te repanti vre. Laperèz pa repantans.

III. Motif Ki Mennen Repantans

Bib la anseye ke gen kèk motif, «fòs ki aktive,» ki mennen yon moun nan repantans. Premye epi petèt motif ki pi enpòtan ki mennen yon moun nan repantans se :

A. Bonte oswa Lanmou Bondye. Pòl ekri nan Women 2.4 «Osinon, èske se meprize w ap meprize Bondye ki gen bon kè anpil, ki gen pasyans anpil, ki sipòte nou anpil ? Se konnen ou pa konnen se pou l ka rele ou vin chanje lavi ou kifè Bondye gen bon kè konsa ?» Jan raple nou nan 1 Jan 4.19, «Pou nou menm, nou gen renmen nan kè nou, paske Bondye te renmen nou anvan.» Pi gran pouvwa ki ka motive moun nan lemond se lanmou. Se te lanmou ki te voye Jezi sou latè pou fè sali lèzòm posib. Lè yon moun konprann konplètman lanmou Bondye ak Kris la ki te demontre sou mòn kalvè a, sa a vini fòs k ap pouse l pou mennen l repanti.

B. Lapenn Pou Peche. Nou aprann nan 2 Korent 7.10 «Paske, lè yon moun sipòte lapenn li jan Bondye vle l la, sa chanje kè li pou l ka rive sove. Pa gen anyen la a pou n règrèt. Men, lapenn nou sipòte jan tout moun fè l la, se touye l ap touye nou» Lè yon moun reyalize jan peche blese Bondye, moun li renmen yo, ak zanmi l yo ; lè li rekonèt sa peche fè l – li regrèt ! Sa a pouse l repanti.

Pòl raple nou tou nan pasaj sa ke gen de kalite lapenn : yonn ki soti nan Bondye, ak yon lòt ki soti nan mond la. Premye a pote Sali dezyèm lan pote lanmò.

Pyè ak Jida demontre de kalite lapenn sa yo. Tou lè de moun yo te peche kont Mèt yo a. Lè Pyè te reyalize konplètman peche li a atravè rega Mèt la ak kri kòk la, Bib la di «Pyè soti, li tonbe kriye jouk li pa t kapab ankò» (Matye 26.75). Men, nan maten rezireksyon an, Pyè te premye apot ki te antre nan tonbo vid la. Pou tout rès vi li, li te kontinye ap swiv mak pye Mèt li. Chanjman mantalite li a te sensè paske li te pote yon chanjman nan lavi li. Li te tounen avèk imilite jwenn Mèt li. Kris la te padone li epi Li te voye l al preche.

Jida te trayi Mèt la. Men, nan maten, li te reyalize gravite aksyon li a. Bib la di «li te repanti pou kò l» ak pote 30 pyès lajan tounnen jwen gran prèt yo epi li te di, «Sa mwen fè a mal. Se yon inosan mwen lage nan men nou» (Matye 27.4). Nou ka wè nan sa Jida te chanje mantalite li. Li ta sètènman endike yon lapenn pou peche li a. Sepandan, repantans li a pa t sensè. Mo pou repantans Jida se pa metanoia. Se yon lòt mo Grèk, metamelomai, ki vle di yon santiman enkyetid oswa regrè. Santiman regrè sa ka debouche sou repantans oswa li ka dejenere ak yon senp remò. Jida te regrèt pou sa ki te rive Mèt la. Evidamman li pa t planifye pou li te kondane. Li te regrèt ke plan li a te pase mal. Li sanble pa t regrèt pou peche a limenm, paske li pa t retounen kote Mèt la pou l jwen padon ak pou l ka sove. Men li te pran yon kòd epi li te pann tèt li.

Ch. Laperèz pou Jijman. Lè Pòl te adrese filozòf yo nan Aewopaj la nan Atèn, li te raple yo avan Kris te vini, Bondye fèmen je l sou tan inyorans yo, men kounye a Kris te vini epi sali a te disponib pou tout moun, li te di ke Bondye «rele yo tout, kote yo ye, pou yo tounen vin jwenn li» (Travay 17.30). Motif ke li bay yo pou pouse yo repanti se prochen jijman Bondye a. Li te di, «Se konsa tou, Li fikse yon jou lè Li gen pou l jije tout moun san patipri : li chwazi yon nonm pou sa. Li bay tout moun prèv la lè l fè nonm sa a leve soti vivan nan lanmò» (Travay 17.31). Laperèz pou jijman pa reyèlman pi gwo motif pou repantans men pafwa li trè efikas. Souvan kè a vin tèlman kouvri ak peche li bezwen zam gran kalib lou jijman Bondye a pou detwi li pou lanmou Bondye ka jwenn kè a.

Li sanble nan pifò ka yo Bondye itilize tout twa motif yo pou Li mennen moun nan repantans.

IV. Reparasyon ak Relasyon l a repantans

Reparasyon se aksyon pou repare tò ke yon moun te koze. Bib la endike ke yon fwa yon moun te repanti li ta dwe eseye korije oswa repare mal ke li te fè a, toutotan li posib pou moun fè.

Jan te di Farizyen yo ki te vini tande l k ap preche yo pou «Fè bagay ki pou fè wè lavi nou chanje tout bon» (Matye 3.8). Jan te ensiste ke dwe gen kèk prèv oswa «fwi» ki ta endike yon chanjaman nan panse ak nan aksyon (Gade Travay 26.20.)

Zache te konpran prensip reparasyon sa. Apre rankont li ak Mèt la, li te di, «Koute, Mèt. Mwen pral bay pòv mwatye tout byen mwen genyen. Si mwen te twonpe yon moun pou m pran lajan l, mwen pral rann li kat fwa lavalè» (Lik 19.8). Lè Jezi te tande sa ak wè prèv repantans la Li te di, «Jòdi a, kay sa a delivre paske nonm sa a se yon pitit Abraram li ye tou » (Lik 19.9).

Kèk lane de sa yon nonm ki te rete nan zòn bò lakay mwen te tonbe nan zak vòlè. Li ta pran yon pèl oswa rato vwazen li, oswa yon bò fenèt ke li te bezwen. Li pa t volè gwo bagay, men li te koupab de vòl.

Pandan yon revèy li te remèt lavi li bay Senyè a. Mokè nan zòn lan ki pa kwè yo te fè gwo bri ak aksyon li a nan demen. Yo te rakonte ak kontantman kijan li te pase pi fò nan jounen an ap pote retounen wou, pèl, moso vit, eksetera., bay vwazen l yo. Yo te panse sa se te yon bagay griyen dan. Men, yo ta dwe remake, pèsòn pa t kesyone repantans nouvo konvèti a. Yon pèl ki retounen jwen mèt li, nan jefò pou repare peche yon moun te konn fè yo, ta dwe pi pwisan temwayaj pou senserite repantans li a pase sa ke yon douzèn prèch ta ye.

V. Nesesite Pou Repantans

Lè Jezi te bay Gran Komisyon an, Li te di «kòmanse lavil Jerizalèm, pou mande tout moun pou yo tounen vin jwenn Bondye pou yo ka resevwa padon peche yo» (Lik 24.47). Jezi te di Jwif yo, «Men, si nou menm nou pa tounen vin jwenn Bondye, nou tout n ap peri menm jan an tou» (Lik 13.3). Pòl te enfòme filozòf Atèn yo ke Bondye yon fwa ankò te fèmen je l sou tan inyorans yo ak idolatri yo, «Kounye a li rele yo tout, kote yo ye, pou yo tounen vin jwenn Li» (Travay 17.30). Repantans tèlman enpòtan li se youn nan aksyon prensipal ki kanpe ant lèzòm ak destriksyon. Yonn nan rezon Bondye ap pran tan ak pasyans ak lèzòm se paske Li pa vle okenn moun pèdi, men Li vle tout moun repanti epi pou yo ka sove (2 Pyè 3.9).

A. Repantans Nesesè Pou Pechè Payen An. Pi gran objektif levanjil la se pou sove lèzòm soti nan peche, men avan li sove l, peche ki nan kè l yo dwe pirifye. Travay 2.38 di nou ke sa te akonpli lè moun yo reponn nan lafwa, repanti ak abandone peche, epi batize nan Kris. Bondye te sèlman pwomèt pou padone lèzòm lè li vle repanti epi abandone peche l yo. Avan yon pechè payen ka reklame pwomès sali a, li dwe, atravè lafwa, repanti ak obeyi levanjil la. Pyè konfime sa nan 1 Pyè 1.22, lè li di ke nanm yo pirifye atravè «obeyisans laverite a.»

B. Repantans Esansyèl Tou Pou Kretyen An. Kisa yon Kretyen fè pou li jwenn padon pou peche apre li te vin jwen Kris ? Pyè reponn kesyon sa nan chapit 8 liv Travay yo. Simon te kwè nan Kris ak batize nan Kris. Men, tantasyon an te vini twò fò pou li epi li te peche. Apre li te rale zòrèy li sevèman pou peche li a, Pyè di li kijan pou l jwenn padon. Li te di, «Wete move lide sa a nan tèt ou, lapriyè Bondye pou ou wè si la padone ou dèske ou te fè lide sa a» (Travay 8.22). Donk gen de etap ki nesesè : repantans ak yon lapriyè pou padon. Li klè ke priyè san repantans se yon egzèsis san valè. Men priyè asanm ak repantans va sove nou soti nan peche.

VI. Kèk Anpèchman Pou Repantans

A. Ògèy Natirèl Kè ka Anpeche Repantans La. Etyèn te rale zòrèy Gran konsèy Jwif yo jis avan yo te lapide l lè li di, «Ala moun gen tèt di ! Tankou moun lòt nasyon yo, nou fèmen kè nou, nou fèmen zòrèy nou bay Bondye, n ap kenbe tèt ak Sentespri toujou. Nou tankou zansèt nou yo ! » (Tavay 7.51). Lèzòm ògeye natirèlman. Li difisil pou nenpòt moun rekonèt li te peche oswa fè sa ki mal. Ògèy pouse yon moun akwoche ak sa ki ale mal yo olye li admèt peche li ak feblès li. Fòk gen yon veritab moral ewoyik pou aksepte avèk imilite peche yo epi abandone yo. Imilite se vrèman yon kalite ki pa gen pri ! Jezi te di, «Sa m ap di nou la a, se vre wi : Si nou pa chanje, si nou pa tounen tankou yon timoun piti, nou p ap janm ka mete pye nou nan peyi Wa ki nan syèl la» (Matye 18.3). Ti gason banbochè a te bezwen anpil imilite pou li, « vale ògèy li » pou l retounen lakay li, ak admèt ak papa li ak gran frè li ke li te peche. Anpil moun pral pèdi letènite akoz ògèy ki te anpeche repantans yo.

B. Enfliyans Peche, Dezi Kòwonpi Se Yon Lòt Anpèchman. Konsekans nesesè pou repantans, enplike abandon satisfaksyon sansyèl, goumandiz yo, plezi sal yo, dezi seksyèl, fòm peche ki fè wont yo, tout dwe domine oswa abandone yo. Men yon abandon ke anpil nan nou pa ka fè. Tafyatè a ka kriye sou peche l yo, men apeti li genyen pou l bwè a kenbe l ekspre lwen objektik pou l abandone abitid banbochè li a. Lapenn sijere repantans, men apeti fè yon kontestasyon pwisan, epi moun nan ezite epi li pèdi.³

Ch. Pwokrastinasyon Se Youn nan Pi Gran Anpèchman pou repantans. Anpil moun rive nan fen lavi yo san repantans pa paske yo pa t panse fè l, men tankou Feliks, yo te toujou ap tann yon sezon apwopriye. Bib la pa dakò ak sa, tankou li raple nou ke jodi a se jou pou w sove a. Syèl la twò mèveye, lanfè twò terib, epi letènite tèlman long pou w ap retade repantans.

NÒT YO
1. *Thayer's Greek Lexicon* (Diksyonè Grèk Thayer a), p. 405.
2. J.W. McGarvey, *Commentary on Acts* (Kòmantè Sou Liv Tavay yo), page 61.
3. Ely V. Zollars, *The Great Salvation* (Gran Sali a) (Cincinnati : Standard, 1895), p. 121.

KESYON – REPENTANS

RANPLI ESPAS VID YO

1. Ekri definisyon McGarvey's pou repantans.
   _____
   _____

2. Lapenn se pou repantans sa _____ ye pou _____.

3. _____ se fwi oswa rezilta repantans.

4. Bay twa anpèchman pou repantans.
   a. _____
   b. _____
   ch._____

5. Pòl bay lis 2 kalite lapenn nan 2 Korent 7.10. Yo se : _____ ak _____.

6. Pyè di yon Kretyen dwe _____ ak _____ pou li ka resevwa padon (Travay 8.22).

VRÈ / FO

_____1. Yon bon definisyon pou repantans se « yon lapenn pou peche. »

_____2. Reparasyon vle di repare tò yon moun te koze.

_____3. Nan Bib la, lanmou Bondye se sèl motif repantans.

_____4. Imilite pa nesesè pou w repanti

_____5. Jeremi endike ke repantans te mesaj kle pwofèt yo (Jeremi 25.4,5).

KESYON REVIZYON

1. Diskite wòl « repantans » nan predikasyon Noye, Jowèl, Ezekyèl, ak Jan Batis.

2. Revize Travay 2.38, epi diskite kisa pasaj sa ansenye sou repantans.

3. Fè referans ak Revelasyon chapit 2 ak 3. Diskite 8 fwa Jezi mansyone swa « repantans » oswa « repanti. » Kisa ou ka aprann de avètisman sa yo ?

4. Ki mo Grèk ki tradwi « repantans. » Kisa mo sa vle di ?

5. Repantans se menm bagay ak mo nan Ansyen Testaman ki se _____.

6. Kijan J. W. McGarvey defini repantans ?

7. Konplete kòmantè sa : « Nan definisyon sa yo nou ta dwe remake twa etap sa yo : A. repantans se yon chanjman _____ oswa _____ ; B. chanjman sa se _____ pou _____ yo ki te pwodwi l ; Ch. epi li pote yon chanjman nan _____ ak _____. »

8. Diskite kijan repantans te demontre nan 2 Korent 7.8-9.

9. Diskite kijan repantans te demontre nan istwa ti gason banbochè a (Lik 15).

Doktrin Kretyen

10. Revize Lik 15.17. Kisa vèsè sa endike sou yon moun ki rete nan yon vi peche ?

11. Ki leson patikilye sou repantans nou kabap jwenn nan Lik 15.18 ?

12. Ki wòl yon « chanjman ak refòm lavi » jwe nan vrè repantans ?

13. Istwa ti gason banbochè a montre twa eleman repantans yo. Bay twa eleman sa yo.

14. Kòman repantans diferan ak lapenn ?

15. Revize 2 Korent 7.9-10 epi diskite « koz ak efè » relasyon ant lapenn ak repantans.

16. Diskite kijan repantans diferan ak refòm epi kòman « Refòm se fwi repantans. »

17. Èske laperèz se menm bagay ak repantans ? Eksplike.

18. Nan Travay 24 èske laperèz Feliks la se te menm bagay ak repantans ? Eksplike.

19. Bay twa « fòs ki aktive » ki mennen yon moun nan repantans.

20. Revize Women 2.4 ak 1 Jan 4.19. Kisa yo anseye sou koneksyon ant repantans ak bonte epi lanmou Bondye ?

21. Ekri 2 Korent 7.10 jan li ye nan Bib ou a epi aprann li pa kè.

22. Bay de kalite lapenn ki te diskite nan leson sa a. Kijan Pyè ak Jida demontre de kalite lapenn sa yo ?

23. Mo Grèk pou repantans Jida se pa <u>metanoia</u> men se _____. Kisa mo sa siyifi ?

24. Kisa Travay 17.30-31 anseye sou wòl laperèz jwe nan mennen yon moun nan repantans ?

25. Diskite kòmante otè a, « laperèz pou jijman se pa reyèlman pi gwo motif pou repantans men li trè efikas.

26. Kisa sa vle di « reparasyon » ?

27. Èske Bib la ansenye ke yon moun ta dwe fè reparasyon pou peche li te fè yo ? Diskite plizyè pasaj ki sipòte repons ou yo.

28. Kijan ou ka fè reparasyon pou tò ou te koze kont lòt moun ? Lapriyè pou ke Bondye ba w fòs ak kouraj pou fè reparasyon chak fwa li posib.

29. Kijan ansèyman Bib la sou fè reparasyon se yon detou pou pa komèt peche kont lòt moun a lavni ?

30. Ki wòl repantans te jwe nan gran komisyon Lik 24.47 lan ?

31. Aprann pa kè 2 Pyè 3.9 epi diskite sou koneksyon ant repantans ak pasyans Bondye ak pasyans Li avèk pechè ki pèdi yo.

REPANTANS

32. Pou kisa repantans enpòtan pou pechè payen an ?

33. Baze sou Travay 2.38, kisa ki dwe rive anvan yon moun pirifye de peche li yo ?

34. Èske Bondye pral padone yon moun ki refize repanti ak abandone peche l yo ? Poukisa wi oswa poukisa non ?

35. Poukisa repantans enpòtan pou kretyen an ?

36. Kisa Travay 8.22 ak 1 Jan 1.9 ansenye sou yon Kretyen ki te jwenn padon pou peche li yo ?

37. Diskite kijan ògèy yon moun ka yon anpèchman pou repantans li.

38. Kijan Bondye trete ak yon moun ki twò ògeye pou l admèt ke li se yon pechè (refere-w a 1 Jan 1.8-10) ?

39. Kijan dezi kòwonpi ak pechè ka vini yon anpèchman pou repantans ?

40. Pou kisa pwokrastinasyon se youn nan pi gran anpèchman pou repantans ?

LESON 7
BATÈM

I. Otorite Pou Batèm lan
II. Metòd Oswa Aksyon Batèm Lan
   A. Deklarasyon Klè Bib la
      1. Dlo
      2. Anpil dlo
      3. Ale nan dlo a
      4. Desann nan dlo a
      5. Soti nan dlo a
   B. Senbòl Batèm lan
      1. Batèm se imaj yon antèman ak yon rezireksyon
      2. Batèm se imaj yon nesans
   Ch. Sinifikasyon Mo Grèk la
III. Moun Ki Dwe Batize
   A. Moun lan Dwe yon Kwayan nan Kris
   B. Moun lan Ta Dwe yon Kwayan ki repanti
   Ch. Moun lan ta Dwe Fè yon Konfesyon Piblik sou Kris
IV. Objektif Ki Apwopriye Pou Batèm lan
   A. Pou ka Sove
   B. Pou remisyon (Padon) Peche
   Ch. Pou Lave Peche
   D. Batèm nan Kris

Jezi te di, « Kisa sa ta sèvi yon moun pou l ta genyen lemond antye si l pèdi lavi li ? Kisa yon moun kapab bay pou l gen lavi ? » (Matye 16.26). Nenpòt sijè ki gen rapò ak sove nanm se yon sijè enpòtan, epi sa bezwen etidye avèk swen. Konsa Jezi te di, « Moun ki kwè epi ki resevwa batèm va delivre » (Mak 16.16), batèm nan dlo se yon sijè konsa.

Jezi te konsidere batèm ase enpòtan pou Li mache anviwon 60 a 70 kilomèt soti Nazarèt pou Jan te batize l nan larivyè Jouden an pou Li te ka ban nou yon egzanp. Nan uit egzanp klè konvèsyon nan liv Travay yo, yo te mansyone batèm an patikilye. Sètènman Senyè nou an ak apot yo te kwè ke sa dwe yon pati enpòtan pou obeyisans. Nou dwe konsidere li enpòtan tou.

Objektif nou nan leson sa se pou etidye ansèyman Nouvo Testaman an konsènan batèm. Nou pral eseye reponn kesyon sa yo : (1) Kiyès ki te bay lòd pou fè aksyon batèm lan ? (2) Kisa metòd oswa aksyon batèm lan ye ? (3) Kiyès ki dwe batize ? (4) Ki objektif batèm lan ?

I. Otorite pou Batèm lan

Yonn nan fason pou detèmine enpòtans nenpòt aksyon oswa doktrin, se pa mwayen sous otorite pou li. Apre rezirèksyon Jezi a, Li te bay apot yo Gran Komisyon an. Li te di, « Ale fè (oswa ensenye) disip pou mwen nan tout nasyon, batize yo nan non Papa a, Pitit la ak Sentespri a » (Matye 28.19). Kòmandman an te soti nan Senyè a Jezi epi li dwe fèt nan non Papa ak Pitit la ak Sentespri a.

Ekspresyon « nan non… » jeneralman vle di « nan otorite… » Lè yon polisye arete yon kriminèl « nan non lalwa », li vle di « pa otorite lalwa. » Aksyon batèm nan se Papa a ki nan syèl yo, Senyè Jezi, ak Sentespri a ki te otorize l. Pa gen pi gwo otorite ke sa a.

Nan Travay 2.38, Pyè te rekòmande batèm « nan non Jezi Kri. » Pwiske Bondye te bay Jezi tout otorite pandan epòk sa a (Matye 28.18), li pat nesèsè pou repete chak fwa non Papa a ak Sentespri a, paske fè l nan non Jezi se ta fè li avèk otorite tou lè twa.

II. Metòd Oswa Aksyon Batèm lan

Nan tan n ap viv la, gen anpil diskisyon konsènan fòm apwopriye oswa fason pou batèm lan. Kisa ki te fèt, nan sans fizik, lè yon moun te batize ? Nouvo Testaman ka reponn kesyon sa fasilman. Nap itilize twa prèv pou detèmine aksyon batèm lan.

A. Deklarasyon klè Bib la. Bib la te ekri pou moun òdinè te ka konprann li. Bondye vle tout moun sove. Bagay yon moun bezwen fè pou l te sove ekri nan langaj senp. Ann egzamine Bib la pou n wè kisa batèm lan ye.

Bib la anseye ke aksyon batèm lan egzije :

1. Dlo (Travay 10.46b-47). « . . . Lè sa a Pyè di : 'Kounye a, ki moun ki ka anpeche nou batize yo nan dlo tou ?» Matye 3.13 anrejistre ke Jezi te vini nan Rivyè Jouden an pou Jan te batize l. Kidonk dlo esansyèl pou aksyon batèm lan.

2. Anpil dlo (Jan 3.23). « Jan Batis menm t ap batize moun tou nan Enon, toupre Salim, paske te gen anpil dlo la. Anpil moun te vin jwenn li la pou li te batize yo. » Li pa di Jan t ap preche la paske te gen « anpil dlo, » men pito li t ap batize la paske te gen « anpil dlo. » Kidonk Batèm egzije anpil dlo.

3. Ale nan dlo. Moun ki te dwe batize nan Nouvo Testaman an te toujou ale nan dlo. Li pa t janm mansyone ke yo pote dlo bay kandida a. Li te anrejistre nan batèm Jan ke yo « soti lavil Jerizalèm, nan tout peyi Jide a ak nan tout vwazinaj larivyè Jouden an, yo tout te vin jwenn Jan. Yo te konfese peche yo devan tout moun. Apre sa, Jan te batize yo nan larivyè Jouden an » (Matye 3.5-6 ; gade Travay 8.36).

4. Desann nan dlo a. Bib la anseye ke moun pa t sèlman ale nan dlo a, men yo te desann ladan li. Nan Travay 8.38 li pale konsènan Filip ak gwo chèf la, « Filip desann nan dlo a ansanm ak gwo chèf la. Filip batize li. » Sa se te yon aksyon ki egzije tou lè de, ni moun ki t ap batize a ak moun ki t ap fè batèm nan pou yo nan dlo a.

5. Soti nan Dlo a. Mak di apre Jezi te batize, lè Li t ap « soti nan dlo a, Li wè syèl la louvri, epi Lespri Bondye a desann sou Li an fòm yon pijon » (Mak 1.10).

Lik ekri nan Travay 8.39, «Lè yo (Filip ak gwo chèf la) soti nan dlo a, Lespri Bondye fè Filip disparèt, gwo chèf la pa janm wè l ankò. Men, li kontinye chemen l ak kè kontan.»

Nan Nouvo Testamn yon moun ta konkli ke batèm te yon aksyon ki bezwem anpil dlo, kandida te ale nan dlo a, li te desann ladan ansanm avèk moun ki t ap batize l la, epi apre yo te soti ladan. Tout egzijans sa yo pa t ap itil si aksyon batèm lan te egzije sèlmam vide kèk gout dlo sou tèt kandida a. Donk, aksyon plonje an, egzije tout kondisyon sa yo. Kidonk Bib la endike definitivman plonje nan dlo kòm batèm Nouvo Testaman an.

B. Senbòl Batèm la. Pliske lèzòm ap viv nan yon mond fizik. Bondye te bay aksyon fizik oswa prensip pou ansenye li laverite espirityèl. Sa a se laverite pou batèm. Batèm nan se pa sèlman yon aksyon fizik. Li se yon aksyon ki plen ak siyifikasyon espirityèl.

1. Batèm se imaj yon antèman ak yon rezirèksyon. Nan Women 6.1-5, nou li gran sinifikasyon espirityèl sa.

An reyalite Batèm lan se yon pyès ki trase pòtre de aksyon ki gen anpil sinifikasyon. Pòl di, «Èske nou pa konn sa : nou tout ki resevwa batèm pou n te fè yonn ak Jezikri, avèk batèm sa a nou te fè yonn avè l nan lanmò Li. Se sak fè, avèk batèm nou an nou te antere ansanm avè l, nou te mouri ansanm avè l tou. Men, menm jan Papa a te fè l leve soti nan lanmò avèk gwo fòs pouvwa Li, konsa tou nou menm nou ka mennen yon lòt lavi» (Women 6.3,4) Lanmò, antèman, ak rezireksyon Kris pou peche lèzòm se pi gran evènman nan tout istwa. Bondye vle pou lèzòm pa ta janm bliye sa a, se poutèt sa Li te bay aksyon batèm lan. Chak fwa yon moun wè aksyon batèm lan, li ta dwe wè an premye Kris ki mouri sou kwa a, ki antere nan tonbo Jozèf la, epi ki te leve ankò sou twazyèm jou a. Sa raple Kretyen an toutan ke Jezi renmen l epi te bay lavi l pou li.

Yon dezyèm imaj ke yon moun wè nan batèm lan se yon moun ki te mouri nan peche atravè gras ak lafwa ak repantans, kounye a li te antere nan tonbo dlo batèm nan. Ansyen moun peche a, te krisifye, kounye a li te antere li separe avèk kwayan ki repanti a. Batèm se seremoni antèman pou ansyen moun peche a – moun sa batize nan Kris, li vin jwenn Kris, li ini ak Kris, epi li resite yon moun nouvo nan Kris poul ka mache nan yon «nouvote» oswa pou li mennen yon lòt mòd lavi.

Okenn aksyon, eksepte plonje, ki genyen tout bèl sinifikasyon senbolik sa yo. Batèm gen pou objektif glorifye Kris pandan l ap toujou raple nou sakrifis Li ak rezireksyon Li. Chanje batèm plonje a, non sèlman se ekate ansèyman klè Bib la, men tou se depouye Kris la de lonè ke Li menn sèl merite.

Pwofesè J.W. McGarvey, te ekri konsènan sa, li te di :

Lè mwen te nan Palestin, si mwen te ka jwenn san okenn dout, tonbo Jozèf la, kote Sovè a te antere a, mwen t ap apresye imaj li avan tout sa mwen ta kapab wè. Mwen t ap kontan antre andedan l epi detire kòm sou wòch atè a, pou jwenn kèk zanmi woule yon wòch nan bouch tonbo a, pou m te ka reyalize atravè imajinasyon antèman Sove mwen an. Nou pa ka fè sa ; nou pa gen pèmisyon pou fè sa ; men nan prensip batèm lan nou gen pèmisyon pou fè lòt bagay sa nan li. Kouche nan tonbo dlo a nan obeyisans ak kòmandman Li, nou pèmèt dlo a kouvri tèt nou, epi, se kòmsi nou te mouri epi nou leve ak men fò sèvant Bondye a soti nan tonbo glase sa epi nou kòmanse mache nan yon nouvèl lavi menm jan Li te kòmanse mache nan yon nouvèl lavi lè Li te leve soti vivan nan lanmò.[1]

2. Batèm se imaj yon nesans. Jezi, nan Jan 3.5, te di Nikodèm, «Pèsòn pa ka antre nan Peyi kote Bondye Wa a si li pa fèt nan dlo ak nan Sentespri.» «Si yon moun ap viv nan Kris la, li vin yon lòt moun. Bagay lontan yo disparèt, se lòt bagay nèf ki pran plas yo kounye a» (2 Korent 5.17). Imaj batèm lan transmèt grafikman sinifikasyon sa. Pòl fè referans ak batèm lan tankou « lavaj rejenerasyon » (Tit 3.5) oswa « netwayaj (benyen) nouvo ne a. »

Kretyen an te fèt oswa pran nesans pa mwayen Lespri a atravè Pawòl Bondye a, epi li te fèt nan dlo. Nan aksyon plonje a imaj nesans lan byen klè.

Ch. Sinifikasyon Mo Grèk la. Lang Grèk la, ki se lang orijinal Nouvo Testaman an, te trè presi ak egzat. Yon mo te konn itilize raman pou transmèt plis ke yon sinifikasyon. Sa se vre nan ka mo ki te tradwi « batèm » lan. Mo Grèk la se baptizo. Li vle di « mete nan fon dlo, mete anba dlo oswa plonje. » Pa gen okenn etidyan serye k ap etidye pawòl la ki nye sa.

Si Jezi te vle di vide, Li t ap itilize mo ekcheo. Li vle di « vide. » Si Jezi te vle di aspèsyon, li t ap itilize mo rantizo, ki vle « aspèje. » Li klè Jezi te vle rekòmande plonje a paske san eksepsyon Li ak apot yo te itilize baptizo, ki vle di « plonje »

Nan etid nou yo nou te jwenn ke deklarasyon klè Bib la, konsènan aksyon batèm, senbolis ki te antre nan aksyon sa, ak mo grèk ke Kris la te itilize, tout endike ke batèm se plonje nan dlo.

III. Moun ki Dwe Batize

Pwochen kesyon ki dwe konsidere se, ki moun ki sijè apwopriye pou batèm lan ? Ki jan de moun ki ka batize ? Se pa tout moun ki prè pou batize. Gen kèk bagay ki nesesè avan aksyon batèm lan.

A. Moun lan yon Kwayan nan Kris. Jezi te di, «Moun ki kwè epi ki resevwa batèm va delivre» (Mak 16.16). Nan Travay 18.8 nou li, «Anpil lòt moun Korent te kwè tou lè yo te tande sa Pòl t ap di yo, epi yo te resevwa batèm.» Pa gen okenn kòmandman pou batize moun ki twò piti pou yo kwè oubyen ki pa kapab kwè. Bib la ansenye anplis moun ki te dwe batize yo dwe kapap resevwa ansèyman. Nan Gran Komisyon an, Jezi te di, «Ale fè disip pou mwen nan tout nasyon, batize

Doktrin Kretyen

yo … » (Matye 28.19). Nouvo Testaman an ansenye yon moun dwe yon kwayan nan Kris avan pou li ka batize.

B. Moun lan Dwe yon Kwayan ki Repanti. Repantans se yon egzijans tou avan batèm lan. Pyè te di 3,000 moun yo nan jou Lapannkòt la : yo menm ki atravè lafwa te mande l kisa yo dwe fè pou yo sove : « Tounen vin jwenn Bondye, epi yonn apre lòt vin resevwa batèm nan non Jezikri... » (Travay 2.38). Moun ki pa peche pa gen anyen pou li repanti, epi poutèt sa li pa dwe batize. Yon moun ki peche epi ki p ap repanti se pa yon sijè apwopriye pou batèm lan non plis. Women 6 ansenye ke batèm se yon antèman nan dlo moun ki te mouri nan peche. Li klè ke avan yon moun te ka batize biblikman, li dwe fè peche mouri atravè lafwa nan Kris, ak repantans pou peche, avan pou l te antere avèk Senyè li nan batèm. Kandidan pou batèm lan te dwe repannti de tout peche l yo.

Ch. Moun lan ta Dwe fè yon Konfesyon Piblik sou Kris. Menm si yo pa t rekòmande l an patikilye, li sanble te vini avan batèm lan nan Nouvo Testaman tankou li te endike nan ka gwo chef la nan Travay 8.37. Pòl sanble souliye sa nan Women 10.10 lè li di, « Paske, lè yon moun gen konfyans tout bon nan kè l, se lè sa a Bondye fè l gras. Lè yon moun deklare ak bouch li devan tout moun li gen konfyans nan Bondye, se lè sa a Bondye delivre li. »

Nouvo Testaman an anseye ke moun ki dwe batize a dwe yon kwayan ki repanti nan Kris la, Pitit Bondye a.

IV. Objektif ki Apwopriye pou Batem lan

Pwochen kesyon bon sans lan se, poukisa yon moun ta dwe batize ? Ki valè li genyen pou kwayan an ? Nan lide pou reponn sa, nou bezwen jwenn ki objektif Jezi te bay pou li. Anpil gwoup relijye ansenye lajman anpil opinyon divès konsènan objektif batèm lan. Gen yon gwoup ki di batèm pa gen anyen pou wè ak sove yon moun. Apre li te sove, li te batize paske li te sove. Yo ansenye ke li totalman ridikil pou batize yon moun pou l te ka sove – oswa, avan li te sove. Yon lòt gwoup ansenye ke batèm pou kont li, si se moun apwopriye ki fè li, li va sove moun lan.

Li klè ke tou de fason sa yo pa ka korèk. Li posib ke se pa ni yonn ni lòt. Kris te bay kòmandman pou batèm. Li menm sèlman ki gen dwa deklare objektif la.

Jezi ak Apot yo te rekòmande batèm pou rezon sa yo :

A. Pou ka sove. Mak 16.16, « Moun ki kwè epi ki resevwa batèm va delivre. Men, moun ki pa kwè va kondane. » Pyè repete lide sa lè li di kijan Noye ak fanmi li te sove pandan delij la. Li kontinye, « Pou nou menm, dlo sa a kanpe pou dlo batèm lan k ap delivre nou kounye a –. Batèm lan, se pa yon bagay k ap wete kras sou kò nou. Men, se yon angajman nou pran devan Bondye ak yon konsyans san repwòch. Bondye sove nou granmesi Jezikri ki te leve soti vivan nan lanmò … (1 Pyè 3.21 italik ajoute)

B. Pou Remisyon (Padon) Peche. Lè 3,000 moun yo nan jou Lapannkòt la te mande kisa yo ta fè pou yo te ka sove, Pyè te wè lafwa yo nan Kris li te reponn, « ...Tounen vin jwenn Bondye, epi yonn apre lòt vin resevwa batèm nan non Jezikri, pou Bondye padone tout peche nou yo. Apre sa, n a resevwa Sentespri, kado Bondye a. (Travay 2.38).

Pyè te yon apot. Yon ti tan avan sa Kris te voye soti nan syèl Sentespri a pou gide li. Lè li te bay lòd nou sot wè a, li t ap pale tankou yon apot enspire epi tankou pòt pawòl Bondye ki ap revele lèzòm egzijans Bondye pou sali.

Jezi te di Pyè ke Li t ap ba li kle wayòm syèl la, « Tout sa ou va defann moun fè sou latè, yo p ap kapab fè l nan syèl la non plis. Tout sa ou va pèmèt moun fè sou latè, y a kapab fè l nan syèl la tou » (Matye 16.19). Deklarasyon Pyè nan Travay 2.38 te vini dirèkteman de fotèy Bondye. Lè Pyè te di ke batèm, asanm ak lafwa ak repantans, ap fè yo jwenn padon pou peche yo, yon moun pa t kapab – pa t oze – doute li !

Ch. Pou lave peche. Lè Jezi te parèt devan Pòl sou wout Damas la, Li pa t di l kisa pou li fè pou l sove. Lè Pòl te mande kisa li ta dwe fè, Jezi te reponn, « Leve, ale lavil Damas. Se la y a di ou tou sa Bondye va ba ou lòd fè » (Travay 22.10). Lè Ananyas te vini li te di Pòl, « Kounye a, kisa w ap tann ankò ? Leve non, rele Bondye, resevwa batèm pou tout peche ou yo ka lave » (Travay 22.16). Pòl te kwè nan Jezi lè li te wè Jezi sou wout la. Li te pase twa jou nan lapriyè repantans men peche li yo te toujou sou li. Ananyas te di li ke li te manke yon bagay. Se te batèm la. Batèm pou kont li pa ta pral wete peche yo, Jezi ak apot yo deklare aklè ke lè lafwa nan Kris ak repantans pou peche vini avan li, sa ka pote pou kwayan ki repanti a padon Bondye.

D. Batèm nan Kris. Pòl te di Women yo, « Èske nou pa konn sa : nou tout ki resevwa batèm pou n te fè yonn ak Jezikri, avèk batèm sa a nou te fè yonn avè l nan lanmò Li ? » (Women 6.3). Li te di moun Galasi yo, « Se paske nou gen konfyans nan Jezikri kifè nou se pitit Bondye. Nou tout, nou te resevwa batèm pou n te ka viv ansanm ak Kris la, nou mete sou nou kalite ki nan Kris yo » (Galat 3.26-27 italik ajoute, nan sa anlè yo tou). Donk Batèm se nan Kris.

Sa se yon deklarasyon ki plen sinifikasyon. Nouvo Testaman ansenye ke delivrans se nan Kris (Women 3.24) ; pa gen kondanasyon nan Kris (Women 8.1) ; gen konsolasyon nan Kris (Filipyen 2.1). Bib la ansenye tou ke nou tout pral gen lavi ankò nan maten rezireksyon an nan Kris (1 Korent 15.22) epi si yon moun ap viv nan Kris la, li vin yon lòt moun (2 Korent 5.17). Tout benediksyon sa yo te pwomèt a sila yo ki nan Kris. Nouvo Testaman an deklare ke nan lide pou nou antre nan Kris, nou dwe batize nan Li, Yon moun pa ka sove san Li !

Li klè ke sali vini aprè, se pa avan aksyon batèm lan. Li klè tou ke batèm pou kont li pa pral sove yon moun. Men Nouvo Testaman ansenye ke lè yon moun vrèman kwè nan Kris epi repanti sensèman de peche l, li te prè pou batize nan Kris pou padon peche li yo.

Pwofesè F. F. Bruce di, «Lide yon Kretyen ki pa batize te senpman pa t anvizaje nan Nouvo Testaman.»

NÒT YO
1. Cowden, *Christian Worship* (Adorasyon Kretyen), pp. 220-221.

KESYON – BATEM

METE LÈT KI KORESPONN NAN

_____ 1. «Tounen vin jwenn Bondye, epi youn apre lòt vin resevwa batèm nan non Jezikri, pou Bondye padone tout peche nou yo.»

_____ 2. «Fini Jan fin batize l, Jezi soti nan dlo a. Menm lè a.»

_____ 3. «Moun ki kwè epi ki resevwa batèm va delivre…»

_____ 4. «Se sak fè, avèk batèm nou an nou te antere ansanm avè l…»

_____ 5. «…dlo sa a senbolize pou dlo batèm lan k ap delivre nou kounye a….»

_____ 6. «Lè yo soti nan dlo a, Lespri Bondye fè Filip disparèt…»

_____ 7. «…Anpil lòt moun Korent te kwè tou lè yo te tande sa Pòl t ap di yo, epi yo te resevwa batèm.»

_____ 8. «Leve non, rele Bondye, resevwa batèm pou tout peche ou yo ka lave.»

_____ 9. «Ale fè disip pou mwen nan tout nasyon, batize yo…»

a. 1 Pyè 3.21   d. Mak 16.16   g. Travay 22.16
b. Women 6.4   e. Travay 18.8   h. Travay 22.16
ch. Travay 8.39 f. Matye 3.16   i. Matye 28.19

KONPLETE

1. Batèm se yon senbòl oswa imaj kisa?
_____

2. Poukisa yon timoun pa yon sijè apwopriye pou batèm?
_____
_____

3. Bay kat benediksyon ki te pwomèt pou moun ki nan Kris.
   a. _____
   b. _____
   ch. _____
   d. _____

KESYON REVIZYON

1. Ki kantite distans Jezi te mache pou l te al batize? Kiyès ki te batize Jezi?

2. Konbyen fwa batèm an patikilye mansyone nan istwa konvèsyon nan liv Travay yo?

3. Aprann pa kè Matye 28.18-20. Baze sou pasaj sa ki moun ki sous otorite pou batize sa yo ki vle vini disip Jezi?

4. «Aksyon batèm nan se _____ ki anwo nan syèl yo, _____ _____ ak _____ a ki te otorize li.»

5. Nan Travay 2.38 Pyè te rekòmande batèm nan non _____ _____.

6. Bay senk bagay Bib la ansenye ke aksyon batèm lan egzije.

7. Kijan Matye 3.13 ak Travay 10.46b-47 montre ke dlo esansyèl nan aksyon batèm?

8. Kisa Jan 3.23 mansyone ki mete aksan sou batèm egzije anpil dlo.

9. Èske Nouvo Testaman te janm mansyone pou pote dlo bay yon kandida pou l te ka batize? Kisa yon moun ka aprann de Matye 3.5-6 ak Travay 8.36 sou nesesite pou ale nan dlo pou batize?

10. Kisa Travay 8.38 mansyone pou apiye nesesite pou yon moun batize fòk li desann nan dlo a?

Doktrin Kretyen

11. Bay epi diskite de vèsè ki mansyone moun yo te soti nan dlo apre yo finn batize.

12. « Nan Nouvo Testaman yon moun ta konkli ke_____ _____te yon aksyon ki te bezwen_____ _____, _____ te ale nan_____, li te _____ ladan, ansanm avèk _____ ki t ap batize l la, epi apre yo te _____ ladan. Tout egzijans sa yo pa t ap _____ si aksyon _____ lan te egzije sèlmam vide kèk _____ _____ sou tèt kandida a. Donk, aksyon _____ nan, egzije tout kondisyon sa yo. »

13. Rezime kijan Bib la pwente nan direksyon plonje nan dlo tankou batèm Nouvo Testaman.

14. Vrè oubyen fo « Batèm se jis yon aksyon fizik ki pa gen okenn sinifikasyon espirityèl. »

15. Revize Women 6.1-5 epi eksplike kijan batèm se yon imaj antèman ak rezireksyon. Aprann pa kè Women 6.3-4.

16. Kijan aksyon batèm nan ka raple yon moun lanmò, antèman ak rezireksyon Kris ?

17. Diskite kijan batèm nan se pwen separasyon ant yon kalite lavi peche ak yon kwayan ki repanti.

18. « Batèm se _____ _____ pou ansyen moun peche a – moun sa _____ nan Kris, li vin _____ jwen Li, li_____ ak Li, epi li_____ yon moun nouvo nan Kris, pou l _____ nan yon '_____' oswa mennen yon lòt mòd lavi. »

19. Eksplike kijan batèm transmèt grafikman imaj yon nesans oswa fèt yon lòt fwa.

20. « Kretyen an te fèt oswa pran_____ pa mwayen Lespri a atravè _____ _____ a, epi li fèt nan _____. Nan aksyon _____ a imaj_____ la byen klè. »

21. Kisa mo Grèk baptizo vle di ?

22. Defini de mo Grèk sa yo, ekcheo ak rantizo.

23. Ki mo Grèk Jezi ak apot yo te itilize, san eksepsyon, lè yo t ap pale de batèm ? Kisa sa soulinye sou mòd oswa manyè batèm Kretyen an ?

24. Bay twa egzijans pou aksyon batèm nan, epi diskite pou kisa yo enpòtan pou yon moun k ap batize.

25. Diskite plizyè vèsè ki ansenye ke yon moun dwe premyèman kwè nan Kris avan pou l batize. Aprann pa kè Matye 28.19 ak Mak 16.16.

26. Poukisa yon moun dwe repanti de tout peche l yo avan li batize ? Diskite plizyè vèsè ki apiye repons ou a.

27. Diskite plizyè vèsè ki mande yon moun ta dwe fè premyèman yon konfesyon lafwa piblik avan pou l batize.

28. Rezime twa ansèyman enpòtan konsènan objektif pou batèm la.

29. Bay kat rezon ke Jezi ak apot yo te bay pou yon moun ka batize ?

BATÈM

30. Aprann pa kè Mak 16.16 ak 1 Pyè 3.21, epi diskite kisa yo ansenye sou batèm ak sove.

31. Aprann pa kè Travay 2.38 epi eksplike kisa vèsè sa ansenye sou padon peche, repantans ak batèm.

32. « Lè Pyè te di ke _____, ansanm ak _____ ak _____, ap fè yo jwenn _____ pou peche yo, yon moun pa ka – pa t____ – _____ ___ ! »

33. Lè Sòl te di kisa pou l fè pou l sove ? Kisa Ananyas te di l pou l fè ? Aprann pa kè pawòl Ananyas yo nan Travay 22.16.

34. « Batèm pou _____ li pa ta pral wete peche yo, Jezi ak apot yo deklare klèman ke lè _____ nan Kris ak _____ pou peche vini avan li, sa ka pote pou _____ ki _____ _____ Bondye. »

35. Aprann pa kè Women 6.3 ak Galat 3.26-27, epi diskite kisa yo anseye sou batize nan Kris.

36. « Nouvo Testaman anseye ke _____ Se NAN KRIS (Women 3.24), pa gen _____ NAN KRIS (Women 8.1) ; gen_____ NAN KRIS (Filip 2.1). Bib la anseye tou ke nou tout pral gen _____ _____ nan maten rezireksyon an NAN KRIS. (1 Korent 15.22) e si yon moun ap viv NAN KRIS la li vin yon _____ _____ (2 Korent 5.17). Tout benediksyon sa yo te pwomèt a sila yo ki ____ _____. Nouvo Testaman an deklare ke nan lide pou nou antre _____ _____, nou dwe _____ nan li. Yon mou moun pa ka sove _____ Li ! »

37. « Li klè ke sali vini _____, se pa avan aksyonm batèm la. Li klè tou ke _____ pou _____ li pa pral sove yon moun. Men Nouvo Testaman anseye lè yon moun vrèman_____ nan Kris epi _____ sensèman de peche li yo, li te prè pou _____ _____ Kris pou _____ _____ li yo. »

38. Kijan ou ta reponn yon moun ki ta di, « Nouvo Testaman pa t janm anseye ke batèm enpòtan oswa te janm konekte avèk kesyon pou vin Kretyen » ?

39. Kòman ou t ap korije yon moun ki te kwè ke « batèm pou kont li » pral sove yon moun ?

40. Ak pwòp mo pa ou, eksplike kijan lafwa, repantans, ak batèm travay ansanm pou mennen yon moun nan relasyon ki ka sove avèk Senyè a.

LESON 8
SOUPE SENYÈ A

I. Soupe Senyè a te Bay
   A. Okazyon an
   B. Eleman ki te Itilize
      1. Pen an
      2. Fwi Pye Rezen
II. Non yo
   A. Kase Pen
   B. Tab Senyè
   Ch. Soupe Senyè
   D. Kominyon an.
III. Kilè pou Patisipe
   A. Egzanp Biblik ki Klè
      1. Reyinyon Etabli
      2. Objektif Etabli
   B. Kominyon Chak Semèn te Anseye Atravè Bon Sans
   Ch. Agiman ki Soti Nan Egzanp
   D. Temwayaj Papa Legliz yo
IV. Sinifikasyon Soupe Senyè a
   A. Yon Evènman pou Raple Lanmò Kris
   B. Yon Pwoklamasyon
      1. Lanmò Senyè a
      2. Lanmou nou pou Li
      3. Retou Senyè a

Nan Kapital nasyon nou an, Moniman Washington lan rive wo nan syèl la, nan memwa premye Prezidan Etazini an. Nan menm vil la, Lincoln Memorial plase nan lonè yon lòt gran Prezidan. Kèk kilomèt pi lwen nan Virginia se tonbo pou Solda Enkoni an, ki te konstwi nan simityè Arlington lan. Li te plase la pou raple tout moun mesye militè enkoni yo ki te pèdi lavi yo nan sèvi peyi yo. Sa yo, se fason ke lèzòm bati moniman pou moun ki pase yo ka sonje sila, yo te bati l nan lonè li a.

Evantyèlman, tout moniman sa yo ka kraze owa pouri. Lè Jezi Kri te decide kite yon moniman pou non Li, Li te bay yonn k ap kanpe toutotan tè a kontiye egziste. Moniman sa se Soupe Senyè a.

Lè lèzòm konstwi moniman yo, li renmen sekirize metal yo ak wòch ki ra epi ki chè. Jezi, pandan l ap chwazwi eleman pou moniman Li a, Li te chwazi materyo ki komen anpil : Pen ak ji rezen. Ble ak rezen ap grandi nan prèske tout kote nan mond lan. Yo kapab obsève memwa Jezi nan tout mond la.

Lèzòm konstwi moniman yo avèk materyo ki plis dirab ke li ka jwenn. Kris, yon lòt bò, te chwazi materyo ki pi frajil epi ki pouri rapid. Pen pral kanni epi sèch rapid. Ji Rezen, si li rete pou yon ti tan, pral si epi gate. Sa endike ke Jezi pa t espere pou moniman Li a dire akoz ak materyo li te fèt la. Men pito Li te konnen dire moniman Li a ta pral depann de lanmou Bondye ki nan kè moun pa Li yo.

I. Soupe Senyè a te Bay

A. Okazyon an. Okazyon ke Jezi te chwazi etabli Soupe Senyè a se te nan fèt pak Jwif yo ki fèt chak lane. Pwiske se te dènye pak avan lanmò Jezi, Li te vle espesyalman manje nan fèt sa ak apot Li yo. (Lik 22.15-16). Pandan repa pak la, te gen kat gode diven yo te konn bwè nan seremoni an. Apre yonn nan sa yo, pwobabman twazyèm gode a (gade Lik 22.17 ak 1 Korent 10.16), se te lè Jezi te chwazi pou bay Soupe Senyè a.

An konparezon ak fèt pak la, Nouvo etablisman an te trè senp. Jezi te pran pen epi te di mèsi ; Li te kase li epi Li te bay apot Li yo, Li di, « Sa se kò mwen. Se mwen menm ki bay li pou nou. Se pou nou fè sa pou nou ka toujou sonje mwen » (Lik 22.19). Pandan yo t ap manje pen an, Jezi te pran yon gode ki te gen ji rezen, Li te di mèsi, epi Li te bay yo li epi Li di, « Se pou nou tout nou bwè ladan li. Paske, sa se san mwen, san ki siyen kontra Bondye fè a, san ki koule pou anpil moun jwenn padon pou peche yo » (Mat. 26.27,28).

B. Eleman ki te Itilize.
1. Pen an. Pen ke Jezi te itilize nan Soupe Senyè a se probabman pen san ledven fèt pak la. Jou avan pak la te kòmanse, chak fanmi Jwif ta jete tout ledven ki nan kay yo. Pandan sèt jou yo ta manje sèlman pen san ledven (Detewonòm 16.3,4). Sa se te pou raple yo depa prese yo pou soti kite Ejip (Egzòd 12.39). Pa gen okenn endikasyon ke Jezi te pote lòt pen. Nan lide ke ledven reprezante sa ki mal se yon lòt prèv pou itilize pen san ledven an (gade 1 Korent 5.6-8).

2. Fwi pye rezen an. Dezyèm pati Soupe Senyè a fè referans tankou ak « gode » a oswa « fwi pye rezen » (Mak 14.23,25 ; Matye 26.27,29). Mo « fwi pye rezen » an fè referans a ji rezen. Bondye te fè referans a ji rezen an tankou « san rezen an » (Detewonòm 32.14). Li gen anpil sinifikasyon ke Jezi te chwazi « San rezen » an pou dekri « san alyans lan » san Sovè nou an.

Si gode a te genyen ji rezen fèmante oswa ji rezen ki pa fèmante se yon kesyon ki te debat. Gen kèk otorite ki apiye ke li te fèmante, yo bay agiman ke Jwif yo pa t kapab genyen ji rezen an dous pandan tout rekòt la. Gen lòt ki di li ta ka pa t fèmante paske ansyen yo te gen mwayen pou kenbe li san fèmante pou tout yon lane. Pwiske Jezi pa t presize si se ji rezen fèmante oswa ki pa fèmante, donk legliz la pa mare ak ni yonn ni lòt. Jodi a gen anpil mwayen pou konsève, ji ki pa fèmante sètènman plis apwopriye epi li an akò ak sinifikasyon total Soupe Senyè a.[1]

II. Non Yo

A. Kase Pen. Mo ki itilize pi souvan nan Nouvo Testaman an pou fèt Kretyen an se kase Pen. Nan Travay 20.7 li pale de disip yo ki t ap vini ansanm premye jou nan semèn nan «pou kase pen.» Travay 2.42 di ke premye legliz la «pase tout tan yo ap koute sa apòt yo t ap montre yo, yo t ap viv ansanm tankou frè yonn ak lòt, yo reyini pou separe pen an bay tout moun, epi yo t ap lapriyè» (italik ajoute). Ekspresyon sa te itilize tou nan 1 Korent 10.16. Deskripsyon sa sou Soupe Senyè a raple aksyon Senyè a lanwit Li te bay Soupe a. Matye, Mak, Lik, menm jan ak apot Pòl, nan 1 Korent 11, mansyone ke Jezi te pran pen an, Li te di mèsi pou li epi kase li, Li di, «pran epi manje, sa se kò mwen»[2]. Nan jou ki vini apre a lè kò Jezi te koupe epi pèse, apot yo te resevwa yon imaj grafik kisa Kris te vle di. Moman sa te sakre lè disip yo t ap «kase» pen an pou sonje kò Senyè a ki te brize !

B. Tab Senyè a. Pòl raple moun Korent yo, «Nou pa kapab ap manje sou menm tab avèk Senyè a anmenmtan pou n ap manje sou menm tab ak demon yo» (1 Korent 10.21). Non sa fè nou sonje ke tab sa se pou Kris. Li te bay li nan premye plas ; Li se tou moun k ap resevwa envite yo nan chak repa. Jezi te bay apot Li yo yon pwomès presye «chak fwa de ou twa moun mete tèt yo ansanm nan non mwen, m ap la nan mitan yo» (Matye 18.20). Sa vrè pou tout reyinyon legliz la. Se sinifikativman menm bagay la lè tab la pral pataje.

Verite siblim sa bezwen pou mete aksan sou li jodi a. Yon legliz, nan lide pou mete aksan sou panse sa, te fè bagay sa. Yo te deplase tab kominyon an soti sou chè a, ase lwen pou yo mete yon chèz ant tab la ak chè a. Ansyen yo te chita nan chak pwent yo men chèz deyè tab la te toujou vid. Se te yon rapèl an silans ke Kris, moun k ap resevwa envite yo, te prezan nan repa a.

Ch. Soupe Senyè a. Soupe Senyè a se petèt mo ki plis familye ki itilize jodia. Li te rele Soupe Senyè a paske se Li menm ki te bay li. Li envite pitit Li yo vini epi manje. Se Li menm ki rejte lè yon Kretyen pa prezan nan repa sa. Pou moun k ap patisipe ladan l, se Kris ki se sous manje espirityèl la. Se Kris ki envite n «pou nou fè sa pou nou ka toujou sonje mwen» (Lik 22.19). Se Kris tou sèlman ki ka bloke yon pitit Bondye sou tab sa. Li se vrèman Soupe Senyè a.

Non Soupe a san dout te bay paske se te nan yon repa aswè ke Jezi te bay li. Sèl gzanp klè kote sa obsève nan Nouvo Testaman se te nan aswè. (Travay 20.7).

D. Kominyon an. Mo «Kominyon» an souvan aplike jodi a pou Soupe Senyè. Itilizasyon mo «kominyon» an nan Nouvo Testaman sanble plis yon deskripsyon de sa ki te rive a, ke yon non pou li. Pòl raple moun Korent yo, «Gode benediksyon n ap bwè a, lè nou fin di Bondye mèsi pou li, èske se pa san Kris la n ap separe bay tout moun ? Pen nou kase a, lè n ap manje l, èske se pa kò Kris la n ap separe bay tout moun ?» (1 Korent 10.16). Mo «Kominyon» vle di yon pataj oswa patisipasyon nan. Pòl ap di ke lè nou bwè gode a oswa manje pen an, nou pataje oswa patisipe nan benediksyon ak benefis lanmò Senyè a sou lakwa a. Nou pataje tou repa a avèk Kris kòm moun k ap resevwa nou. Se yon kominyon oswa pataj nan vrè sans mo a.

III. Kilè Pou Patisipe

Lè Jezi te bay Soupe Senyè a, Li pa t presize lè oswa kantite fwa pou obsève l. Jezi te kite anpil bagay pou Sentespri a ansenye apot yo. (Jan 16.12-13). Li te senpman di, «fè sa pou nou sonje mwen.» Lè legliz la te etabli nan Lapannkòt la, apot yo te swiv avèk swen avètisman Li. Lik di ke legliz «pase tout tan yo ap koute sa apòt yo t ap montre yo, yo t ap viv ansanm tankou frè yonn ak lòt, yo reyini pou separe pen an bay tout moun, epi yo t ap lapriyè» (Travay 2.42). Mo «tout tan» endike ke yo te fè sa regilyèman, yo te konsakre yo san kanpe pou adore Bondye. Gen kèk ki panse yo te ka obsève Soupe Senyè chak jou pou yon titan. Nan Travay 2.46, nou li, «Toulejou, yo tout reyini ansanm nan tanp lan ; yo te konn separe pen an bay tout moun nan kay yo, yo te manje ansanm avèk kè kontan san okenn pretansyon» (Italik ajoute). Pwiske Lik mansyone pataj manje nan dènye seksyon an, mo «kase pen» se petèt Soupe Senyè a.

Premye prèv ki konsène kantite fwa pou obsève li nou jwenn li nan Travay 20.7. «Premye jou nan semèn lan, nou te reyini nan aswè pou n te separe pen an ansanm. Pòl t ap pale ak asanble a. Li te gen pou l te pati nan demen maten. Li te minwi, li t ap pale toujou.» Kòm prèv kominyon chak semèn sa se te pratik premye legliz la, nou prezante agiman sa yo ki anba.

A. Egzanp Biblik ki klè. Tout reyalite konsènan reyinyon sa nan Troas pral pwouve ke li te yon rankont etabli pou yon objektif etabli.

1. Rankont etabli. Itilizasyon atik defini «lan» vle di ke Kretyen Troas yo te abitye reyini chak premye jou nan semèn lan. Pòl te rive soti Filip nan lendi, avan rankont sa, paske Lik di ke li te rete Troas pandan sèt jou. Pòl t ap prese pou ale Jerizalèm pou l te ka la pou Lapannkòt la (Travay 20.16). Sa te montre plis ankò lefèt ke Pòl te kite lendi maten bonè apre rankont li ak legliz la. Pou rankontre legliz la nan premye jou semèn la, Pòl te rete pou sèt jou. Sa ta endike ke adorasyon nan premye jou semèn la te yon koutim etabli nan Troas. Si sa te vre pou Troas, siman li te vre pou lòt legliz yo ki te etabli anba direksyon apot yo.

2. Objektif etabli. Lik te di klèman ke yo te reyini nan objektif pou yo kase pen an. «Premye jou nan semèn lan, nou te reyini nan aswè pou n te separe pen an ansanm» (Travay 20.7a). Legliz la pa t reyini ansanm pou yo te tande Pòl preche. Yo te abitye reyini regilyèman pou kase pen. Pwiske Pòl te nan vil la jou sa, mwen sèten yo te kontan tande li pale, men se pa t objektif prensipal reyinyon yo a. Sila yo ki itilize pasaj sa pou pwouve adorasyon chak semèn nan, men ki nye kominyon chak

Doktrin Kretyen

semèn nan, enplike pwòp tèt yo nan yon kontradiksyon. Pasaj sa bay yon egzanp adorasyon chak semèn, men anmenmtan li etabli egzanp apostolik la pou kase Pen chak semèn. Nenpòt jefò pou dezapwouve yonn pral anmenmtan dezapwouve tout lè de.

B. Kominyon Chak Semèn te Anseye Atravè Bon Sans. Nan 1 Konrentyen 11, Pòl te bay lòd pou korije kèk abi ki antoure Tab Senyè a nan Korent. Li te rale zòrèy yo pou abi yo sou Tab Senyè a ak pawòl sa yo, « Lè nou reyini ansanm, gen lè se pa manje Senyè a nou vin manje » (1 Korent 11.20). Kondwit yo konsènan Tab la te anpeche yo vrèman manje Soupe a nan yon fason ki akseptab. Pasaj sa a ta vle di ke kondwit yo te anpeche yo reyalize nan ki objektif prensipal yo te reyini ansanm, ki se manje Soupe Senyè a. Si yon moun te di ke lè ekip boul la te rive sou tèren an yo pa t kapab jwe boul akoz lapli a, nenpòt moun ta konpran ke objektif vini sou teren an se te pou jwe boul. Menm verite sa klè nan 1 Korent 11.20.

Sa tou an akò ak pwopozisyon nou an, pwiske legliz Korent la te pratike adorasyon chak semèn. Nou jwenn sa nan 1 Korent 16.2. Bib la ta vle di ke osi souvan legliz Korent la te reyini, ki te chak semèn, yo te obsève Soupe Senyè.

Ch. Agiman ki Soti nan Egzanp. Lè Bondye te bay Moyiz plan Tant Randevou a, Li te fè plis ke senpman ba li yon tant pou adore pandan vwayaj yo nan dezè a. Tant Randevou a se te yon enstriman ansèyman pou prepare Izrayèl pou vini Kris. Jeneralman yo te panse ke lakou Tant Randevou a se te yon imaj mond lan, Plas Sen an se te yon egzanp legliz jodi a ; epi Plas Sen ki pi Sen an te reprezante syèl la.

Nan Plas Sen an, ki te reprezante legliz jodi a, te gen twa moso mèb.

Gwo lanp lò a, ki te bay limyè pou chanm lan, se te yon imaj pawòl Bondye. Pawòl la bay limyè ak gide chemen moun (Sòm 119.105,130).

Lotèl an lò a, kote lansan te konn boule, reprezante yon fason apwopriye priyè sen Bondye yo, lè yo leve devan fotèy syèl la (Revelasyon 5.8).

Lòt moso mèb la se te Tab Pen-prezantasyon an. Chak semèn, yo te bay prèt yo lòd pou yo mete douz pen-prezantasyon sou li. Yo te rete sou tab la pou yon semèn. Apre sa, yo mete nouvo pen sou tab la epi prèt yo ta manje ansyen pen yo nan adorasyon pou Jewova. Mo « pen-prezantasyon » an literalman vle di « pen prezans. » Pou Izrayèl sa te raple yo prezans Bondye, benediksyon Li yo ak swen ki soti nan syèl. Sa sètènman ta jwenn akonplisman nan Soupe Senyè a jodi a. Pen an ak gode a klèman raple kretyen an ke Kris avèk nou epi ke atravè Li nou resevwa tout benediksyon ki soti nan Bondye. Lefèt ke prèt yo te manje fidèlman yon fwa chak semèn, sa a ta ayipe ansèyman kominyon chak semèn nan.

D. Temwayaj Papa Legliz yo. Mo Papa Legliz la oswa Papa Apostolik fè referans a lidè yo nan Legliz la ki vini imedyatman apre apot yo. Sa moun sa yo te ekri pa t konsidere kòm enspire men yo prezante yon imaj legliz la ak adorasyon li yo, tankou sa rive imedyatman apre jou apot yo.

Youn nan moun sa yo se Justin Martyr. Li te ekri nan anviwon lane 150 apre J.K. Li te yon disip Polycarp ki te limenm yon disip apot Jan. Paske li te pre Jan konsa, yon moun ta ka espere ke ansèyman li yo konfòm avèk Apot yo. Li bay yon detay konsa sou adorasyon nan legliz la pandan jou li yo :

E nan jou yo te rele Dimanch lan, tout moun ki rete nan vil yo oswa nan peyi a reyini yon sèl kote, epi yo te konn li memwa apot yo oswa sa pwofèt yo te ekri, toutotan tan an pèmèt sa ; konsa lè moun k ap li a te fini, prezidan pran lapawòl pou pase lòd, epi egzòte pou imite bon bagay sa yo. Apre nou tout leve ansanm epi lapriyè, epi jan nou te di avan, lè lapriyè nou te fini, yo te pote pen, diven ak dlo, epi presidan an nan menm fason an ofri lapriyè ak remèsiman, dapre kapasite l, epi moun yo eksprime akò yo, pandan yo di Amen ; epi gen yon distribisyon pou yo chak, ak yon patisipasyon nan sa yo te bay remèsiman pou li a, epi dyak yo te voye yon pòsyon pou moun ki absan yo.[3]

Yo te ka site lòt Papa legliz yo men sa ap sifi. Li klè ke premye legliz la te manje Soupe Senyè a chak semèn epi te kontinye pratik sa pandan dè syèk.

Robert Miligan di, « Padan de premye syèk yo pratik kominyon chak semèn nan te inivèsèl, li te kontinye nan Legliz Grèk la jiska setyèm syèk la. Si yon moun te neglije l twa semèn yonn dèyè lòt yo te ekskominye l. »[4]

IV. Sifikasyon Soupe Seye a

A. Yon Evènman pou raple lanmò Kris. Soupe Senyè a se yon Tab souvni chak semèn. Yon komemorasyon ta dwe sèvi omwen twa fonksyon. Sa yo te fèt admirabman nan Soupe Senyè a.

1. Li satisfè dezi kè a pou fè kèk bagay soup epi damou pou Mèt la. Soupe Senyè a bay opòtinite sa. Jezi te gen sa nan lide Li lè Li di « Fè sa pou nou ka sonje mwen » (1 Korent 11.24, italik ajoute).

2. Akoz nou obsève l souvan, li pa pèmèt nou bliye, men tankou yon revèy pou nanm nan, li konvoke kwayan an ale nan pye lakwa.

3. Akoz enpòtans senbolik li, li toujou ap raple reyalite trè enpòtan nan Krisyanis ki se « Kris te mouri pou peche nou, dapre sa ki ekri nan Liv la » (1 Korent 15.3).

Alexander Campbell eksplike efektivman fasèt komomerasyon Soupe Senyè a lè li di : « Sou pen an ak sou gode Senyè a, nan lèt ki pa pale ak je, men ak kè tout diskisyon, te enskri, Lè ou wè sa a, sonje mwen. 'Vrèman vre, Senyè a di chak disip, lè li resevwa senbòl yo nan men l, ' Sa a se kò mwen ki brize pou ou. Sa a se san mwen ki koule pou ou. » »[5]

B. Yon Pwoklamasyon. Chak Jou Senyè a, pandan disip la chita bò tab la avèk Senyè li, li ap preche yon mesaj.

1. Premyèman Pòl di ke, chak fwa n ap manje pen sa a, chak fwa n ap bwè nan gode sa a, se lanmò Kris la n ap anonse (1 Korent 11.26). Jezi te di lè Li te bay Soupe Senyè a, « Gode sa se nouvo kontra a nan san mwen » (Lik 22.20). Soupe Senyè se yon moniman pou sali nou menm li ye pou Kris la. Soupe Senyè a pwoklame ke lèzòm te rachte epi resevwa padon pou peche l yo atravè san Kris la (Efèzyen 1.7 ; 1 Pyè 1.18-20).

2. Dezyèmman, nou pwoklame lanmou nou pou Li. Lè Kretyen an ransanble bò Tab la, li ap di Senyè a ak mond lan ke li kwè ke san Kris rachte epi li la pou l montre lanmou li pou Kris atravè obeyisans ak kòmandman li. Lanmou Kris ki te lakòz Li mouri pou lèzòm kote Li te fèb epi san espwa (Women 5.6-8) se menm lanmou sa ki mennen Kretyen an renmen Kris epi pou li prezan bò Tab Li a.

3. Nou pwoklame retou Sen*yè a.* Pòl di lè nou pataje Soupe Senyè a, Nou « pwoklame lanmò Senyè a jiskaske Li vini » (1 Korent 11.26). Tab Senyè a gade dèyè pou sonje bwa Kalvè a kote sali nou te rive posib. Li gade devan tou pou jou lè Kris pral retounen epi sali nou va reyalize konplètman. Sa a se gran akonplisman plan redanmsyon (padon peche), lè rachte tout epòk yo va reyini pou yo avèk Senyè yo a ki te delivre yo anba peche. Se sèlman moun ki vreman prevwa dezyèm vini Li a ki va patisipe fèmman nan Soupe sa a.

NÒT YO

1. For a good discussion of the pros and cons of this question, read : *Christian Standard,* « The Lord's Supper, » by James Van Buren, May 3, 1953 ; *Christian Standard,* « The Beverage of Grape Juice, » by Donald Nash, June 13, 1953.

2. The expression « to break bread » was also used as a synonym for eating a meal, as it was customary to break the bread up into smaller pieces at the beginning of a meal. See Luke 24.30,35.

3. A. Cleveland Moxe, *The Apostolic Fathers with Justin Martyr and Irenaeus,* « Weekly Worship of the Christians, » Chapter LXII, pp. 185-186.

4. Robert Milligan, *Scheme of Redemption,* p. 440.

5. Alexander Campbell, *Christian System,* 1835, pp. 265-291.

KESYON – SOUPE SENYE A

Li kat deskripsyon sa yo sou etablisman Soupe Senyè a (Matye 26.26-29 ; Mak 14.22-25 ; Lik 22.19-20 ; 1 Korent 11.23-25). Ekri nan espas vid yo referans kote yo jwenn deklarasyon sa yo :

_____ 1. « Epi Li te pran pen, epi Li di mèsi, epi Li kase li, epi bay yo li. »

_____ 2. « Sa se kò mwen, li se pou ou, fè sa pou sonje mwen. »

_____ 3. « Apre sa Li te pran gode a, Li di mèsi, epi Li ofri yo li… »

_____ 4. « . . . Epi yo tout te bwè ladan l »

_____ 5. « Sa se san alyans mwen, ki te vèse pou anpil moun pou padon peche yo »

_____ 6. « Mwen pa pral bwè fwi rezen ankò jis jou lè mwen va bwè l ankò nan wayòm Bondye a. »

RANPLI ESPAS VID YO

1. Bay twa non ki te aplike pou Soupe Senyè a.
   a. _____
   b. _____
   ch. _____

2. Bay kat agiman ki apiye kominyon chak semèn lan.
   a. _____
   b. _____
   ch. _____
   d. _____

3. Nan ki sans Soupe Senyè se yon pwoklamasyon ?
   _____
   _____
   _____

KESYON REVIZYON

1. Fè diferans ant komemorasyon lèzòm te etabli a ak komemorasyon ke Jezi te etabli a.

2. « Jezi pa t espere pou moniman Li a dire akoz ak _____ li te fèt la. Men pito, Li te konnen ke _____ moniman Li a ta pral depann de _____ _____ ki nan _____ moun Li yo. »

3. Nan ki okazyon Jezi te etabli Soupe Senyè a ?

4. Konbyen gode diven ki te itilize pandan repa pak la ?

5. Rezime kijan Jezi te etabli Soupe Senyè a.

6. Vrè oubyen Fo : « Pen Jezi te itilize nan Soupe Senyè te pwobabman pen san ledven fèt pak la. »

7. Poukisa fanmi Jwif yo te retire tout ledven nan kay yo avan fèt la te demare ?

Doktrin Kretyen

8. Kijan 1 Korent 5.6-8 apiye kwayans ke Jezi te itilize pen san ledven lè Li te etabli Soupe Senyè ?

9. Eksplike mo « fwi pye rezen an » ak sinifikasyon li nan Soupe Senyè a.

10. Ki mo ki te itilize pi souvan nan Nouvo Testaman an pou Soupe Senyè a ? Diskite plizyè vèsè kote mo sa te itilize.

11. Eksplike mo « tab Senyè a. »

12. Eksplike mo « Soupe Senyè a. »

13. Diskite si mo « kominyon » an te plis yon deskripsyon Soupe Senyè olye yon non pou li.

14. Eksplike mo « kominyon » an jan li te itilize nan 1 Korent 10.16 la.

15. Èske Jezi te janm presize kilè oswa konbyen fwa yon moun dwe obsève Soupe Senyè a ? Eksplike.

16. Daprè Travay 2.42, nan ki kat aktivite legliz la te « pase tout tan yo » ?

17. Ki sinifikasyon mo « tout tan » nan Travay 2.42 ?

18. Diskite pou kisa Travay 2.46 kapab fè referans a premye legliz la ki t ap obsève Soupe Senyè a chak jou ?

19. Daprè Travay 20.7, ki lè premye legliz la te pataje Soupe Senyè a ?

20. Ki enpòtans atik defini « lan » nan Travay 20.7 ?

21. Kijan Travay 20.6-7 endike ke adorasyon nan premye jou semèn lan te yon koutim etabli nan Troas ?

22. Nan Travay 20.7, ki objektif ki te etabli pou legliz la rankontre ansanm ?

23. Poukisa li se yon kontradiksyon pou itilize Travay 20.7 pou pwouve adorasyon chak semèn pandan yo nye kominyon chak semèn lan ?

24. Kijan 1 Korent 11.20 sinyale anplis, ke Soupe Senyè a te obsève chak semèn ?

25. Diskite kijan 1 Korent 16.2 sinyale ke legliz Korent te pratike kominyon an chak semèn ?

26. Kisa mo « Pen-prezantasyon » an vle di literalman ?

27. Ki enplikasyon tab pen-prezantasyon an genyen sou Soupe Senyè a ?

SOUPE SENYÈ A

28. Defini mo sa yo « Papa Legliz » ak « Papa Apostolik. »

29. Kiyès Justin Martyr ak Polycarp te ye ?

30. Rezime kisa Justin Martyr te ekri konsènan patisipasyon Soupe Senyè a chak semèn nan premye legliz la.

31. « Pandan ____ _____ _____ yo pratik kominyon chak _____ nan te _____. Li te kontinye nan Legliz Grèk la jiska _____ _____. Si yon moun te neglije l _____ _____ yonn dèyè lòt yo te _____. »

32. Bay de pwen prensipal ki mete aksan sou sinifikayson Soupe Senyè a.

33. Bay epi diskite twa fason Soupe Senyè a sèvi kòm rapèl lanmò Kris.

34. Baze sou 1 Korent 11.26 ak Lik 22.20, esplike kijan yon moun pwoklame lanmò Senyè a lè l ap patisipe nan Soupe Senyè a.

35. Kisa Efèzyen 1.7 ak 1 Pyè 1.18-20 ansenye sou san Kris k ap bay sali ak padon peche yo ?

36. Kijan nou pwoklame lanmou nou pou Jezi lè nou patisipe nan Soupe Senyè a ?

37. Rezime mesaj Women 5.6-8 lan epi aprann pa kè pasaj sa.

38. Kijan nou pwoklame retou Jezi lè nou patisipe nan Soupe Senyè a ?

39. Rezime mesaj 1 Korent 11.23-26 lan epi aprann pa kè 1 Korent 11.26.

40. Ak pwòp pawòl ou, kòman ou t ap eksplike yon zanmi-w enpòtans Soupe Senyè a.

41. Kòman ou ka itilize Soupe Senyè a pou w pale de lanmò Jezi sou lakwa avèk yon moun ki pa Kretyen ?

LESON 9
LAPRIYÈ

I. Kòmansman Lapriyé
II. Kisa Lapriyè ye ?
   A. Demand oswa Siplikasyon
   B. Remèsiman ak Lwanj
III. Kondisyon pou Lapriyè Efikas
   A. Lapriyè ak Kè Pi ak Men Pwòp
   B. Nou Dwe Tande ak Fè Volonte Bondye
   Ch. Lapriyè Avèk Imilite an Amoni ak Volonte Bondye
   D. Lapriyè ak Zèl epi ak Pèsistans
   E. Lapriyè yo pa Dwe Egoyis
   F. Lapriyè nan Non Kris
   G. Lapriyè avèk Lafwa
   H. Lapriyè avèk Yon Lespri de Padon
   I. Lapriyè san Pretansyon oswa Vye Repetisyon
IV. Asistans Sentespri a Nan Lapriyè
V. Bondye te Pwomèt l ap Reponn Lapriyè

I. Kòmansman Lapriyè

Premye fwa lapriyè mansyone nan Bib la nou jwenn li nan Jenèz 4.26, « Konsa lèzòm kòmanse envoke non Jewova. » Pa gen kote li mansyone Bondye te mande lèzòm pou lapriyè. Lapriyè sanble te kòmanse volontèman san zatann. Lèzòm te santi yo bezwen Bondye epi yo te kòmanse envoke Li. Lapriyè dwe natirèl tankou yon timoun pale ak papa l ak manman l. Lè lèzòm vrèman konnen epi konprann Bondye, y ap anvi pale avèk Li.

II. Kisa lapriyè ye ?

A. Demand oswa Siplikasyon. Siplikasyon – chèche sensèman benediksyon Bondye yo – sa se fon kè lapriyè. Lapriyè toujou jayi nan sans bezwen, swa pou tèt ou (demand) oswa pou lòt moun (entèsesyon). Sans bezwen an makonnen avèk kwayans ke Bondye ap rekonpanse tout moun k ap chache Li ak dilijans (Ebre. 11.6).

Jezi ankouraje disip Li yo « Mande y a ba nou, chache n a jwenn, frape y a louvri pou nou » (Matye 7.7). Byenke Bondye konnen bezwen nou yo avan menm nou mande, Li toujou kontan lè pitit Li yo vini devan l ak dezi yo. Li gen lajwa pou Li ban nou bagay ki lesansyèl pou lavi nou ak pou byennèt nou isit sou latè.

B. Remèsiman ak Lwanj. Yon dezyèm pati enpòtan nan lapriyè se remèsiman ak Lwanj. Menm jan demand la endike ke se bezwen yon moun genyen, lwanj ak remèsiman la reflete yon atitid rekonesan anvè Bondye. Pòl te enstwi moun Filip yo pou yo pa enkyete yo « Men, nan tout sikonstans mande Bondye tou sa nou bezwen nan lapriyè. Toujou sonje di l mèsi tou lè n ap lapriyè » (Filipyen 4.6, italik ajoute). Pòl ekri Timote, « M ap mande pou nou lapriyè Bondye pou tout moun. Fè l tout kalite demand pou yo, mande l padon pou yo, di l mèsi pou yo » (1 Timote 2.1).

Remèsiman ak lwanj vè Bondye demontre gratitid lèzòm pou benediksyon li deja resevwa nan men Bondye. San poze kesyon sa fè Bondye plezi ; Li merite l, san dout sa ede nan asirans repons ak demand nou yo. Pòl di frè Tesalonik yo « Di Bondye mèsi pou tout bagay. Se sa Bondye mande nou, nou menm ki mete konfyans nou nan Jezikri » (1 Tesalonisyen 5.18).

III. Kondisyon pou Lapriyè Efikas

Pwomès Bondye yo toujou gen kondisyon. Prensip sa egziste tou nan lapriyè. Li te pwomèt l ap reponn lapriyè nou yo. Men Li etabli kèk kondisyon lèzòm dwe ranpli, avan Bondye reponn lapriyè l. Men kèk nan kondisyon sa yo.

A. Lapriyè avèk Yon kè Pi epi ak Men Pwòp. « Si mwen te gen move lide nan tèt mwen, Senyè a pa ta koute sa m t ap di l la » (Sòm 66.18). « Wi, mwen vle pou moun k ap viv pou Bondye toupatou yo ka leve men yo anlè devan l pou yo lapriyè san yo pa nan fè kòlè ni nan chache kont ak pèsòn » (1 Timote 2.8).

Bondye se yon Bondye ki sen. Li pa gen okenn peche nan Li epi Li pa tolere peche nan moun ki vini nan prezans Li pa mwayen lapriyè. Pasaj sa yo fè referans ak peche ki nan lavi pitit Li yo. Lè Li di Li p ap tande, Li pale de tande favorabman demand yo. Sa pa fè referans ak priyè pou mande padon ; lapriyè ki soti nan yon kè repantan. Bondye te pwomèt l ap reponn lapriyè sa (1 Jan 1.9 ; Travay 8.22). La Li pale de yon kretyen k ap mande kèk benediksyon pandan ke li refize repanti de peche ki nan lavi li. Bondye pa tande ni reponn lapriyè sa yo.

Bondye te di Izrayèl, « Non ! men Senyè a pa twò kout pou sove. Ni zòrèy Li twò di pou tande. Men se mechanste nou yo ki mete yon baryè ant nou ak Bondye nou an. Se peche nou yo ki fè l vire figi l pou l pa tande nou » (Ezayi 59.1-2). Yonn nan pi bon garanti ke Bondye ap tande lapriyè nou yo se poun kòmanse ak yon lapriyè padon ki sensè. Sa toujou fè Bondye plezi.

B. Nou Dwe Tande epi Fè Volonte Bondye. Jan raple nou, « Tou sa na mande l, la ban nou l, paske nou menm nou fè tou sa Li mande nou, nou fè sa ki fè l plezi » (1 Jan 3.22). Yon dezyèm kondisyon pou yon lapriyè ka efikas se obsève kòmandman Bondye yo. Pwovèb 28.9 di, « Si yon moun vire zòrèy li pou l pa tande lalwa, ata lapriyè l ap fè a detestab. » Bondye pa egare. Li p ap kontinye vide benediksyon Li sou yon timoun tèt di epi ki dezobeyisan. Pa gen anyen ki fè plis plezi ak yon paran ke bay kichòy ak pitit li ki obeyisan. Bondye santi l menm jan tou. Yon moun dwe asire l ke li eseye fè volonte Papa onètman avan li mande l benediksyon l ak lòt benefis. Nèg avèg la te eksprime byen ide sa lè li di nan Jan 9.31, « Nou konnen Bondye pa egzose pechè yo ; men, si yon moun onore l epi fè volonte l, se limenm li egzose. »

Ch. Lapriyè Avèk Imilite an Amoni ak Volonte Bondye. Jezi te demontre prensip sa pandan Li te nan jaden Jetsemani an. Li te lapriyè sensèman, « O Papa mwen. Si sa te ka fèt, wete gode soufrans sa a devan je mwen. Men, se sa ou vle a ki pou fèt, pa sa mwen vle a » (Matye 26.39). Volonte Papa dwe toujou an premye nan lapriyè nou yo. Jan di konsa, « Se poutèt sa kè nou pa sote devan Bondye. Nou konnen l ap koute nou si nou mande l kichòy ki dakò ak volonte Li » (1 Jan 5.14).

Papa nou ki nan syèl la ki plen ak sajès konnen sa ki pi bon pou wayòm Li ak sa ki pi bon pou nou. Apot Pòl rekonèt ke, « Nou pa konnen kisa pou n mande lè n ap lapriyè » (Women 8.26). Nou pa toujou konnen volonte Bondye. Se pou sa, nou dwe fè demand nou yo ak lide si sa an amoni ak volonte l, epi si sa pi bon pou wayòm Li, nou ta renmen genyen benediksyon sa yo. Lòt rezon ki fè nou dwe lapriyè pou volonte l fèt se paske lèzòm pa toujou konnen sa k ap pi bon pou li. Tankou yon timoun, li ka mande yon kouto, pansan ke se sa li ta dwe genyen. Erezman, tankou yon paran ki saj, Bondye pa toujou ban nou sa nou mande a. Nan lapriyè, nou dwe vini devan Bondye trè enb pandan nou reyalize mank de konesans nou yo ak mank de konpreyasyon nou yo epi kite Bondye deside ki benediksyon nou bezwen ak sa nou pa bezwen.

D. Lapriyè ak Zèl epi ak Pèsistans. Jak raple nou ke « Lè yon moun ap viv dwat devan Bondye, lapriyè moun sa gen anpil pouvwa » (Jak 5.16b). Siplikasyon yon moun ki mache dwat devan Bondye gen anpil pwisans. Jak demontre pwen sa nan vèsè 17 pandan li raple nou lapriyè zele Eli te fè pou lapli pa t tonbe. Bondye te kenbe lapli a pandan twa zan ak sis mwa. Eli te lapriyè ankò epi Bondye te voye lapli. Bondye tande yon lapriyè ki sensè. San dout, Bondye deteste yon lapriyè san enèji, ki pa twò enteresan. Sa reflete mank senserite ak mank de sousi nan moun k ap lapriyè a. Sepandan, Bondye pran plezi nan lapriyè ki sensè.

Anplis senserite, yon moun dwe genyen pèsistans nan lapriyè tou. 1 Tesalonisyen 5.17 di konsa, « Pa janm sispann lapriyè » Sa vle di lapriyè tanzantan. Pòl di moun Efèz yo, « Pandan n ap fè tout sa, pa janm bliye lapriyè. Mande Bondye konkou Li. Lapriyè nan tout sikonstans avèk pouvwa Sentespri a. Se poutèt sa, pa kite dòmi pran nou, kenbe fèm nan sa n ap fè a. Lapriyè pou tout pèp Bondye a » (Efezyen 6.18). Jezi te di « pou yo toujou lapriyè san yo pa janm dekouraje » (Lik 18.1).

Kèk pastè te reyini pou diskite sou kèk kesyon difisil, yon sèl kou kesyon sa te vini, Kòman yo kapab obeyi ak lòd « Pa janm sispann lapriyè » a ? (1 Tesalonisyen 5.17).

Te gen anpil sijesyon, men finalman yo te chwazi yonn nan pastè yo pou ekri yon redaksyon sou sijè a, li te gen pou l prezante l nan pwochen rankont lan. Yon sèvant ki t ap netwaye te tande diskisyon an epi li te rele pou l di,

« Kisa ! Yon mwa an antye pou nou jwenn sinifikasyon pasaj sa ? Poukisa, se yonn nan vèsè ki pi fasil epi pi bon nan Bib la. »

Yonn nan ansyen pastè yo te di « Se byen, se byen, Mari, » « Kisa ou konnen de pasaj sa ? Ou ka lapriyè toutan ? »

« O, wi mesye ! »

« Kisa ! Pandan-w gen anpil bagay pou w fè a ? »

« Poukisa mesye, toutotan mwen gen anpil bagay poum fè, se toutotan mwen kapab lapriyè. »

« Vrèman ! se byen, Mari, Kòman ou fè sa ? Anpil moun pap dakò avè-w. »

Fi a di « Se byen, mesye », « lè mwen premye louvri je m nan maten, mwen lapriyè konsa : ' Senyè, louvri je bon konprann mwen ; epi pandan mwen ap abiye m, mwen lapriyè pou m abiye ak wòb lajistis la ; pandan map benyen, mwen mande pou peche m yo lave. Pandan mwen kòmanse travay, mwen lapriyè pou m kapab genyen fòs pou m fè tout travay mwen pou jounen an ; pandan m ap limen dife, mwen lapriyè pou yon revèy limen nan mwen. Pandan ke m ap prepare epi pran dejene, mwen mande pou m nouri avèk pen ki bay lavi a ak bon jan lèt pawòl la. Pandan m ap bale kay la, mwen lapriyè pou kè m bale pwòp de tout vye bagay ki pa bon. Epi lè mwen okipe ak timoun piti yo, mwen leve je m gade Bondye ki se Papa mwen epi mwen lapriyè ke mwen kapab toujou genyen lanmou, konfyans tankou yon timoun – E sa se pandan tout jounen an. Chak sa map fè banm yon sijè poum lapriyè . . . »

Pastè a te rele « sa sifi, sa sifi ! », « bagay sa yo souvan kache ak moun ki gen bon konprann yo epi ki pridan epi yo revele ak timoun, menm jan Senyè a limenm te di. « Kontinye konsa, Mari, » li kontinye pou l di, « pa janm sispann lapriyè. Kanta pou nou, ann di Bondye mèsi pou leson sa. »[1]

E. Lapriyè Nou yo pa Dwe Egoyis. Yon lòt kondisyon pou yon lapriyè ka efikas, li pa dwe yon lapriyè egoyis. Jak te raple moun ki t ap viv nan menm tan ak li yo, « Menm lè nou mande, nou pa resevwa anyen, paske nou mande mal. Nou mande bagay ki pou satisfè pwòp dezi pa nou sèlman » (Jak 4.3). Nou dwe mete wayòm Bondye a ak volonte Li an premye. Yon demand dwe gen pou wè oswa peze nan pwogram limyè Bondye a avan. Nou dwe mande tèt nou, « Eske sa mwen mande

Doktrin Kretyen

a se pou m ka vini yon pi bon travayè nan zafè Kris ? Èske mwen bezwen sa pou avansman wayòm Li ? Èske m ap yon pi bon kretyen epi èske si m resevwa sa mwen mande a wayòm Kris la ap beni ? » Li tèlman fasil pou n konsidere Bondye tankou yon pè nwèl nou ka al fè demand pou tout dezi nou ka genyen. Imaj sa nou genyen de Bondye a, se pa laverite. Li dwe kenbe byennèt espirityèl nou ak wayòm Li an premye nan tèt li. Souvan nou t ap vini pi malere si Bondye te reponn chak demand egoyis nou te fè. Sepandan, nan lanmou ak sajès Li, Li chwazi bagay nou bezwen yo epi l ap ede nou grandi espirityèlman. Sa a se yon lòt rezon ki fè nou ta dwe lapriyè, « pou volonte Li fèt. »

F. Lapriyè nan Non Kris. Yon lòt kondisyon pou lapriyè efikas se ke nan matirite kretyen an, lapriyè yo dwe dirije a Papa, nan non Kris la. Jezi te di apot Li yo, « Tou sa n a mande nan non m, m a fè l pou nou, pou Pitit la ka fè wè pouvwa Papa a. Nenpòt kisa n a mande nan non m, m a fè l pou nou. » (Jan 14.13-14). Li rape yo yon lòt fwa ankò, « Jouk kounye a, nou poko mande anyen nan non mwen. Mande, n a jwenn pou nou ka kontan nèt ale » (Jan 16.24).

Apot yo pa t konn mande nan non Jezi avan, men kounye a yo fè l. Gen yon pakèt rezon pou yon kretyen dwe lapriyè Bondye nan non Kris.

1. Aksè nou ak Papa te rive posib gras ak sakrifis Kris la. « Konsa, Frè m yo, granmesi san Kris la ki koule lè Li mouri pou nou an, nou gen antre lib kote yo mete apa pou Bondye a. Kris la louvri yon chemen nèf pou nou, yon chemen k ap ban nou lavi, yon chemen ki pase nan mitan vwal la, sa vle di : nan kò l menm . . . » (Ebre 10.19-20). Ebre 9.8 enfòme nou ke chemen ki mennen nan plas ki sen an oswa nan prezans Bondye, pat ko louvri pandan premye tanp la te rete kanpe toujou, oswa avan ke Kris te vini nan mond la. Sepandan, kounye a, gras ak lanmò Li epi ak rezirèksyon Li, li te louvri nouvo kominikasyon dirèk sa ant tè a ak syèl la (Ebre 9.11-12). Kounye a, nan Kris la, Gran Prèt nou an, nou ka antre nan prezans Bondye nan lapriyè.

2. Jezi se medyatè nou. Pòl di Timote, « Se yon sèl Bondye ki genyen ak yon sèl medyatè ki mete lèzòm dakò ak Bondye ankò, Jezi, Kris lòm nan » (1 Timote 2.5). Yon medyatè se yonn « ki nan mitan. » Kris la se nechèl Jakòb pou kretyen an. Atravè limenm, lèzòm ka rive touche syèl la ak demand li yo ak lwanj, epi nan Kris la li ka resevwa benediksyon syèl la nan men Bondye. Kris la se yon wout ak 2 bò ant tè a ak syèl la.

3. Kris se avoka nou devan fotèy Bondye a. Pòl deklare ke Kris « chita sou bò dwat Bondye, kote l ap plede pou nou » (Women 8.34). Non mwen pa vle di anyen nan fotèy Bondye a si mwen pa fè pati Kris la. Kris la te leve nan yon pozisyon pi wo pase tout kreyati nan linivè a eksepte Papa a (Filipyen 2.9). Se poutèt sa, lè mwen vini jwenn Bondye nan non Kris la, mwen vini nan pi gran non ki gen nan syèl la ak sou tè a, eksepte Bondye, Papa a. Kòm yonn nan moun ke Kris la delivre, mwen ka vini avèk fòs konviksyon devan twòn Bondye a atravè limenm (Ebre 4.14-16).

4. Peche mwen yo lave nan san Kris. Sa vle di ke mwen te lave epi mwen vin diy nan li pou m kanpe nan prezans Bondye (Revelasyon 1.5 ; Ebre 9.14).

Akoz rezon sa yo ak lòt rezon ankò, lapriyè nou yo vè Bondye ta dwe toujou prezante nan non ak pa otorite Jezikri, Gran Prèt nou an, medyatè, Sovè, ak Senyè nou.

G. Lapriyè avèk lafwa. Jezi te di apot Li yo, « Se pou sa mwen di nou : Tout sa n ap mande lè n ap lapriyè, si nou gen fèm konviksyon nou resevwa l deja, n a wè sa rive vre » (Mak 11.24). Jak di nou ke yon moun dwe « Mande ak konfyans, san li pa gen doutans. Paske, moun ki gen doutans, li tankou lanm lanmè van ap boulvèse. Yon moun konsa pa bezwen mete nan tèt li l ap resevwa anyen nan men Senyè a » (Jak 1.6-7). Ebre 11.6 deklare enpòtans san limit lafwa lè li di, « Nou konnen pèsòn pa ka fè Bondye plezi si li pa gen konfyans nan Bondye. Moun ki vle pwoche bò kot Bondye, se pou yo kwè gen yon Bondye, yon Bondye k ap rekonpanse tout moun k ap chache Li » (Ebre 11.6).

Yon kretyen ka lapriyè ak lafwa nan Bondye paske li adrese l ak yon Bondye ki tou pwisan epi ki reponn lapriyè pitit Li yo. Kretyen an ka lapriyè ak lafwa, li dwe konnen li ap adrese ak yon moun ki renmen l epi ki vle reponn demand li yo. Kretyen an gen tout rezon pou li lapriyè, epi kwè ke l ap jwenn repons ak lapriyè l yo.

Nap bay yon mo avètisman. Kretyen an dwe toujou sonje ke volonte ak sajès Bondye pral dirije repons Bondye. Sepandan, sa pa anpeche kretyen an lapriyè avèk lafwa, paske li kwè Bondye ap reponn priyè li. Menm si Bondye nan sajès Li di non ak demand nou yo, Li toujou reponn li. Li te wè ke demand lan pat saj, se pou sa Li te di non. Men, Li te reponn nan sans ke Li te tande epi reponn li nan fason ki pi bon pou nou. Yon lòt panse pou nou kenbe nan tèt nou se ke nou ka mande yon bagay nou kwè ke se bagay la nou vle. Sepandan, Bondye nan sajès Li ka ban nou yon lòt bagay ki ka pou moman sa a, sanble Li rejte demand la. Ala fen, nou ka wè ke Bondye te ban nou sa nou te reyèlman bezwen ak vle a, men se pa sa nou te mande a. Powèm sa ki anba demontre nou pwen sa.

Mwen te mande Bondye fòs pou mwen te ka acheve ;

M te vini fèb, pou m te ka aprann obeyi ak imilite.

Mwen te mande lasante, pou m ka pi gran bagay ;

Mwen te jwenn enfimite, pou m ta ka fè pi bon bagay.

Mwen te mande larichès pou mwen ta ka kontan ;

Mwen te resevwa povrete pou m te ka saj.

Mwen te mande pouvwa pou moun te ka fè lwanj mwen ;

M te jwenn feblès, pou m te ka santi lespri Bondye.

Mwen te mande tout bagay pou mwen te ka jwi lavi ;

Mwen te jwenn lavi pou mwen te ka jwi tout bagay.

Mwen pa t jwenn anyen nan sa m te mande, men m te jwenn tout bagay mwen te espere.

Prèske, malgrè mwen menm, tout lapriyè mwen pat fè yo te jwenn repons ;

Mwen pami moun ki pi beni ![2]

H. Lapriyè avèk Yon Lespri de Padon. Men yon kondisyon ki pa ka neglije. Li nesesè si pou lapriyè nou yo jwenn repons. Yonn nan demand nou jwenn nan egzanp lapriyè a se te « Padone tout sa nou fè ki mal, menm jan nou padone moun ki fè nou mal » (Matye 6.12). Sa montre nou dwe mande Bondye padone nou menm jan ak nan menm limit ke nou padone pwochen nou yo.

Pi devan Jezi deklare « Si nou padone moun lè yo fè nou mal, Papa nou ki nan syèl la va padone nou tou. Men, si nou pa padone moun lè yo fè nou mal, Papa nou p ap padone peche nou yo non plis » (Matye 6.14-15).

Lapriyè ak yon kè ki gen rankin se deja asirans ke pòt syèl la fèmen pou lapriyè nou yo. Se yon tan konplètman pèdi pou n lapriyè konsa. Yon moun dwe padone lòt si li vle jwenn padon.

I. Lapriyè san Pretansyon oswa Vye Repetisyon. Petèt pa gen okenn peche ke Bondye pi rayi pase peche ipokrizi oswa pretansyon. Pa gen okenn lòt klas oswa gwoup ke Jezi te pwononse kondanasyon grav tankou sou ipokrit yo nan epòk Li a. Ki moun ki ka bliye diskou Jezi a nan Matye 23, lè nan dènye apèl Li ak farizyen yo, Li te denonse yo avèk fòs sèt fwa « Malè pou nou, nou menm dirèktè lalwa ak farizyen, bann ipokrit ! »

Yon lapriyè ki pa sensè, ki pretansye se toujou yon abominasyon pou Bondye. Jezi te demontre nou sa nan istwa Farizyen an ak Pèseptè kontribisyon an nan Lik 18.9-14. Pèseptè kontribisyon an ki te enb te soti jistifye devan Bondye. Farizyen ògeye a te rete nan peche ipokrizi li yo. Bondye pa janm pran nan twonpri moun ki vini ak bèl pawòl oswa ki elokan. Se sèlman senserite ki enpresyone Li. Lapriyè nou yo dwe senp, dirèk, epi sensè.

Yon lapriyè sensè ki fèt ak lafwa evite pil pawòl ki pa nesesè, ak mo ki pledé repete plizyè fwa. Jezi te di apot Li yo « Lè w ap lapriyè, pa pledé repete yon bann pawòl pou granmesi. Se konsa moun lòt nasyon yo fè. Yo mete nan tèt yo Bondye va tande yo si yo pale anpil » (Matye 6.7). Sa pa vle di ke nou pa ta dwe pèsiste nan lapriyè, ni ke nou pa ka lapriyè long pafwa. Jezi te souvan pase yon nwit nan lapriyè, oswa leve anvan douvanjou pou lapriyè (gade Lik 9.28 ; Mak 1.35). Sepandan, Jezi te anpeche repetisyon initil nan menm bagay la, tankou si Bondye pat ka tande oswa yo ta dwe sipliye l pou l tande lapriyè pitit li yo.

IV. Asistans Sentespri a Nan Lapriyè

Yonn nan pi gwo benediksyon kretyen yo jwi se asistans Sentespri a nan lapriyè yo. Pòl di, « Se konsa tou, Lespri Bondye a vin ede nou, atout nou fèb la, paske nou pa konnen kisa pou n mande lè n ap lapriyè, ni ki jan pou nou lapriyè. Men, se Lespri Bondye a menm k ap lapriyè Bondye pou nou. L ap pouse gwo soupi moun pa ka esplike » (Women 8.26). Kretyen an bezwen èd sa nan lapriyè paske li pa toujou konnen sa ki pi bon pou li oswa pou wayòm nan. Kretyen an limite nan lapriyè paske li pa konnen sa demen ka pote. Epitou kretyen an pa toujou konnen ki jan pou l ekprime nan mo egzat anvi ak dezi ki nan kè l yo.

Pou rezon sa yo ak lòt rezon ankò, Papa nou ki nan syèl la ban nou Sentespri l pou ede nou nan lapriyè. Li pran demand ak adorasyon nou yo Li prezante yo kòrèkteman devan fotèy Bondye a. Li plede tou avèk Bondye pou nou. Papa a, Pitit la, ak Sentespri a patisipe nan lapriyè a. Kretyen an adrese lapriyè li a Bondye Papa a, nan non oswa pa otorite Kris la, avèk asistans Sentespri a. Lapriyè se tankou yon bèl privilèj ke kretyen an ap jwi ke l ta dwe toujou itilize.

V. Bondye te Pwomèt l ap Reponn Lapriyè

Bondye reponn lapriyè ! Sa a se yon reyalite ki verifye nan Bib la. Moyiz lapriyè epi lapriyè li te sove yon nasyon anba kavo lanmò (Egzòd. 32.11-14). Jozye te lapriyè, solèy la te kanpe li pa t janm kouche jiskaske lènmi li yo te fin detwi avèk yon lagrèl ki soti nan syèl la (Jozye 10.7-14). Ann te lapriyè, Bondye te ba li pitit gason li Samyèl (1 Samyèl 1.9-20).

Pawòl Bondye a plen ak pwomès ke Li te reponn lapriyè.

« Paske, Bondye veye sou moun k ap mache dwat devan Li. Li tande yo lè y ap lapriyè nan pye l. Men, l ap vire do bay moun k ap fè sa ki mal » (1 Pyè 3.12).

« Si yon moun pami nou manke bon konprann, se pou l mande Bondye, Bondye va ba li li. Paske, Bondye bay tout moun san mezire, pou granmesi » (Jak 1.5).

« Si nou demere nan mwen epi pawòl mwen yo demere nan nou, nou mèt mande tou sa nou vle, epi y ap ba nou li » (Jan 15.7 ; Matye 7.7 ; Lik 11.9-10).

Si yon moun ranpli kondisyon sa yo ke Bondye etabli pou yon lapriyè k ap akseptab, li ka gen asirans ke lapriyè li yo ap tande epi jwenn repons selon volonte ak sajès Bondye.

NÒT YO
1. Bwochi, « Pray Without Ceasing, » (« Lapriyè san rete ») (Scottsdale, PA :Herald Press).
2. Otè enkoni.

Doktrin Kretyen

KESYON – LAPRIYÈ

VRÈ / FO

_____ 1. Lèzòm te kòmanse lapriyè lè Bondye te rekòmande l pou l fè sa ?

_____ 2. Si nou mande avèk lafwa, Bondye ap ba nou kèlkeswa sa nou mande a.

_____ 3. Sentespri a asiste kòrèkteman kretyen yo nan lapriyè.

_____ 4. Bondye pa refize tande lapriyè nenpòt ki moun.

_____ 5. Bondye ka toujou reponn lapriyè epi Li pa bay sa ki mande a.

KONPLETE ESPAS VID YO

1. Lapriyè gen 2 pati : _____ ak _____ .

2. Bay 3 kondisyon pou yon lapriyè kapab efikas.

   a. _____

   b. _____

   ch. _____

3. Bay 2 rezon ki fè yon kretyen dwe lapriyè nan non Kris.

   a. _____

   b. _____

4. Lapriyè toujou jayi nan sans _____. Li makonnen avèk kwayans ke Bondye ap _____ tout moun k ap chache Li ak dilijans.

5. Pòl di, "nou pa konnen pou kisa nou dwe lapriyè" (Women 8.26). Bay 3 bagay ke kretyen yo pa toujou konnen.

   a. _____

   b. _____

   ch. _____

KESYON REVIZYON

1. Ki kote lapriyè te premye mansyone nan Bib la ?

2. Eksplike si wi ou non Bondye te bay lèzòm lòd pou lapriyè oswa si lèzòm te kòmanse lapriyè san zatann ak volonte li.

3. Defini demand ak siplikasyon.

4. « Lapriyè toujou jayi nan _____ de _____, swa pou _____ (_____) Oswa pou _____ (_____). »

5. Aprann pa kè Matye 7.7 epi eksplike kisa li ansenye sou lapriyè.

6. Ki diferans ki genyen ant "remèsiman / lwanj" ak "demand / siplikasyon" ?

7. Aprann pa kè Filipyen 4.6 ak 1Timote 2.1 epi eksplike kisa yo ansenye sou lapriyè.

8. « '_____' ak '_____' anvè Bondye demontre gratitid lèzòm pou _____ li deja resevwa nan men Bondye. »

9. Kisa 1 Tesalonisyen 5.18 ansenye sou kilè yon moun ta dwe di Bondye mèsi ?

10. Vrè oubyen fo : « Pwomès Bondye yo toujou gen kondisyon. »

11. Bay 9 kondisyon pou yon lapriyè ka efikas.

12. Aprann pa kè Sòm 66.18 ak 1 Timote 2.8. Eksplike sa yo ansenye sou lapriyè ak yon kè pi epi ak men pwòp.

LAPRIYÈ

13. Poukisa Bondye pa tolere peche nan lavi moun k ap lapriyè Li ?

14. Revize 1 Jan 1.9 ak Travay 8.22. Kisa vèsè sa yo ansenye sou Bondye tande lapriyè repantans ?

15. « Se vre wi, men Senyè a pa twò kout pou _____, ni zòrèy Li twò _____ pou_____. Men se _____ ki mete _____. Ant nou ak Bondye ; se _____ ki fè l _____ vire figi l pou l _____ _____ _____. »

16. Aprann pa kè Ezayi 59.1-2 epi diskite poukisa li saj pou louvri lapriyè nou yo ak yon demand pou padon.

17. Aprann pa kè 1 Jan 3.22 ak Pwovèb 28.9, epi diskite sou fason ke obeyisans konekte ak lapriyè efikas.

18. Èske Bondye ap kontinye reponn lapriyè moun ki volontèman dezobeyi Li ? Eksplike poukisa wi oswa poukisa non.

19. « Si yon moun vire _____ _____ pou l pa tande _____, ata _____ detestab _____. »

20. « Nou konnen Bondye pa_____ _____ : Men si yon moun _____ epi _____ volonte l, se limenm li _____. »

21. Aprann pa kè 1 Jan 5.14 epi diskite sou sa li ansenye sou lapriyè an amoni ak volonte Bondye.

22. Diskite sou plizyè rezon ki fè nou ta dwe lapriyè ke volonte Bondye fèt.

23. « Nan lapriyè, nou dwe vini devan Bondye _____ pandan nou reyalize _____ de _____ ak _____ epi kite Bondye deside ki _____ nou bezwen ak sa nou pa _____. »

24. Kisa Jak 5.16-17 ansenye sou lapriyè sensè ?

25. Kisa 1 Tesalonisyen 5.17, Efezyen 6.18 ak Lik 18.1 ansenye sou lapriyè ki pèsistan ?

26. Nan pwòp mo ou, eksplike kijan tenasite ak pèsistans asosye pou pwodui lapriyè efikas.

27. Aprann pa kè Jak 4.3 epi eksplike poukisa tout lapriyè yo ta dwe fèt an akò ak volonte Bondye.

28. « ...nan matirite kretyen an, _____ dwe dirije a Papa _____ _____ _____ _____. »

29. Kisa Jan 14.13-14 ak Jan 16.24 anseye sou lapriyè nan non Jezi ?

30. Revize Ebre 10.19-20 epi eksplike poukisa li enpòtan pou lapriyè nan non Kris.

31. Kisa yon « medyatè » ye, epi kòman Kris se yon medyatè ant Bondye ak lèzòm ?

32. « Se yon sèl Bondye ki genyen ak _____ ki mete lèzòm dakò ak Bondye ankò, _____ _____ _____. » Aprann pa kè 1 Timote 2.5.

33. Si Jezi se sèl medyatè ant Bondye ak lèzòm, alò èske nou ta dwe lapriyè Bondye nan non nenpòt lòt moun ? Eksplike.

Doktrin Kretyen

34. Daprè Women 8.34, poukisa yon moun ta dwe lapriyè nan non Kris ?

35. Revize Revelasyon 1.5 ak Ebre 9.14 epi eksplike kijan vèsè sa yo sipòte nesesite pou nou lapriyè nan non Kris.

36. Kisa Mak 11.24, Jak 1.6-7 ak Ebre 11.6 ansenye sou nesesite pou lapriyè ak lafwa ?

37. « Mande ak_____, san li pa gen_____ :
Paske _____ li tankou lanm lanmè van ap _____. Yon moun konsa pa bezwen _____ l ap resevwa _____ nan men Senyè a. »

38. Eksplike kòmantè otè a : "kretyen an dwe toujou mete nan tèt li ke se volonte Bondye ak sajès li k ap dirije repons li".

39. Poukisa li esansyèl pou lapriyè ak yon lespri de padon ?

40. « Si nou _____ moun lè yo fè nou _____, Papa nou ki nan syèl la va _____ nou tou. Men, si nou pa _____ moun lè yo fè nou _____ Papa nou p ap_____ _____. »

41. Aprann pa kè Matye 6.14-15. Ki eskalye ou ka pran pou w aplike pi byen vèsè sa a nan pwòp vi ou ?

42. Poukisa Bondye rayi lapriyè ki plen pretansyon ak repetisyon anpil pawòl ?

43. « Lapriyè nou yo dwe _____, _____ epi _____. »

44. Ki diferans ki genyen ant repetisyon initil ak lapriyè pèsistan ?

45. Aprann pa kè Women 8.26 epi eksplike poukisa kretyen an bezwen asistans Sentespri nan lapriyè l yo.

46. Kijan Sentespri a asiste nou nan lapriyè nou yo ?

47. « Kretyen an adrese lapriyè li ak _____ _____ _____, nan _____ oswa pa _____ ____ _____, avèk _____ _____ ___. »

48. Diskite plizyè pasaj nan Ansyen Testaman an ki pwouve ke Bondye reponn lapriyè.

49. Aprann pa kè 1 Pyè 3.12 epi diskite kisa vèsè sa a ansenye sou lapriyè ak atitid Bondye anvè moun ki fè sa ki mal.

50. Aprann pa kè Jak 1.5 epi diskite ki pwomès ki genyen nan vèsè sa a.

51. Revize Jan 15.7, Matye 7.7 ak Lik 11.9-10 epi diskite kisa vèsè sa yo ansenye sou Bondye reponn lapriyè.

52. Eksplike plizyè bagay nan leson sa ki pral ranfòse lapriyè-w yo ak pote chanjman nan abitid ou nan lapriyè.

53. Revize Matye 6.14-15. Anvan-w mande Bondye pou l padone peche ou yo, fè yon lis moun (ak peche yo fè kont ou) ke ou dwe padone anvan.

LESON 10
BAY

I.   Tout Bagay se Pou Bondye
   A. Ajan ak Lò
   B. Rivyè yo
   Ch. Tout Latè
   D. Tout Nanm
   E. Kò Nou
II. Chak Kretyen se Yon Jeran
III. Egzanp Kèk Bagay Bondye Bay
   A. Pitit Li
   B. Lavi Etènèl
   Ch. Sali Pou Soti Nan Peche
   D. Sajès
IV. Bay nan Ansyen Testaman
   A. Bay Yon Fason pèsonèl
      1. Kayen ak Abèl
      2. Noye
      3. Abraram
      4. Jakòb
   B. Bay Sou Lalwa Moyiz la
      1. Lòd pou te bay premye ladim la
      2. Dezyèm ladim la
      3. Ladim twazyèm ane a
V. Benediksyon Diven sou Ladim

Nan leson anvan nou te diskite sou kijan yon moun vin kretyen, sou adorasyon yon kretyen atravè Soupe Senyè a, epi sou lapriyè. Chapit sa kontinye ak adorasyon yon kretyen nan fason lap bay.

Mo "jerans" la kouvri divès faz nan responsablite kretyen tankou bay tan ak talan, menm jan ak benediksyon materyèl. Sepandan, etid sa a, limite tèt li nan ansèyman Bondye sou adorasyon lèzòm nan bay lajan. Pawòl Bondye gen anpil bagay pou di konsènan sijè sa. Nou pral etidye prensip debaz sou sa ke koze bay kretyen yo repoze. Nou pral etidye kèk egzanp sou bay, ak sou pwomès Bondye fè ak moun ki bay.

Premye epi petèt prensip ki pi fondamantal la se :

I. Tout Bagay se Pou Bondye

Moyiz, lè li t ap plede ak Izrayèl pou obeyi Bondye, te raple yo sa « Gade non ! Se pou Senyè a syèl la ak tout sa ki anwo nèt nan syèl la ye. Se pou Li latè ak tout sa ki ladan l ye » (Detewonòm 10.14). David eksprime an pwezi menm lide sa lè li te di, « Se pou Senyè a tè a ye ansanm ak tout sa ki sou li. Se pou Senyè a lemond antye ansanm ak tout sa k ap viv ladan l » (Sòm 24.1).

Salmis la mete aksan sou Bondye posede tout bagay, jan li te ekri a, « Paske, tout bèt ki nan bwa, se pou mwen yo ye. Tout kantite bèt ki nan mòn yo, se pou mwen yo ye tou. Mwen konnen tout zwazo k ap vole nan mòn yo. Tout zannimo ki nan savann la, se pou mwen yo ye. Si m te grangou, mwen pa ta janm bezwen di ou sa, paske tout tè a ansanm ak tou sa ki ladan l, se pou mwen yo ye » (Sòm 50.10-12).

Men kèk nan bagay ke Bib la di ki se pou Bondye.

A. Ajan ak Lò. 'Se pou mwen tout lò ak tout ajan sou latè ye. Se Senyè ki gen tout pouvwa a menm ki di sa » (Aje 2.8).

B. Larivyè yo. « *Paske* li te di ke rivyè a se pou mwen, epi se mwen ki fè l » (Ezekyèl 29.9).

Ch. Tout Latè. « Yon tè pa fèt pou vann pou tout tan, paske tè a pa pou nou, se pou mwen li ye. Nou menm, nou tankou moun lòt peyi ki rete lakay mwen » (Levitik 25.23). Bondye posede papye tout latè. Li senpman akòde lèzòm privilèj pou viv sou li pou yon ti tan. Bondye te raple pèp Izrayèl la nan Egzòd 19.5, « Tout latè se pou mwen yo ye »

D. Tout Nanm. Bondye te di Ezekyèl, « Gade, tout nanm yo se pou mwen ; tankou nanm papa, konsa tou nanm nan pitit gason yo se pou mwen. . . » (Ezekyèl 18.4).

E. Kò Nou. « Ou pa konnen kò ou se tanp Sentespri a, k ap viv nan ou, ke ou te resevwa nan men Bondye ? Ou pa mèt pwòp tèt ou ; Bondye te achte ou kach. Se poutèt sa, respekte Bondye ak kò ou » (1 Korent 6.19-20).

Se sèten nan pasaj sa yo nou wè aklè « tout sa ki nan syèl la ak sou latè se pou ou ; se pou ou Senyè peyi wa a, epi ou leve pi wo pase tout » (1 istwa 29.11). Moun ki pa rekonèt Bondye kòm mèt li, yo di li plis inyoran pase bèf la oswa bourik la, pou sa Ezayi di, « Bèf ki bèf konnen mèt li. Bourik ki bourik konnen kote mèt li ba li manje. Men, pèp Izrayèl la menm pa konn bagay konsa. Pèp mwen an pa konprann anyen » (Ezayi 1.3).

Dezyèm prensip bay kretyen an se :

II. Chak Kretyen se Yon Jeran

Jezi te bay yon parabòl konsènan talan yo nan Matye 25.14-30. Sèvitè yo nan parabòl la reprezante disip Kris la. Yo chak te jwenn yon sèten kantite talan ak enstriksyon pou yo sèvi ak yo nan avantaj wa ki te ba yo l la. Pyè ekri « Chak moun dwe pran kado Bondye ba yo a pou yo rann lòt yo sèvis. Konsa, tankou bon jeran, n a pran kado Bondye yo, ki divès kalite, n a fè yo travay » (1 Pyè 4.10). Yon jeran se yon moun k ap sipèvize epi pran swen pwopriyète yon lòt moun. Li pa pou li, men li jere li sou non mèt li. Pòl di moun Korent yo ke prensipal kalifikasyon yon jeran se fidelite. « Yon sèl bagay yo mande yon jeran, se pou l yon moun serye » (1 Korent 4.2).

Relasyon ant lèzòm ak lajan l epi Bondye l vini klè atravè de prensip de baz sa yo : Bondye se mèt tout bagay epi lèzòm se jeran bagay ke Bondye ba li. Lèzòm pa posede anyen. Tout sa li genyen soti dirèkteman oswa endirèkteman nan men Bondye. Li se gadyen benediksyon materyèl Bondye bay yo. Yo pa pou li pou l sèvi ak yo jan li vle, men yo konstitye konfyans ke li genyen pou jere yo jan Bondye, mèt la, vle a.

Anpil kretyen panse ke lajan yo se pou yo sèlman, epi si yo vle konsa, yo ka bay Bondye ladan. Sepandan, sa ki laverite a, se kontrè a, sè ke tout bagay se pou Bondye epi Li pèmèt lèzòm sèvi ak yon pati ladan pou tèt yo. Lè yo rive konprann klèman reyalite sa a, atitid lèzòm parapò a lajan li ak Bondye pral chanje konplètman.

III. Egzanp Kèk Bagay Bondye Bay

Non sèlman tout bagay se pou Bondye, men Pòl di Bondye «ban nou tout bagay an kantite pou nou ka jwi yo» (1 Timote 6.17b). Jak trè serye lè li di «Tout pi bèl favè, tout pi bon kado nou resevwa, se anwo nan syèl la yo soti, nan men Bondye ki kreye tout limyè» (Jak 1.17a). Nou sèlman vle bay lis kèk bèl benediksyon Bondye ban nou.

A. Pitit li. Bondye vlope kado ki pi presye Li genyen, nan Pitit Gason Li epi Li voye l nan lemond. Jezi di «Paske, Bondye sitèlman renmen lemond Li bay sèl Pitit Li a pou yo. Tout moun ki va mete konfyans yo nan Li p ap pèdi lavi yo. Okontrè y a gen lavi ki p ap janm fini an» (Jan 3.16, italik ajoute).

B. Lavi Etènèl. «Paske rekonpans peche se lanmò, men kado Bondye ban nou gratis la se lavi etènèl nan Jezi Kri Senyè nou» (Women 6.23, italik ajoute). Pòl mete aksan sou li kòm yon kado gratis ki soti nan men Bondye. Nou pa kapab achte li. Nou pa kapab posede li. Nou dwe aksepte l avèk imilite nan men Bondye.

Ch. Sali pou Soti Nan Peche. Pòl te di moun Efèz yo «Se pa lagras ke nou te sove, pa mwayen lafwa – sa pa soti nan nou menm, se kado Bondye» (Efezyen 2.8). Nou wè ankò ke se yon kado Bondye bay. Sètènman, sa te rive posib gras ak lanmò Kris la. Pyè di, «Nou konnen nou te rachte nan move bagay nou te eritye nan zansèt nou yo, se pa t ak bagay ki ka gate, tankou ajan oswa lò, men se ak san presye Kris la, tankou yon ti mouton san defo oswa san tach» (1 Pyè 1.18-19).

D. Sajès. Jak di, «Si yon moun pami nou manke sajès, se pou l mande Bondye, ki bay tout moun san gad dèyè epi san okenn repwòch, Bondye va ba li li» (Jak 1.5). Nou ka mande Bondye anpil bagay men nan sajès Li, Li ka refize bay yo, men Jak asire nou ke si nou va mande sajès n ap jwenn li. Sa se yon kado Bondye bay ke nou ta dwe toujou chèche.

Anplis de tout kado Bondye yo, nou konnen ke Kris te bay plis ke sa pou nou. Jan 10.11 deklare ke Kris la bay lavi Li pou mouton Li yo. 2 Korent 8.9 deklare, «Nou konnen ki favè Jezikri, Senyè a, fè nou. Li menm ki te rich, Li fè tèt Li touen pòv pou nou. Konsa, lè l fè tèt Li touen pòv la, Li fè nou rich.» Kris la te abandone richès yo ak laglwa nan syèl la pou nou ka jwenn menm richès sa yo. Se vre wi Pòl te kòrèk lè li di, «Kris la te renmen nou epi Li te bay lavi l pou nou, tankou yon ofrann santi bon ak sakrifis bay Bondye» (Efezyen 5.2).

Powèt la te byen di, «lanmou Bondye pi gran pase sa lang oswa plim ka janm di.» Li te demontre li epi Li kontinye fè l paske Li «bay tout moun lavi ak souf ak tout lòt bagay» (Travay 17.25).

IV. Bay nan Ansyen Testaman

A. Bay Yon Fason Pèsonèl. Pote yon kado oswa yon ofrann bay Bondye se yon pratik ki prèske ansyen menm jan ak istwa lèzòm. Jenèz 4 montre premye aksyon sa a. Se pitit gason Adan ak Èv yo ki te bay.

1. Kayen ak Abèl. Jenèz pa di ke Bondye te bay Kayen ak Abèl lòd pote sakrifis pou Li. Men, Ebre 11.4 soufle sa a lè li di, « Se pa lafwa, Abèl te ofri bay Bondye yon sakrifis ki pi agreyab pase pa Kayen an.» Deklarasyon «pa lafwa» aparamman vle di ke Bondye te revele yo sa.

Kayen, ki se yon kiltivatè, te pote kèk fwi ki soti nan latè kòm ofrann li. Abèl te pote yonn nan «premye pitit twoupo l yo» paske li te yon bèje. Bondye te aksepte ofrann Abèl la, men Li te rejte pa Kayen an. Poukisa ofrann Kayen an te rejte, nou pa fin two konnen. Sanble li te rejte paske (1) li te yon move kalite ofrann. Sanble Bondye te vle yon sakrifis san. Oswa (2) se te yon kado ki pa t bay ak tout kè. Kayen ta sanble te twò kras pou achte yon ti mouton. Natirèlman sa te lakòz pwoblèm ant de frè yo epi sa te mennen ak asasina Abèl. Sepandan, nou wè nan ensidan sa a byen bonè te gen yon pratik pote ofrann bay Bondye nan adorasyon.

2. Noye. Lè Noye te soti nan lach la aprè inondasyon an, premye bagay li te fè se te bati yon lotèl pou Senyè a, epi li te pran nan tout bèt ki pwòp ak nan tout zwazo ki pwòp epi li te ofri yo bay Bondye kòm ofrann remèsiman ak adorasyon pou delivrans li. Bondye te kontan ak ofrann li a epi Li te pwomèt Noye ke Li p ap janm detwi latè ak inondasyon.

3. Abraram. Nan epòk Abraram lan, nou jwenn yon bagay nouvo nan zafè bay la. Abraram te toujou ofri sakrifis bèt bay Bondye, men anplis sa li te bay ladim tou. Nan Jenèz 14.18-20 nou jwenn rankont Abraram ak Mèlkisedèk. Abraram te sove Lòt aprè kat wa te arèt li. Nan souvtaj la, Abraram te pran objè ki gen anpil valè. Pandan l te retounen, li te rankontre Mèlkisedèk, wa Salèm, ki te yon prèt Bondye ki anwo nan syèl la. Prèt la te beni Abraram, an retou Abraram te ba li yon dizyèm nan tout objè li yo. Yon lòt fwa ankò nou pa konstate ke Bondye te bay Abraram lòd fè sa, men pwiske pita desandan Abraram yo kontinye pratike li, li rezonab pou nou konkli ke Bondye te bay Abraram ansèyman konsènan ladim.

4. Jakòb. Jakòb, Pitit pitit Abraram nan, te bay ladim tou. Kòm Jakob te kite lakay li, sou wout li pou ale lakay tonton li Laban, li te pase nwit la Betèl. Se la li te fè yon rèv li te wè yon nechèl ki etann li depi soti sou latè jouk rive nan syèl la. Nan maten, li te fè yon alyans avèk Bondye, «Alò, Jakòb fè yon ve, li di, 'Si Bondye kanpe avè m epi veye sou mwen nan vwayaj sa a, ban m manje pou m manje ak rad poum mete epi si m retounen san danje lakay papa m, lè sa a, Senyè a va Bondye m, epi wòch sa a mwen mete kanpe tankou yon bòn tè a va kay Senyè a, epi nan tout sa ou ban mwen, m a ba ou yon dizyèm ladan» (Jenèz 28.20-22). Sanble pwopozisyon Jakòb la pa t ofanse Bondye, okontrè sanble Li te kontan pito pwiske Li te kontinye beni Jakòb materyèlman ak espirityèlman nan tout lavi li. Aparamman Jakòb te respekte ve li a tou.

Sa yo se egzanp kijan moun te bay pandan epòk patriyakal la. Tout tan nou ap antre nan peryòd mozayik la, nou jwenn ke lòd Bondye pou te bay te pi detaye epi te vini obligatwa.

B. Bay Sou Lalwa Moyiz la. Lè Bondye te bay Moyiz lalwa a sou mòn Sinayi, Li te fè ladim prensip fondamantal pou pitit Izrayèl yo bay. Li pa t sèlman rekòmande yon dizyèm men evidamman de epi posibman twa ladim.

1. Lòd pou te bay premye ladim la. Nan Levitik 27, Moyiz te bay lwa ladim lan. «N a mete dis pou san (10%) nan tout rekòt jaden nou apa pou Senyè a, li te mèt rekòt jaden nou fè nou menm, osinon rekòt pye bwa ki donnen nan jaden nou. Se pou Senyè a dis pou san sa yo ye, yo konsakre a Senyè a. Si yon moun vle achte pou li menm kichòy nan dis pou san (10%) ki pou Senyè a, la peye pri bagay la plis ven pou san (20%) lavalè. Ladim tout antye nan ti betay ak gwo betay – chak dizyèm bèt ki pase anba baton bèje a – va konsakre a Senyè a. Nou pa bezwen konnen si li bon si li pa bon oswa ni fè okenn echanj. Si nou vle chanje yon bèt, ni sa nou ta vle chanje a, ni sa nou ta renmen bay nan plas li a, tou de va pou Senyè a. Epitou nou p ap ka reachte yo ankò» (Levitik 27.30-33). Nou note enstriksyon sa yo konsènan ladim lan : (1) Yo te bay yon dizyèm nan tout ogmantasyon rekòt latè chak lane. Ladim fèt ak grenn ki te grandi nan latè, ak fwi ki soti nan pye bwa yo oswa pye rezen yo. Te gen ladan tou ti betay ak gwo betay. (2) Yo te konsidere yo kòm bagay ki konsakre a Jewova (Levitik 27.3-32). (3) Yo sanble te gen yon tan espesifik pou yo te fè ladim nan. Lè moman an te rive pou yo fè ladim nan yo te mennen mouton yo ak bèf yo, anba baton bèje a. Yon kontab te pran chak dizyèm mouton oswa kabrit oswa bèf epi mete yo sou kote. Yo pa dwe ranplase dizyèm bèt la ni pa yonn ki devan l oswa dèyè l. Si yo te fè l, Lè sa a, yo ta dwe bay tou de, dizyèm lan ak sa yo te eseye ranplase l la. Bondye te pran chans Li sou dizyèm bèt la epi Li te espere yo aji menm jan !

Premye dizyèm nan te rete pou sipòte Levi yo. Ladim lòt tribi yo te konsidere pou eritaj Levi yo pwiske yo pa t jwenn eritaj latè lè Izrayèl te etabli nan Kanaran. Enstriksyon Bondye te bay Moyiz la se te : « Mwen mete tout ladim moun Izrayèl yo va bay la apa pou moun branch fanmi Levi yo, pou sèvis y ap rann nan tanp lan, pou travay y ap fè nan Tant Randevou a» (Resansman 18.21).

Lè branch fanmi Levi a te resevwa ladim nan men lòt onz tribi yo, an retou yo te bay Arawon ladim nan sa yo te resevwa a pou sipòte fanmi li ak prèt yo. Yo menm yo pa t resevwa eritaj latè nonplis. Jewova te pale ak Moyiz epi li di, « W'a pale ak moun Levi yo, w'a di yo : Lè yo resevwa ladim ke Mwen te ba yo pou eritaj la nan men moun pèp Izrayèl la, yo dwe prezante yon dizyèm nan ladim sa kòm ofrann bay Senyè a . . . . Nan ladim sa yo, se pou nou bay Arawon, prèt la, pòsyon pa Senyè a» (Resansman 18.26, 28b). Nan fason sa, nou wè jan Bondye pran swen moun pa Li yo. Atravè divizyon peyi Kanaran an, Li te reponn ak bezwen onz branch fanmi yo. Li te reponn bezwen branch fanmi Levi a ak prèt yo paske yo t ap sèvi nan Tant Randevou a.

2. Dezyèm ladim la. Aprè ke premye ladim lan fin pran, Detewonòm endike ke yon dezyèm ladim te dwe soti nan nèf dizyèm ki rete a. Dezyèm ladim sa a te dwe sèvi pou yon repa sakre, pou yo manje tankou yon adorasyon nenpòt kote Bondye ta bay lòd pou fè l. Yon titan pita yo te manje nan lavil Jerizalèm paske se la Tant Randevou a te ye epi yon tikras tan pita se la tanp la te kanpe. Aparamman ladim sa te sèvi pou finanse divès fèt ak repa ke Jewova te mande pèp Li a fè. Moun ki t ap ofri sakrifis la te dwe pataje repa sa ak Levi yo pwiske yo pa t gen okenn eritaj. (Li Detewonòm 14.22-27 ; 12.17-19). Si yon Izrayelit te rete twò lwen pou pote ladim sa a ansanm avè l, li te kapab konvèti li an lajan epi lè sa a li te ka achte manje ki nesesè nan lavil Jerizalèm (Detewonòm 14.24-25).

3. Ladim twazyèm lane a. Detewonòm 14.28-29 di, « Chak twazan, n a pran ladim tout rekòt n a fè nan lane a, n a mete yo nan pòtay lavil nou yo. Konsa, moun Levi (ki pa gen okenn pòsyon tè oswa eritaj ki pou yo) ak moun lòt nasyon yo, timoun ki pèdi papa yo, fanm vèv yo k ap viv nan peyi nou an va vini y a manje vant plen, epi Senyè a, Bondye nou an, va beni nou nan tou sa n ap fè. » Ansyen Testaman an pa fin klè si wi ou non sa te fè referans a yon twazyèm ladim chak twa zan oswa si wi ou non yo te itilize konplètman dezyèm ladim lan pou pòv yo chak twa zan. Daprè kèk ansyen entelektyèl chak twa zan dezyèm ladim la te dwe itilize antyèman pou Levi yo ak pòv yo. Daprè Jozèf (Antiquities, IV, VIII, 22), ladim pòv yo aktyèlman se yon tazyèm ladim.

An rezime, lalwa Moyiz la te mande pou Jwif yo bay yon dizyèm nan tout sa yo antre chak lane pou sipòte Levi yo pwiske yo t ap sèvi Bondye nan Tant Randevou a. An retou Levi yo te dwe bay prèt yo ladim pou yo te kapab viv. Anplis de sa, onz branch fanmi yo te dwe bay yon dezyèm ladim chak lane nan objektif pou yo te fè fèt relijye yo nan lavil Jerizalèm an koneksyon ak adorasyon nan Tant Randevou a oswa nan tanp lan. Chak twa zan yo te bay yon ladim pou pòv yo. Ladim sa te dwe ale pou Levi yo, vèv yo, òfelen yo ak pòv yo (Detewonòm 26.12-13).

Doktrin Kretyen

V. Benediksyon Diven Sou Ladim

Benediksyon Bondye yo toujou koresponn ak responsablite lèzòm. Nan yon kout je, li parèt ke Bondye te mande pitit Izrayèl yo anpil nan kantite sa Li te bay yo, men Bondye pa t janm mande lèzòm pou yo te bay Li lòt bagay ke sa limenm te deja ba yo. Bondye te di yo si yo ta obeyi kòmandman Li yo Li va beni yo an abondans. Li te di yo, « Nou va beni lavil kou andeyò. Pitit nou yo, rekòt jaden nou yo ak jenn pòte bèt nou yo va beni – pòte bèf nou yo, pòte kabrit nou yo, pòte mouton nou yo, rekòt ble nou yo ak rekòt farin nou yo va beni. Nou va beni nan tout sa n ap fè, depi nan mete men jouk nou bout » (Detewonòm 28.3-6). Salomon te ankouraje moun ki t ap viv nan epòk li a pou yo « Onore Senyè a avèk richès yo, ak premye fwi nan tout rekòt yo ; Lè sa a, depo yo va ranpli ap debòde, epi barik yo va plen ra bouch ak diven » (Pwovèb 3.9-10).

Petèt pwomès Bondye yo ki te pi familye pou pèp Izrayèl la nou jwenn yo nan Malachi 3.10-12, kote Bondye te di pèp Izrayèl la :

« Pote tout ladim lan nèt nan tanp lan, pou ka gen manje nan tanp lan. « Senyè ki gen tout pouvwa a di yo » mete m a leprèv, pou nou wè si mwen p ap louvri pòt syèl la fè lapli tonbe, si mwen p ap vide benediksyon sou nou an kantite. Mwen p ap kite move bèt sa yo devore rekòt nou yo, ni jaden rezen nou yo p ap pèdi fwi yo » se Bondye ki gen tout pouvwa ki di sa. « Lè sa a, moun toupatou sou latè va rekonèt jan Bondye beni nou, paske sa pral bon nèt pou moun k ap viv nan peyi nou an. » Se Senyè ki gen tout pouvwa a ki di sa.

Bondye se yon Bondye damou epi ki renmen bay. Li se menm Bondye ki te la nan tan pèp Izrayèl la.

KESYON – BAY

DISKISYON

1. Ki premye prensip debaz pou kretyen an bay ?
   _____

2. Ekri dezyèm prensip pou kretyen an bay.
   _____

3. Rezime kondisyon pou bay anba lalwa Moyiz la.
   _____
   _____
   _____

KOMPLETE

1. Pou ofrann lan Kayen te pote _____ epi Abèl te pote _____.

2. Site 4 bagay Bib la di ki se pou Bondye.
   a. _____ b. _____
   ch. _____ d. _____

3. Melkisedèk se te wa _____ epi _____ Bondye ki anwo nan syèl la.

4. Kisa pasaj sa yo di ke Bondye ba nou ?
   a. Jak 1.5 _____
   b. Women 6.23 _____
   ch. 1 Timote 6.17 _____

5. Izrayèl te bay premye ladin lan ak _____ paske yo pat gen _____.

6. Site 3 benediksyon Bondye te pwomèt Izrayèl nan Malachi 3.10-12.
   a. _____
   b. _____
   ch. _____

KESYON REVIZYON

1. Bay epi diskite plizyè pasaj nan Ansyen Testaman ki ansenye nou ke tout bagay se pou Bondye

2. Bay 5 bagay ki pou Bondye epi bay yon vèse ki pou pwouvè yo chak.

3. Kisa Ezayi 1.3 ansenye nou sou moun ki pa rekonèt ke tè a ak syèl la se pou Bondye yo ye ?

4. Defini mo « jeran. »

5. Revize Matye 25.14-30 epi rezime kisa parabòl sa anseye sou jerans.

6. Ki de prensip debaz ki revele relasyon ant lèzòm ak lajan l epi ant Bondye li ?

7. Kòman yon bon konpreyansyon de prensip sa yo ki anwo a ka rive chanje atitid lèzòm parapò a lajan l epi ak Bondye li ?

8. Aprann pa kè Jak 1.17 epi diskite plizyè benediksyon Bondye bay tout kretyen.

9. Diskite benediksyon nou jwenn nan Jan 3.16.

10. Ki benediksyon ki te pwomèt nan Women 6.23 ?

11. Revize Efezyen 2.8 ak 1 Pyè 1.18-19 epi diskite ki benediksyon ki genyen nan vèsè sa yo.

12. Aprann pa kè Jak 1.5. Ki benediksyon Bondye bay ak moun ki mande l ?

13. Li Jan 10.11, 2 Korent 8.9 ak Efezyen 5.2 epi diskite ki kado Bondye te ba nou.

14. Ki kote, nan Bib la, nou jwenn egzanp yon premye kado oswa ofrann yo te bay Bondye ?

15. Èske Bondye te janm mande Kayen ak Abèl pou pote sakrifis ba Li ? Kòman yo te fè konnen pou yo te pote ofrann bay Li ?

16. Diskite plizyè rezon pou ki Bondye ta rejte ofrann Kayen an.

17. Ki premye bagay Noye te fè lè li te soti nan lach la ?

18. Ki nouvo eleman Abraram te ajoute nan bay la ?

19. Ki pwomès Jakòb te fè an retou pou benedediksyon Bondye yo ?

20. Diskite twa pwen ke leson sa a ansenye sou kòmandman pou bay ladim nan Levitik 27.30-33.

21. Ki jan yo te sipòte branch fanmi Levi a, epi kisa tribi sa a te resevwa kòm yon eritaj nan plas tè a ?

22. Ki jan yo te sipòte Arawon ak prèt yo pou travay yo nan Tant Randevou a ?

23. Fè yon rezime sou kisa leson sa ansenye nou sou « dezyèm ladim nan. »

24. Kisa kite objektik « ladim twazyèm lane a » ?

25. Kisa Bondye te pwomèt moun ki respekte « ladim twazyèm lane a » ?

26. Èske Bondye te janm mande pèp Li a pli pase sa limenm Li te deja ba yo ? Eksplike.

27. Kisa Detewonòm 28.3-6 pwomèt moun ki obeyi kòmandman Bondye yo nan bay ladim ?

28. Daprè pwovèb 3.9-10, ki benefis ki genyen pou yon moun ki onore Bondye ak revni li epi ak resous li ?

29. Kòman leson sa te chanje atitid ou nan sa ki gen pou wè ak ladim epi onore Bondye ak revni ou epi ak resous ou yo ?

LESON 11
BAY NAN NOUVO TESTAMAN

I. Vrè Nati Bay
   A. Bay se Yon Gras
   B. Bay se Yon ak Adorasyon
      1. Yon responsabilite byen defini
      2. Adorasyon dirije dirèkteman vè Bondye
   Ch. Bay se Yon Jès Lanmou

II. Rezon ki Fè-w Dwe Bay
   A. Pou Avansman Travay Wayòm lan
   B. Pou Devlopman Espirityèl Kretyen an
      1. Yon atitid kòrèk parapò a lajan
      2. Kalite diven nan bay san egoyis
   Ch. Pou Rann Kont a Lavni

III. Ki pi Piti Kantite Kretyen an Ka Bay Volontèman ?
   A. Bondye Sèl ki ka Fikse pi Piti Kantite pou Bay Volontèman
   B. Li te Egzije Kretyen yo Plis Pase Jwif yo

Nan Nouvo Testaman sijè pou bay la trè enpòtan. Ekriven sakre yo te di plis bagay sou bon ak move itilizasyon lajan, ke sou batèm ak Soupe Senyè a ansanm. Yon tyè nan parabòl Senyè nou an te gen pou wè ak lajan. Yon vèsè sou chak sis nan levanjil sinoptik yo pale de lajan.

I. Vrè Nati Bay

Anpil moun echwe nan jan yo ta dwe bay an kantite paske yo pa konprann vrè nati bay. Yon fwa ke yon kretyen sensè dekouvri tout sinifikasyon bay genyen nan lavi kretyen li, lè sa a, bay vin tounen pou li yon kè kontan ak yon benediksyon.

A. Bay se Yon Gras. Nan 2 Korent 8.7 Pòl di bay se yon gras. « Wi, nou rich sou tout pwen, – kit se nan lafwa, kit se nan konn pale byen, kit se nan konesans verite a, kit se nan aktivite nou pou Bondye, kit se nan renmen nou gen pou mwen. – Se poutèt sa mwen ta renmen wè nou bay ak tout kè nou pou zèv sa a tankou moun ki rich. » Webster defini gras kòm "nenpòt kado espirityèl oswa akonplisman li." Nou pale de lanmou, kè kontan, lapè kòm gras kretyen. Pòl rele yo « fwi Lespri a » (Galat 5.22). Gras sa yo se karakteristik oswa kalite ke Lespri Bondye a pwodui nan lavi kretyen an.

Yon gras se yon kalite espirityèl byen defini nan lavi ki pa fè pati lòm natirèl, men ki grandi nan kè li atravè pouvwa Sentespri a. Natirèlman lèzòm egoyis. Premye lwa lavi se « prezèvasyon pwòp tèt ou. » Lèzòm panse ak tèt li, fanmi li, bezwen li yo ak dezi li yo avan tout bagay. Se sèlman pandan lap vin tankou Bondye li kòmanse mete Bondye ak lòt moun avan tèt li.

Se konsa, lèzòm aprann pou yo pa egoyis ak bay menm jan li aprann fè lòt bagay nan lavi kretyen li. Lè yon moun wè ke li pa kapab bay Bondye san yo pa fòse l, li ta dwe lapriyè Bondye pou l pèmèt li gen atitid ki kòrèk parapò a lajan li epi sèvi ak li nan fason Kris la t ap fè l limenm. Kapasite pou bay san presyon, avèk volonte, ak yon atitid epi motivasyon ki apwopriye se yon akonplisman espirityèl ke chak kretyen ta dwe chache genyen.

B. Bay se Yon ak Adorasyon. Anpil kretyen wè ofrann lan kòm yon sòt de « mal men ki nesesè » pou yo kapab peye bòdwo. Yon fwa yon predikatè te di, « Si mwen te gen mwayen pa m, mwen pa t ap janm pran ofrann. » Evidamman, predikatè sa pa t konprann vrè nati bay. Olye se yon nwizans, ofrann lan se yon ak siblim, yon adorasyon vè Bondye.

Bondye te mande pou tout gason Jwif yo ale nan twa gwo fèt yo, ki te fèt chak lane : Fèt pak la, fèt lapannkòt, ak fèt nan tanp lan. Lè yo te vini, Bondye di, « Yo p ap gen dwa vini de men vid. Men, yo chak va bay kichòy jan yo kapab, daprè benediksyon Jewova a, Bondye nou an, va ba yo. » (Detewonòm 16.16-17). Fèt sa yo se te yon pati nan adorasyon yo a Jewova. Li te espere ke yo pote yon ofrann ki koresponn ak benediksyon yo te resevwa. Sa se te yon ak adorasyon.

Yo te ansenye menm bagay sa yo nan Nouvo Testaman. Nan Travay 2.42, Lik bay lis adorasyon ki te konn fèt nan premye legliz yo. Anplis ansèyman, Soupe Senyè a, ak lapriyè, li ajoute « kominyon ». Menm mo sa te tradwi nan Women 15.26 kòm « kontribisyon. » Mo « kominyon » an fondamantalman vle di "pataje". Nan Legliz Nouvo Testaman, Sentespri a te konsidere pataje oswa bay tankou yon adorasyon a Bondye.

Pita sa te konfime nan 1 Korent 16.2 kote Pòl enstwi legliz la, « Chak premye jou nan semèn nan, se pou chak moun mete yon ti lajan apa daprè sa yo te fè. Y a sere l lakay yo. Konsa, nou p ap bezwen tann se lè m rive lakay nou pou n ap chache lajan an. » Nan menm jou ke yo t ap adore Bondye nan lapriyè, nan etid Biblik, ak Soupe Senyè a, yo te adore tou ak ofrann yo.

Pou konsidere lè kretyen bay kòm yon aksyon ki dedye ak adorasyon se pou n retire l nan yon nivo ki san enpòtans epi mete l a yon nivo :

1. Responsabilite byen defini. Anpil moun wè bay kretyen an kòm yon pati enferyè nan responsablite kretyen li. Yon moun bay jan li santi l kapab epi lè li posib. (Raman anpil moun « santi dezi » pou bay). Bondye te di pèp Izrayèl la pou li pa parèt devan l men vid. Jodi a, kretyen an ta dwe gen menm responsabilite sa. Powèt la te kapte lide sa nan vè sa a :

«Kisa, pou m bay ankò» ? M mande tèt mwen nan sousi m yo.

«Epi èske mwen dwe kontinye bay, bay epi bay» ?

«O non», zanj lan te di m, pandan li t ap gade m dwat nan je.

«Jis kontinye bay jiskaske Senyè a sispann ba ou.»[1]

2. Adorasyon dirije dirèkteman vè Bondye. Bay kòm yon ak adorasyon, dwe pou Bondye. Anpil moun bay pou sipòte predikatè a, pou bati yon kay, oswa pou kouvri kèk lòt depans. Sepandan, sa a, se yon fo pratik. Sa yon moun bay dwe toujou pou Bondye. Li kapab itilize pou kèk nan rezon sa yo nou sot site a men nan kè adoratè a li ta dwe panse ke sa l ap bay la se yon kado pou Bondye.

Nan pen Soupe Senyè a yon moun ta dwe wè kò Kris la. Nan koup la san Kris la. Petèt nan fon plato k ap ranmase ofrann yo nou ta dwe desine men Kris la pou ke kretyen an toujou raple l ke ofrann l ap bay la se pou Kris. Powèt la di :

Bay kòm ou ta bay Mèt la.
Si ou rankontre ak rega si dous Li ;
Bay jan ou kapab nan sa ou antre
Kòm si se te men l ki t ap pran ofrann lan.[2]

Ch. Bay se Yon Jès Lanmou. Lanmou se pi gwo pouvwa motivasyon nan mond lan. Prensipalman, lanmou ta dwe motive tout sèvis kretyen an. Lè kretyen bay, li ta dwe fè l tou akoz lanmou. Pòl te ekri legliz Korent lan epi li te mande yo pou « Fè yo wè jan nou renmen yo, pou legliz yo ka sèten nou renmen yo, pou yo ka konnen mwen gen rezòn pale byen pou nou konsa » (2 Korent 8.24). Bondye, menm jan ak lèzòm, renmen kèk prèv lanmou ki klè. Bay se yonn nan fason nou ka montre sa. Jan di, « Pitit mwen yo, piga nou renmen sèlman nan bouch, nan bèl diskou ak bèl pawòl. Se pou nou renmen tout bon vre. Se pou tout moun wè jan nou renmen lè yo wè sa n ap fè » (1 Jan 3.18). Souvan Bondye ka di plis bagay sou lanmou nou pou Li atravè plato ofrann lan ke nan deklarasyon lanmou nou pou Li.

Li sanble apwopriye ke yo ta depoze plato ofrann yo sou menm tab ak Soupe Senyè a. Nan Soupe Senyè a nou wè pi gwo imaj oswa prèv lanmou Bondye pou lèzòm. Nan ofrann lan yo ta dwe wè omwen yon prèv lanmou lèzòm pou Bondye. Vrèman li ta dwe pou kretyen an yon tab lanmou.

An rezime, lè yon kretyen bay se yon gras oswa yon akonplisman kretyen, ke Bondye devlope nan lavi nou atravè Sentespri Li. Se yon ak adorasyon pou Bondye. Se pa yon aksyon okazyonèl de eksperyans kretyen nou, men se yon aksyon definitif de obeyisans ak adorasyon pou Bondye. Li se yon ak lanmou ki motive pa lanmou Bondye pou nou epi ki soti nan lanmou Bondye ki nan kè nou. Jan deklare l aklè lè li di « Nou renmen Li, paske Li renmen nou avan » (1 Jan 4.19).

II. Rezon ki Fè-w Dwe Bay

A. Pou Avansman Travay Wayòm Lan. Lèzòm ap viv nan yon mond materyèl. Fòk gen lajan oswa richès materyèl pou pouswiv travay Bondye nan mond sa a. Fòk gen lajan pou sipòte predikasyon levanjil la. Pòl rekòmande legliz Filip la pou sipòte ak tout kè yo predikasyon levanjil la. Yo te voye ofrann ba li pandan travay li nan Tesalonik (Filipyen 4.15-16). Yo te soutni l nan predikasyon li nan Korent (2 Korent 11.9). Annaprè, yo te voye yon kado ba li pandan li te prizonye nan lavil Wòm. Li pran lajan pou pran swen vèv yo ak òfelen yo, pou konstwi legliz yo, voye misyonè yo, ak enprime Bib la. Aparamman, rezon pou bay la se pou tout moun.

B. Pou Devlopman Espirityèl Kretyen an. Objektif sa nan rezon pou kretyen an bay la se objektif prensipal la. Kesyon kite poze, Poukisa Bondye mande nou pou n bay ? Repons lan klè, se pou nou ka vini tankou Li. Li vrè ke tout bagay se pou Bondye. Si l te vle, Li te kapab reponn ak tout bezwen legliz la genyen pa mirak. Sepandan, sa a pa ta devlope karaktè kretyen an ak imaj Bondye nan pitit Li yo. Tout lwa ak rekòmandasyon Bondye yo se pou byen nou. Pòl te mande moun Korent yo pou yo bay, li te raple yo ke Bondye ta ogmante fwi jistis yo. « Nou pral anrichi nan tout sans, pou nou ka toujou bay ak tout kè nou » (2 Korent 9.11). Pòl endike nan pasaj sa a ke Bondye ta beni yo epi anrichi yo espirityèlman paske yo te bay.

Jezi di, « Paske, kote richès ou ye, se la kè ou ye tou » (Matye 6.21). Depi yon moun bay nan yon bagay l ap gen plis enterè ladan l. Tout sa, paske lajan l reprezante yon pati nan lavi l. Lè li te envesti lavi l nan yon bagay, alò li te konsène ladan l. Jezi te konprann prensip sa a, ke si yon moun pral mete lajan li nan wayòm Bondye a, sa pral sèvi yon mwayen pou l ganye kè l pou wayòm nan tou. Bondye vle lèzòm, se pa lajan yo Li vle. Men, Li sèvi ak lajan pou l rive jwenn lèzòm. Nan lik 16.10-12, Jezi anseye ke lajan se yon tès oswa yon metòd ki pèmèt Bondye detèmine si lèzòm diy pou resevwa benediksyon espirityèl yo. Li deklare :

Moun ki kenbe pawòl li nan tout ti bagay, la kenbe l nan gwo bagay tou. Men, moun ki pa serye nan ti bagay, li p ap serye nan gwo bagay non plis. Si ou pa sèvi byen ak richès ou gen sou latè, kilès ki va fè ou konfyans pou richès tout bon yo ? Si ou pa t sèvi byen avèk sa ki te pou lòt moun, ki moun ki va ba ou sak pou ou a ?

Nan pasaj sa lajan oswa richès materyèl te reprezante pa mo sa yo «ti bagay», «richès ou gen sou latè», «sa ki te pou lòt moun.» Richès espirityèl yo te reprezante pa mo «gwo bagay», «richès tout bon», «sak pou ou a» Jezi di ke si nou pa fidèl nan richès materyèl nou, si nou pa pa jere yo byen, lè sa nou pap resevwa richès tout bon an, li menm ki espirityèl. Oswa, lè nou aprann jere lajan nou byen, lè sa a, Bondye ap bay nou pi gwo richès espirityèl yo ke Li genyen sere pou nou. Menm jan tou, si yon kretyen pa pase tès nan jan li jere lajan l, lè sa a, Jezi presize ke li p ap resevwa gwo benediksyon espirityèl. Se yon deklarasyon ki vrè paske ou pa janm wè yon moun ki vrèman espirityèl ki kras. Rezon an sè ke avaris se baryè ki anpeche Bondye ranpli lavi l ak jistis tout bon vre a.

Bondye mande pou nou bay nan lide pou kreye nan nou :

1. Yon atitid kòrèk parapò a lajan. Senyè a vle nou devlope prensip ke lajan se sèvitè nou, se pa mèt nou. Powèt la te di :

Fouye sou bò mòn lan
Lave nan kouran dlo,
Sèvitè mwen ye
Oswa mèt mond la.[3]

Lè yon kretyen konprann ke Bondye ba li benediksyon materyèl yo pou l itilize pou Bondye ak pou l fè sa ki byen, lè sa a, lajan l va vini sèvitè li. Lajan ka itilize nan plizyè milye fason kòm yon benediksyon lè li se sèvitè kretyen an, men lè lajan vin mèt li, yon trajedi ka rive. Jenn chèf rich la nan Mak 10 se yon bon egzanp.

2. Kalite diven nan bay san egoyis. Petèt, pa genyen okenn karakteristik ki ta ka pi etranj nan nati Bondye pase egoyis ak konvwatiz. Bondye tèlman renmen nou, Li bay sèl pitit Li a pou nou. Bondye, ki ban nou tout bagay an abondans pou nou jwi, pa gen okenn tras egoyis nan Li. Li mande nou pou nou bay pou menm lespri sa ka devlope nan nou.

Ansyen yo nan legliz la te mande yon predikatè pou l ekri yon lèt nan non biwo legliz la pou l deklare ke legliz la pa t satisfè bidjè li epi pou l ankouraje manm yo pou yo bay plis toujou ak kè kontan. Gen youn nan manm legliz la, ki te fache anpil lè li resevwa lèt la, li te ekri predikatè a yon fason trè dwòl. Li te konkli lèt li a ak mo sa yo : «daprè mwen, sanble tout sa ki gen nan Krisyanis la se bay, bay, bay !»

Avèk sajès predikatè a pa t reponn lèt la imedyatman. Kèk tan pita aprè anpil refleksyon li te ekri manm lan konsa, mesye : Mèsi paske ou ekri epi ou ban m pi bon definisyon Krisyanis ke mwen pa t ko janm tande –» bay, bay, bay !»

Plis yon moun etidye krisyanis se plis li reyalize ke mo «lanmou» ak «bay» pa ka separe epi yo fòme baz lavi tout vrè kretyen.

Ch. Pou rann kont a lavni. Jezi te di, «Konprann sa byen, Moun Bondye voye nan lachè a gen pou l tounen ak zanj Li yo, nan tout bèl pouvwa Papa l la. Lè sa a, Li va bay chak moun sa yo merite daprè sa yo fè » (Matye 16.27). Pòl te repran pawòl Mèt la lè li te ekri : « Paske, nou tout nou gen pou n parèt devan Kris la pou Li ka jije nou. Lè sa a, chak moun va resevwa sa ki pou li daprè byen osinon daprè mal li te fè antan l te nan kò sa a» (2 Korent 5.10). Otè liv Ebre a raple nou ke «Tout moun gen pou mouri yon sèl fwa, apre sa, Bondye gen pou jije yo » (Ebre 9.27). Konpozitè a eksprime lide jijman ki gen pou vini an nan estwòf sa : « Gen yon jou k ap vini nou prale nan jijman, kote n ap rekòlte sa nou te simen nan lavi a, konsa nou dwe fè atansyon ak sa n ap fè epi ak sa nap di chak jou, paske pazapa n ap fè fas ak yo. »[4]

Lè Bib la di nou ke nou pral rann kont sou aksyon nou te poze isit sou tè a, li klè ke Bondye pral egzamine jan nou te bay ansanm ak lòt aksyon nan sèvis kretyen nou. Bondye te repwoche Juif yo paske yo te ava epi Li te akize yo paske yo te twonpe l. Lè yo te mande l kòman yo te twonpe Li, Li te di, «nan ladim ak ofrann. Madichon gen pou tonbe sou nou tout, paske tout moun nan peyi a ap twonpe m » (Malachi 3.8-9). Mwen sètèn Bondye ap mwens saj ak kretyen an si li twonpe l. Nan Kolosyen 3.5 Pòl pale li di ke renmen lajan se tankou sèvi zidòl. Sa a se yon peche grav. Li tèlman grav li fè jenn chèf rich la rate sali etènèl li. Li enposib pou yon kretyen ki resevwa tout benediksyon ke nou ta ka imajine nan men Bondye, epi an retou pou l ta twonpe Bondye pandan l chwazi kenbe benediksyon materyèl Bondye yo pou li sèl. Sa a se engratitid ak vòl. Nou dwe aprann bay yon fason ki kòrèk menm jan avèk yon bon atitid ak yon motivasyon ki kòrèk, pou nou pa kondane nan jijman Bondye a.

Okontrè, lè nou mouri, Bondye ap konfye nou vrè richès ki pap janm fini yo si nou te fidèl nan fason nou t ap jere lajan nou sou latè. Lè sa a, nou pral tande l di, « Sa se bèl bagay. Ou se yon bon domestik ki travay byen. Paske ou te fè ti travay sa a byen, m ap mete ou reskonsab pi gwo zafè ankò. Vin fè fèt avèk mèt ou » (Matye 25.23).

John Rutledge te gen rezon lè li te di, « Lè yon moun fè byen ak lajan l, jan li dwe fè sa, se tankou li kole foto Bondye sou li, epi kounye a li fè l pase pou machandiz syèl la. »

III. Ki pi Piti Kantite Kretyen an Ka Bay Volontèman ?

Nou te wè ke bay se yon gras pou kretyen an, epi li fè pati adorasyon nou pou Bondye tou, men kesyon bon sans ki toujou poze sa, Konbyen mwen ta dwe bay ? Kisa bay volontèman ye ?

Li klè ke lèzòm pa gen kalite pou etabli kantite ki pi piti pou yon moun bay volontèman. Gen kèk moun ki bay 1% nan sa yo antre yo panse yo gen bon kè. Gen lòt moun ki bay 20% yo santi ke yo jis rann Bondye yon sèvis rezonab. Evidamman tou de gwoup moun sa yo pa gen rezon. Sa ta ka kreye nan legliz la yon sitiyasyon ki sanble ak sa ki te pase nan ansyen Izrayèl la lè «Chak moun t ap fè sa yo pito » (Jij 17.6).

A. Bondye Sèl ki Ka Fikse pi Piti Kantite Pou Bay Volontèman. Nan Bib la pa gen pi gwo kantite lajan ke yon kretyen ka bay. Lè n rive nan pwen ki di konbyen lajan li ka bay, se syèl la ki limit la. Sepandan, Bib la endike yon minimòm oswa kantite ki pi ba pou kretyen an bay. Nan leson 10 la nou wè ke Jwif yo nan Ansyen Testaman an te bay yon premye ladim pou sipòte travay Senyè a (Levitik 27.30-32 ; Resansman 18.21-28). Anplis de sa, yo te bay yon dezyèm ladim pou adore Bondye (Detewonòm 12.17-19). Jwif ki te fidèl yo te konn bay ofrann tou anplis ladim lan (Malachi 3.8).

B. Li te Egzije Kretyen yo Plis Pase Jwif yo. Nouvo Testaman an ankouraje kretyen yo bay ak volonte yo (Women 12.8) ; bay « san gade dèyè » epi ak kè kontan (2 Korent 9.6-7). Jezi te di disip Li yo « Si nou pa obeyi lalwa Bondye a pi byen pase Farizyen yo ak direktè lalwa yo, si nou pa viv pi byen pase yo, nou p ap kapab antre nan Peyi Wa ki nan syèl la. » (Matt. 5.20).

Sètènman Bondye pa t egzije kretyen an mwens pase Jwif la. Se vre wi, kretyen an ta dwe kòmanse bay a pati ladim lan epi kontinye bay toutotan lanmou l pou Bondye mande l fè sa epi toutotan sitiyasyon lavi l pèmèt li bay.

John G. Alber te ekri :

> Di ke prensip ladim lan te aboli nan Kris la, se di tou nan tout lòt bagay yo Kris la te gen avans sou Moyiz, nan respè sa sanble levanjil la fè yon retrè ; Ke krisyanis la bese nivo pou bay san gade dèyè a ; avèk pi gwo benediksyon pase Jwif la, kretyen an kapab, si li vle, bay mwens pou benefis mond lan pase sa Jwif yo te bay pou benefis Palestin ; se kòm si Jwif la te fè plis anba yon lalwa san lanmou pase kretyen an anba lalwa lanmou menm.
>
> Obligasyon sa fè apèl ak yon pi gwo sakrifis sou lalwa pase gratitid sou lagras ; se kòm si mòn Sinayi pi fò pase bwa kalvè ; ke rezilta a pi bon lè Moyiz t ap dirije ak fèmte pase lè Kris la t ap aji avèk lanmou ; ke pou benefis mond lan ak tout payen li yo ak peche l yo li t ap pi bon pou nou retounen nan"jouk esklavaj" nan Ansyen Testaman an. Bon sans sa pa t ap kapab mete kanpe limyè laverite si pa t gen revelasyon.[5]

Kretyen an gen yon gwo alyans avèk Bondye (Ebre 8.6). Li gen pi bon pwomès nan alyans sa (Ebre 8.6 ; 2 Pyè 1.4). Li gen yon pi gran komisyon pou pote levanjil la nan lemond antye (Mak 16.15-16). Bezwen yo pi gran. Pou satisfè bezwen sa yo, kretyen an dwe bay plis pase Jwif la pou fè Kris la plezi epi pou rive ganye mond lan ak levanjil la.

NÒT YO

1. - 4. Otè enkoni.
5. John G. Alber, *The Principle of the Tithe* (Prensip Ladim) (Lincoln, NE :Reporter Publishing Co.), p. 23.

BAY NAN NOUVO TESTAMAN

KESYON – BAY NAN NOUVO TESTAMAN

KONPLETE ESPAS VID YO

1. 2 Korent 9.6-7 – « Sonje sa byen : Moun ki simen _____ va rekòlte ti kras. Moun ki simen _____ va rekòlte anpil. Se pou chak moun bay jan yo te deside nan _____, san yo pa _____ san moun pa bezwen _____ , paske Bondye renmen moun ki bay ak _____ . »

2. 1 Korent 16.2 – « Chak _____ jou nan senmenm lan, se pou chak moun mete yon ti lajan apa daprè sa yo _____ , Y a sere l lakay yo, Konsa, nou p ap bezwen tann se lè m rive lakay nou pou n ap _____ lajan an. »

3. Matye 5.20 – « Si nou pa _____ _____ pi byen pase Farizyen yo ak direktè lalwa yo, si nou pa viv pi byen pase yo, nou p ap kapab _____ nan Peyi Wa ki nan syèl la. »

KONPLETE

1. Bay se yon gras. Yon gras se _____

2. Bay twa rezon ki fè kretyen an dwe bay.

   a._____

   b._____

   ch._____

3. Gen de lide ki eksprime ke bay se yon ak adorasyon. Ki de lide sa yo ?

   a._____

   b._____

4. Bay tout rezon ou kapab poukisa yon kretyen sou lagras ta dwe bay plis pase yon Jwif sou lalwa.

   _____
   _____
   _____

KESYON REVIZYON

1. Poukisa anpil moun echwe nan sipòte travay Senyè a jan yo ta dwe fè l la ? Èske w pa janm echwe nan sans sa ?

Doktrin Kretyen

2. Revize 2 Korent 8.7 epi eksplike Kòman ke bay se yon « gras. »

3. Kisa yon moun ta dwe fè lè li wè ke li difisil pou l bay Bondye san yo pa fòse l ?

4. « Kapasite pou bay _____, _____ ak yon _____ epi _____ ki apwopriye se yon akonplisman_____ ke chak kretyen ta dwe chache _____. »

5. Eksplike kòman bay se yon « ak adorasyon. »

6. Bay twa fèt Jwif ki te enpòtan yo.

7. Konpare Travay 2.42 ak Women 15.26, epi eksplike Kòman vèsè sa yo ansenye ke bay se yon ak adorasyon.

8. Ki enstriksyon sou bay nou te jwenn nan 1 Korent 16.2 ?

9. Eksplike si wi ou non bay se yon opsyon oswa yon responsablite defini pou yon kretyen.

10. Èske ofrann yo bay la se pou legliz la, misyon, predikatè, oswa pou Bondye ? Eksplike.

11. Kòman bay se yon « jès lanmoun » ?

12. Aprann pa kè 1 Jan 3.18 epi eksplike kòmantè sa « Souvan Bondye ka di plis bagay sou lanmou nou pou Li atravè plato ofrann lan ke nan deklarasyon lanmou nou pou Li. »

13. Vrè oubyen fo « Bay se yon gras oswa yon akonplisman kretyen ke Bondye devlope nan lavi nou atravè Sentespri Li. »

14. Vrè oubyen fo « Bay se yon ak adorasyon. »

15. Vrè oubyen fo « Bay se pa yon aksyon okazyonèl de eksperyans kretyen nou, men se yon aksyon defini de obeyisans ak adorasyon pou Bondye. »

16. Kòman ou ta renmen wè sa ou bay yo fè travay wayòm nan avanse ?

17. Poukisa Bondye mande kretyen yo bay ofrann ?

18. Diskite Kòman bay ede kretyen yo devlope espirityèlman.

19. Ki pwomès 2 Korent 9.11 fè pou moun ki bay san gade dèyè ?

20. Aprann pa kè Matye 6.21 epi eksplike kisa vèsè sa ansenye.

21. Eksplike kòmantè otè a ki di, « Bondye vle lèzòm men se pa lajan li. Men, li sèvi ak lajan pou l rive jwenn lèzòm »

22. Èske lajan se yon tès ki pèmèt Bondye detèmine si lèzòm diy pou resevwa benediksyon espirityèl yo ? Eksplike.

23. Ki laverite espirityèl nou jwenn nan Lik 16.10-12 ?

24. Kisa deklarasyon sa vle di, « Bondye mande pou nou bay nan lide pou kreye nan nou yon atitid ki kòrèk parapò a lajan » ?

25. Nan ki fason ofrann kapab ede yon moun devlope yon kalite diven nan jan lap bay ?

26. « Plis yon moun etidye krisyanis se plis li reyalize ke mo « _____ » ak « _____ » pa ka separe epi yo fòme baz lavi tout vrè kretyen. »

27. Diskite sou plizyè pasaj ki ansenye ke ap gen yon jijman k ap vini.

28. Revize Kolosyen 3.5 ak Mak 10.17-31 epi diskite sou relasyon ki genyen ant konvwatiz ak idolatri epi ki danje peche sa yo reprezante.

29. Selon Bib la, ki pi gwo montan lajan yon kretyen ka bay Bondye ?

30. Rezime kisa yon Jwif te oblije bay / ladim nan Ansyen Testaman an.

31. Diskite sou plizyè vèsè ki ankouraje kretyen yo bay jan kè yo di yo.

32. Poukisa kretyen an te gen egzijans pou bay plis pase Jwif la nan Ansyen Testaman an ?

33. Ki jan leson sa a chanje atitid ou nan bay ofrann pou avansman Wayòm Bondye a ?

LESON 12
MISYON LEGLIZ LA

I. Ki Misyon Legliz la ?
II. Kisa Misyon Vle Di ?
III. Krisyanis se Misyonè Pa Nati
    A. Krisyanis Reklame Li Se Sèl Vrè Relijyon
    B. Vizyon Krisyanis Lan Sou Limanite Se Ke Tout Moun Fè Peche epi Yo Bezwen Sali Ki Nan Kris La
    Ch. Kris, Tèt Legliz la, Te Pi Gwo Misyonè Nan Lemond
IV. Motif Pou Fè Misyon
    A. Yon Pwofon Konpreyansyon de Sa Nou Genyen Nan Kris la Epi Konsyan ke Mond Dezespere sa Bezwen Li
    B. Kòmandman Kris La
    Ch. Rekonesans Pou Sali a
V. Kiyès Ki Responsab Pou Fè Misyon ?
VI. Metòd Pou Fè Misyon
    A. Chwazi Kote Pou Preche
    B. Predikasyon ak Lapriyè
    Ch. Pòl Te Etabli Legliz Lokal Yo (Endijèn)
        1. Gouvène-pwòp tèt
        2. Sipòte-pwòp tèt
        3. Miltipliye-pwòp tèt

I. Ki Misyon Legliz La ?

Nou jwenn objektif legliz la aklè nan Matye 28.19-20. Li gen de sans. Premyèman, legliz la dwe ansenye tout moun konsènan Kris la, epi ede yo gade lafwa nan Li. Apre yo dwe batize yo nan Kris la (Matye 28.19). Dezyèmman, legliz la dwe kontinye ansenye kwayan sa yo obeyisans jiskaske yo vin fò epi etabli nan Kris (Matye 28.20). Sa se sèl travay legliz la genyen – sèl rezon ki fè li egziste. Misyon li se mennen lèzòm bay Kris epi fòtifye yo nan imaj Kris la. Pwogram sa a se pou lemond antye. Lap kontinye toutotan gen yon grenn nanm pèdi. Alò, nou ka di ke evanjelize lemond se misyon legliz la.

II. Kisa Misyon Vle Di ?

Mo ki pi souvan itilize pou evanjelizasyon mondyal la se "misyon". Kisa nou vle di pa misyon ? Diksyonè a defini "misyon" kòm " voye, oswa deklarasyon ke yo voye yon moun, ak sèten pouvwa, pou fè kèk sèvis espesyal ; – yon apèl, espesyalman pou preche ak repann yon relijyon.» Mo «misyon» an pa nan Nouvo Testaman. Li soti nan mo laten mitto, «Mwen voye». Yon misyonè se yon «anvwaye» oswa «yon moun yo voye nan yon misyon». Li se sinonim «apot» (an grèk apostello, «mwen voye»). Mo «misyon» an se yon mo nouvo ki ititilze pou pi gran objektif legliz la – evanjelize lemond antye.

III. Krisyanis se Misyonè Pa Nati

Kesyon ke yo souvan poze, poukisa yo voye misyonè nan lòt peyi pandan yo deja gen relijyon pa yo ? Kisa ki jistifye ke voye dè milyon de dola ak dè milye de misyonè, pou konvèti moun lòt nasyon yo nan Krisyanis ? Li pa ta pi bon pou kite yo pou kont yo kote yo ye a epi pa deranje yo ak nouvo ansèyman sa a ? Si Krisyanis la se jis yon relijyon nan mitan anpil lòt relijyon epi si Kris la se yon Sovè nan mitan anpil lòt sovè, alò, pa gen rezon pou preche levanjil. Si sa se vre, lè sa a, ta gen lòt pòt sali ki ouvè pou yo.

Jistifikasyon pou fè misyon nan lemond se nati Krisyanis la nan limenm menm. Gen omwen de bagay enpòtan ki fè Krisyanis la yon misyonè. Reklamasyon li yo ak opinyon li sou limanite.

A. Krisyanis Reklame Li Se Sèl Vrè Relijyon
Reklamasyon sa a te mete l nan konfli ak Women yo nan premye syèk la epi sa kontinye kreye rankin nan mitan moun ki pa kwè yo jodi a. Women yo ta byen kontan ba yo yon plas nan mitan pil lòt relijyon ki te genyen nan anpi an, men yo te opoze pou ke se sèl yo ki pou domine lafwa kretyen an. Yo te endiye lòske yo te di tout lòt relijyon yo se fo relijyon.

Pa gen okenn dout ke Nouvo Testaman an reklame posesyon total mesaj li yo. Jewova pa yon Bondye ; Li se sèl Bondye ki genyen. Pòl di, «Nou konnen byen pwòp zidòl yo pa reprezante anyen ki vrè sou latè. Se yon sèl Bondye a ki genyen» (1 Korent 8.4). Jezikri pa yon sovè ; Li se sèl Sovè lemond. Pandan Pyè ap pale de Jezi, li te di, «pa gen non okenn lòt moun sou latè ki kapab delivre nou» (Travay 4.12). Se poutèt sa Krisyanis la se misyonè.

> Si levanjil la se sèl mesaj ki ka ofri moun lavi etènèl – alò, ki jan mwen ka rete ak bouch mwen fèmen ? Èske mwen ka kontan nan delivrans mwen an, lè mwen konnen ke gen lòt moun k ap mouri san delivrans sa ? Èske mwen pa ta dwe santi m menm jan Pòl te santi l lè li te ekri Women yo, « Se yon devwa… pou m anonse bon nouvèl la bay tout moun… » ? (Women 1.14-15)[1]

B. Vizyon Krisyanis Lan Sou Limanite Se Ke Tout Moun Fè Peche epi Yo Bezwen Sali Ki Nan Kris La.
Sali vle di sove, soti nan peche ak konsekans peche.

Te gen yon kwayans fèm ke peche te elwanye lemond antye de Bondye pandan li kòwonpi nati moun ki nan nou epi kondane nou a lanmò. « Tout moun peche » (Women 3.23) epi pèsòn pa ka sove tèt li de peche. Sèlman nan Kris la nou ka jwenn sali a. Kwayans sa a se te fòs ki te konvenk premye kretyen yo ale lwen lakay yo ak fanmi yo, pou fè fas a difikilte, pèsekisyon, ak lanmò pou pote mesaj sali a bay moun ki t ap mouri nan peche yo. De kwayans sa yo legliz la genyen an, fè Krisyanis la yon misyonè pa nati.

Ch. Kris, Tèt Legliz La, Te Pi Gwo Misyonè Nan Lemond. Yon twazyèm rezon pou fè misyon se egzanp Kris la. Jezi pa t sèlman anseye misyon, ak rekòmande pou fè misyon, men Li menm Li te pi gwo misyonè nan listwa. Jan te ekri, « Bondye te voye sèl pitit Li a sou latè pou l te ka ban nou lavi » (1 Jan 4.9). Alò, Jezikri te yon misyonè, yon « anvwaye. » Li te voye l soti nan syèl la vini sou latè ak yon objektif byen detèmine. Senyè a te di kisa objektif la te ye lè Li te di, « Moun Bondye voye nan lachè a vin chèche sa ki te pèdi pou l delivre yo » (Lik 19.10). Li te di ankò, « se pa pou fè volonte pa m mwen desann sot nan syèl la, men pou m fè volonte moun ki voye m lan » (Jan 6.38). Li te gen menm objektif ak nenpòt misyonè jodi a. Li te vini pou sove moun ki pèdi yo —« nou te mouri poutèt mechanste ak peche nou » (Efezyen 2.1). Lè nou fè travay misyonè jodi a, nou ap kontinye gwo pwogram ke Senyè nou an te kòmanse lè Li te kite syèl la epi vini sou latè pou l mete sali a disponib pou tout moun.

IV. Motif Pou Fè Misyon

Yon motif se yon bagay ki pouse yon moun aji. Li se yon fòs ki deplase oswa pouse yon moun fè yon bagay. Kisa ki motif apwopriye pou w ale kòm yon misyonè oswa voye lòt moun ? Gen anpil motif ki monte nan kè vrè kwayan an, men nou pral mansyone sèlman kèk ladan yo.

A. Yon Pwofon Konpreyansyon De Sa Nou Genyen Nan Kris La Epi konsyan ke Mond Dezespere Sa Bezwen L*i.* Lè yon nonm vrèman wè Kris la epi konprann sa Kris te fè pou li, li p ap janm ka gen kè kontan jiskaske li pataje Kris la ak lòt moun. Lè yon moun reyalize ke li pa ka viv san Kris la, Lè sa a, li p ap ka sipann panse ak lòt moun k ap viv san Li. Apre li fin goute nan dlo ki bay lavi a, li p ap ka neglijan, kanpe gade lòt moun k ap mouri paske yo pa jwenn dlo sa a. San manti, sa se youn nan pi gwo motif pou fè evanjelizasyon mondyal.

Si yon kretyen gade kwa mòn kalvè a jiskaske li rive konprann byen klè vrè sinifisaksyon sa Kris la te fè a, lè sa a, li p ap janm egoyis ak mesaj lanmou sa ki soti nan Kris la.

Sa a se sinifikasyon Jan 3.16 la. Paske, Bondye sitèlman renmen lèzòm Li bay sèl Pitit Li a pou yo. Tout moun ki va mete konfyans yo nan Li p ap pèdi lavi yo. Okontrè y a gen lavi ki p ap janm fini an (Women 5.6-8). Nou jodi a kòm pitit Bondye dwe kontinye rechèch sa a jiskaske nou rive jwenn chak frè nou yo ak pitit Bondye yo ki te pèdi epi pote yo retounen bay papa ki nan syèl la.

B. Kòmandman Kris. Jezi pa t sèlman ansenye epi fè misyon, Li te bay lòd pou fè l tou. Tout kat levanjil yo ak travay apot yo bay gran komisyon an sou yon fòm oswa yon lòt. Matye 28.18-20 di, « Jezi pwoche bò kote yo, Li di yo konsa : Mwen resevwa tout pouvwa nan syèl la ak sou tè a. Ale fè disip pou mwen nan tout nasyon, batize yo nan non Papa a, Pitit la ak Sentespri a. Montre yo pou yo obsève tou sa mwen te ban nou lòd fè. sonje sa byen : mwen la avèk nou toulejou, jouk sa kaba. » Mak repòte l nan yon fòm ki yon ti jan pi kout. « Epi Li di yo : Ale toupatou sou latè, anonse Bon Nouvèl la bay tout moun. Moun ki kwè epi ki resevwa batèm va sove. Men, moun ki pa kwè va kondannen » (Mak 16.15-16). Lik bay komisyon an nan pawòl sa yo, « Li di yo : Men sa ki te ekri : Kris la gen pou l soufri jouk Li mouri, men sou twa jou Li gen pou l soti vivan nan lanmò. Y a pran non l pou yo mache fè konnen mesaj la nan tout peyi, kòmanse lavil Jerizalèm, pou mande tout moun pou yo tounen vin jwenn Bondye pou yo ka resevwa padon peche yo » (Lik 24.46-47). Jan di nou ke lè Kris la te premye parèt devan disip Li yo apre rezirèksyon l Li te di, « Menm jan Papa a te voye m lan, se konsa mwen voye nou tou » (Jan 20.21). Epi nan Travay 1.8 nou gen yon lòt ekspresyon ki tradwi menm lòd la. « Men, lè Sentespri a va desann sou nou, n a resevwa yon pouvwa. Lè sa a, n a sèvi m temwen nan Jerizalèm, nan tout peyi Jide ak nan tout peyi Samari, jouk nan dènye bout latè. »

Pou yon moun ki pa janm rekonèt pouvwa siprèm Kris la, kòmandman Li yo pa gen okenn fòs pou li. Men, si yon moun ta soumèt li ak tout kè l anba otorite Kris la, se t ap pi gran plezi pou li pou l fè volonte l sensèman. Li t ap kontan paske li gen onè pou l yon anbasadè pou Kris la, k ap chèche rekonsilye lèzòm ak Bondye (2 Korent 5.18-20).

Kwayan ta dwe senpman obeyi lòd Senyè a pou moun li ye a : tèt legliz la, Senyè tout senyè yo ak Wa tout wa yo. Li ta dwe yon gran privilèj pou fè sa. De tout fason, gen yon motif jijman ki ajoute si yon moun pa obeyi. Anpil moun panse ke yo ka mennen yon vi Kretyen « avèk oswa san misyon ». Anpil lidè legliz yo pral senpman rejte sijè a ak deklarasyon sa, « Mwen pa kwè nan misyon ». Gen lòt ki pral neglije fè yon bagay ki gen rapò ak sa kòm si Kris la pa t janm pale de sa oswa pat janm bay yon lòd pou fè l.

Anpil kretyen pral rekile nan panse ke yon moun ka retire lòd pou fè batèm lan nan gran komisyon an, alò yo pral inyore volontèman pati kote Jezi di « ale nan tout lemond » (Mak 16.15). Menm Senyè ki te bay lòd pou fè batèm la, te bay lòd tou pou pote levanjil la nan tout mond lan. Lèzòm pa t jwenn privilèj pou obeyi yon pati nan lòd Senyè a epi pou l inyore rès la. Li fè sa pou pwòp malè li.

Nan 2 Korent 5.10, Pòl pale de prezantasyon li devan twòn jijman Kris la pou l rann kont sou lavi li. Apre li di, «mwen konnen sa ki rele gen krentif pou Bondye, se poutèt sa m ap chèche mennen lèzòm vin kwè nan sa m ap di» (v. 11). Pou Pòl, predikasyon levanjil la pa t yon senp kesyon de chwa. Senyè a te pale. Pliske li te konnen kisa kolè Senyè a ye pou moun ki pa obeyi yo, li te pè pou l pa t obeyi. Pi lwen Pòl klarifye santiman l lè li di, «Tande byen, se pa yon lwanj pou mwen dèske m ap anonse bon nouvèl la. Sa se yon obligasyon yo fè mwen. Malè pou mwen si m pa anonse bon nouvèl la !» (1 Korent 9.16). Jodi a, kretyen yo ta dwe repran krent sa a pou Bondye, pou yo evanjelize mond lan, oswa pou yo fè fas ak kòlè li nan jijman an.

Ch. Rekonesans Pou Sali a. Jounal yo te rapòte istwa yon nonm ki te fè yon maladi tèrib, yon doktè te geri l. Nan lide pou l fè santi lanmou l ak rekonesans li pou doktè a, li te lwe yon gwo pankat a kote yon gran wout. Sou pankat la, nan lèt majiskil, li mete non doktè a epi li rakonte istwa gerizon li an.

Pechè a ki te geri de maladi peche gras ak favè Bondye, pa ta dwe janm sispann di lemond ke gras ki sove a se nan Kris li ye, gran doktè nou an. Sa a ta dwe yon motif konvenkan pou fè misyon. Nou te sove pou n sove lòt yo. Pòl di, «Se yon devwa... Se poutèt sa, m anvi vin anonse bon nouvèl la» (Women 1.14-15).

V. Kiyès Ki Responsab Pou Fè Misyon ?

Jezi te bay apot yo gran komisyon sa a. Sepandan, obligasyon an pa t pou yo sèlman. Premye legliz la te konprann byen klè ke se te travay chak kwayan.

Filip te youn nan premye dyak yo, men li te vini yon predikatè efikas, pi devan yo te rele l "Filip evanjelis la" (Travay 21.8). Lè legliz la te gaye nan lavil Jerizalèm apre lanmò Etyèn, li di «Se poutèt sa, moun ki te gaye nan peyi a t ap anonse bon nouvèl la toupatou» (Travay 8.4). Se pa t apot yo, pliske yo te rete Jerizalèm (v. 1). Moun sa yo se te manm legliz la. Chak kwayan te yon predikatè nan vrè sans mo a. Nan Revelasyon 22.17 nou jwenn dènye gran komisyon Kris la te bay disip li yo. «Lespri Bondye a ansanm ak lamarye a di : Vini non. Se pou tout moun ki tande sa di tou : Vini non. Se pou tout moun ki swaf dlo vin bwè dlo. Se pou tout moun ki vle ti gout nan dlo ki bay lavi a vin resevwa l gratis.» Tout moun ki tande, nan sans kwè ak aksepte, imedyatman kòmanse rele lòt moun pou vin nan dlo ki bay lavi a.

Kiyès ki pou fè travay misyonè ? Chak kretyen endividyèlman ak legliz la kòm kò. Chak kretyen ta dwe santi de misyon diven sa yo ale epi voye. Li ta dwe ale premyeman kote moun ki nan pwòp katye l. Senyè a ka rele l tou pou l ale nan lòt peyi. Si li pa ale nan lòt peyi, lè sa a, li ta dwe fè plis jefò pou bay moun ki ale yo. Nan jijman Senyè a pa pral mande, "Kisa legliz ou te fè kòm misyon" ? Men, l ap mande, "Kisa ou te fè" ? Toutotan chak kwayan pa santi ke sa se responsablite pèsonèl li, yo p ap ganye monn la pou Kris.

> Senyè, ou te ban mwen yon konfyans,
> Yon dispansasyon ki wo epi sen,
> Pou rakonte mond lan, epi mwen dwe rakonte,
> Istwa gran delivrans la ;
> Ou te ka voye soti anwo nan syèl la
> Zanj ki anlè a, pou rakonte istwa,
> Men nan lanmou enfini ou,
> Ou transfere glwa a sou lèzòm.
>
> Se pou mwen rete fidèl ak konfyans mwen an,
> Pou m rakonte lemond istwa a ;
> Peze sou kè m malè a,
> Mete pye m yo an dife ;
> Se pou mwen rete fidèl ak konfyans mwen an,
> Epi itilize m pou glwa a.[2]

VI. Metòd Pou Fè Misyon

Lè nou di metòd pou fè misyon, imedyatman liv Travay apot yo vini nan lespri n. Nan liv sa a, Bondye bay legliz Li a tèks ki pi fen sou egzistans misyon. Yon ekriven pale de Travay kòm "Manyèl misyonè otorize nan legliz la."[3]

Anpil liv ki ekri sou metòd misyonè baze sou liv Travay apot yo. Fè mansyon kèk nan yo ap sifi pou etid sa a.

A. Chwazi Kote Pou Preche. Aparamman, Pòl pa t ekri plan konplè vwayay li nan yon ale men li te pito kite plas pou Sentespri a gide l. Sepandan, gen yon modèl pou Pòl chwazi kote pou l preche nan vwayaj li yo.

Chak fwa sa posib, Apot Pòl te suiv wout Women yo. Rezon an se paske sou wout sa yo te konn gen komès soti nan yon vil enpòtan ak yon lòt. Pòl te chwazi vil yo poutèt enpòtans estratejik yo pou komès, politik, oswa edikasyon. Pa egzanp, Antiòch nan peyi Siri, te gen yon popilasyon apeprè 500,000 moun. Li te twazyèm kapital nan mond Mediterane a epi li te syèj eritaj enperyal peyi Siri. Sa a se te yon kote ki apwopriye pou Pòl konsantre efò li akoz gwo enfliyans vil sa a te kapab genyen sou rès mond lan.

Lil Chip, menm si se te yon ti zile, te yon bon kote pou kòmanse evanjelizasyon an paske li konekte fasilman twa kontinan epi li te yon bon sant pou fè komès. Efèz te kapital komèsyal ak politik nan pwovens Azi a. Pòl te pase prèske twa lane la. Pòl t ap plante legliz la nan zòn santral, estratejik yo. Apre sa a, li kite legliz lokal la pou evanjelize zòn alantou yo.

B. Predikasyon Ak Lapriyè. Lè Pòl te chwazi yon chan pou travay, li te kòmanse etabli yon legliz nan preche ak ansenye (gade Travay 14.1 ; 17.1-3, 17 ; 18.5 ; 19.8-9). Pòl pa konn okenn fason pou moun ki pèdi yo sove eksepte atravè mwayen predikasyon an. Li te di Korent yo, «Bondye deside delivre tout moun ki kwè nan pawòl moun fou n ap anonse a» (1 Korent 1.21). Predikasyon sa a te esansyèl pou pwodui lafwa.

«Konsa, se lè ou tande mesaj la ou vin gen konfyans. Mesaj la, se pawòl Kris la y ap anonse» (Women 10.17). Nan Women 10.14 li eksprime bezwen nesesè pou preche jan l te ekri a, «Ki jan y a fè rele l, si yo poko gen konfyans nan Li ? Ki jan pou yo gen konfyans nan Li, si yo pa tande pale de Li ? Ki jan pou yo tande pale de Li, si pa gen pèsòn pou fè konnen mesaj la» ? Pou Pòl, predikasyon se mwayen Bondye chwazi pou mennen moun nan Kris epi etabli legliz yo.

Lapriyè se te yon lòt metòd prensipal Pòl te itilize. Atravè lèt li yo, li te mande frè kretyen li yo lapriyè pou li epi li te asire yo lap lapriyè pou yo. Li te mande pou lapriyè pou pwopagasyon levanjil la (2 Tesalonisyen 3.1) ; pou delivrans li anba gwo danje (2 Korent 1.10-11) ; pou ke kretyen Jwif yo nan lavil Jerizalèm ta ka aksepte ofrann moun lòt nasyon yo (Women 15.30-31) ; epi pou ke li ta ka jwenn opòtinite pou preche mesaj levanjil la (Kolosyen 4.3). Li te tou asire konvèti l yo ke li t ap lapriyè san rete pou yo (Filipyen 1.3-5).

Pòl te depann de lapriyè pèsonèl li kòm fòs ki t ap kondwi lavi l. Li te itilize lapriyè kòm yon metòd paske li te bay rezilta san fay pou avansman wayòm lan.

Ch. Pòl Te Etabli Legliz Lokal yo (Endijèn).
Endijèn vle di ke legliz la te gouvène-pwòp tèt li, sipòte pwòp tèt li, epi miltipliye pwòp tèt li.

1. Gouvène-pwòp tèt. Nan etid liv Travay la nou aprann ke Pòl pa t sipèvize legliz la pou anpil tan, li te sèlman nesesè pou devlope yon bon jan lidè. Se klè nan premye vwayaj misyonè li, Pòl ak Banabas te etabli legliz yo lavil Antiòch nan peyi Pisidi, Ikoniyòm, lavil List, ak lavil Dèb. Apre yo te retounen, yo konfime epi egzòte legliz yo, Lik te ekri, «Nan chak legliz, yo chwazi kèk chèf fanmi. Yo fè jèn, yo lapriyè. Apre sa, yo renmèt yo nan men Bondye, Senyè ki te gen tout konfyans yo a» (Travay 14.23). Nan Travay 20 nou note ke te gen ansyen nan legliz la nan lavil Efèz (gade Filipyen 1.1). Tit te bay enstriksyon pou mete yon gwoup ansyen alatèt legliz la nan chak vil nan lil Krèt (Tit 1.5). Lidè lokal sa yo te kontinye ansèyman ak sipèvize legliz la pandan Pòl te ale yon lòt kote.

2. Sipòte-pwòp tèt. Sipòte-pwòp tèt se te dezyèm prensip ke Pòl t ap swiv. Sipòte-pwòp tèt la vle di ke legliz la endividyèlman te pran swen pwòp bezwen finansye li yo. Gen egzanp ke yon legliz te pote asistans bay yon kongregasyon sè lè yo te nan bezwen. Pa egzanp, Antiòch te pote sekou bay Jerizalèm (Travay 11.27-30). Pòl te kolekte don byenfezans toupatou nan pwovens Lazi ak Lagrès pou moun pòv yo ki t ap sèvi Bondye nan peyi Jide (1 Korent 16.1-2 ; Women 15.31). Sepandan, pa gen okenn prèv ki montre yon legliz te resevwa lajan pou depans regilye l yo.

Pòl te enstwi legliz yo nan Galasi pou sipòte moun ki t ap ansenye yo Pawòl la. «Moun k ap resevwa bon nouvèl la fèt pou separe tout byen l yo ak moun k ap ba li l la – kontribiye nan sipò l yo» (Galat 6.6). Pòl ekri Timote pou di l, «Kanta chèf reskonsab yo k ap dirije legliz la byen, se pou yo resevwa yon lajan doub, sitou ansyen k ap bay tout tan yo pou bay pawòl la ak pou fè enstriksyon moun yo» (1 Timote 5.17). Jodi a, prensip sa a sipòte-pwòp tèt ou ta dwe resevwa bon jan atansyon. Se yon mal konsiderab lè yo fè legliz indijèn la depann de lajan misyonè pou egzistans li. Li ka fè premye kretyen yo pèdi kwasans espirityèl yo ak benediksyon ki soti nan viv pa lafwa. Li ka lakòz legliz la eskive responsablite li yo nan travay lokal la. Men, si yo byen ansenye yo ak ba yo responsablite nan pwòp zafè yo, yo pral reponn jeneralman yon fason ki merite felisite. Sètènman li te mache nan premye syèk la. Li ta dwe mache nan ventyèm lan.

3. Miltipliye-pwòp tèt. Prensip sa a depann an gwo de fason yo pratike lòt de premye yo. Paske lè yon legliz pa gouvène-pwòp tèt li ak sipòte-pwòp tèt li, li ra pou l repwodwi-pwòp tèt li. Jan nou ka wè nan Nouvo Testaman, prensip miltipliye-pwòp tèt ou a trè klè, pa egzanp, nan mitan frè Tesalonik yo. Pòl di, «Se pa sèlman nan Masedwan ak nan Lakayi, men se toupatou moun ap pale jan nou gen konfyans nan Bondye. Se sa ki fè, nou pa bezwen pale sou sa ankò » (1 Tesalonisyen 1.8). Nan majorite ka travayè lokal yo ka genyen pwòp pèp li yo pi vit pase yon etranje. Lòt reyalite enpòtan se ke lè Pòl te ansenye legliz sa yo pou yo te evanjelize moun ki bò kote yo, li te pran an kont chak kretyen nan travay ministè a, se pa t sèlman kèk travayè ke yo te peye. Prensip sa te ansenye legliz la tout antye pou evanjelize (Efezyen 4.11-12). Jodi a tou, prensip sa valab epi nesesè.

NÒT YO
1. Harold R. Cook, *An Introduction to the Study of Christian Missions* (Entwodiksyon pou etidye misyon kretyen) (Chicago :Moody, 1954), p. 23.
2. Quoted by Robert Hall Glover in *The Bible Basis of Missions* (Baz Biblik Misyon yo) (Los Angeles : Bible House of Los Angeles, 1946), p. 208.
3. Glover, *The Bible Basis of Missions* (Baz Biblik Misyon yo), p. 26.

KESYON – MISYON LEGLIZ LA

KONPLETE

1. Poukisa krisyanis se misyonè pa nati ?

   _____

   _____

   _____

2. Nan ki kalite vil Pòl te chwazi pou l plante nouvo legliz yo ?

   _____

   _____

Doktrin Kretyen

3. Kisa, pou ou, ki pi gwo motif pou w fè travay misyonè ?

   _____

   _____

4. Bay lis twa karakteristik yon legliz endijèn.

   a. _____

   b. _____

   ch._____

5. Ki jan-w t ap reponn objeksyon sa a : « gran komisyon an te sèlman pou apot yo . Mwen pa responsab pou li. »

   _____

   _____

   _____

   _____

DEFINI MO SA YO

1. Misyonè –

2. Endijèn –

3. Misyon –

4. Motif –

5. Komisyon –

KESYON REVIZYON

1. Nan ki pasaj misyon legliz la deklare aklè ? Aprann pa kè pasaj sa a.

2. Kisa ki doub misyon legliz la ?

3. Kisa ki sèl travay legliz la - sèl objektif ki fè li egziste ?

4. Kisa ou fè kounye a pou akonpli misyon legliz la ? Kisa ou ta renmen fè nan tan k ap vini an ?

5. Ki mo ki itilize pi souvan pou «evanjelizasyon mondyal» ? Kisa mo sa vle di ?

6. Mo « misyon » soti nan mo laten, _____. Kisa mo laten sa vle di ?

7. Kisa yon misyonè ye ?

8. Mo « apot » soti nan mo grèk, _____, ki vle di _____ _____.

9. Ki de pi gwo bagay ki fè Krisyanis se misyonè pa nati ?

10. Diskite sou plizyè pasaj ki sipòte deklarasyon sa, «Krisyanis reklame tèt li sèl vrè relijyon».

11. Èske ou ka rejwi nan delivrans ou lè-w konnen ke lòt moun ap mouri san yo pa jwenn menm delivrans sa ? Eksplike.

12. Aprann pa kè Women 3.23 ak 6.23. Diskite sou kisa vèsè sa yo anseye sou peche, konsekans li yo, ak espwa pou jwen sali nan Jezikri.

13. Ki moun ki te pi gran misyonè nan mond lan ? Fè lis plizyè pasaj ki sipòte repons ou an epi diskite yo.

14. Aprann pa kè 1 Jan 4.9 ak Lik 19.10

15. Bay lis twa motif pou fè misyon.

MISYON LEGLIZ LA

16. « Lè yon nonm vrèman wè _____ epi konprann sa li te _____ pou li, li p ap janm ka gen _____ jiskaske li _____ Kris la ak _____ _____ . »

17. Fè lis plizyè moun ou ta renmen wè vini kretyen, epi lapriyè pou Bondye ka itilize-w pou mennen yo jwenn sali nan Jezi Kris.

18. « Si yon kretyen gade _____ mòn _____ _____ jiskaske li rive konprann byen klè vrè siyifisaksyon sa _____ la te fè a, lè sa a, li p ap janm _____ ak mesaj _____ sa ki soti nan _____ . »

19. Vrè oubyen fo « Nan yon fòm oswa yon lòt tout kat levanjil yo ak Travay apot yo pale de gran komisyon an. »

20. Aprann pa kè Matye 28.18-20 epi rezime mesaj li bay yo.

21. Aprann pa kè Mak 16.15-16 epi diskite kisa li ansenye sou misyon mondyal.

22. Aprann pa kè Lik 24.46-47 epi di ki mesaj yo dwe pwoklame nan tout mond lan.

23. Aprann pa kè Jan 20.21 epi eksplike kòman ou ka aplike vèsè sa pou tèt ou.

24. Aprann pa kè Travay 1.8 epi bay lis peyi kote bon nouvèl la te dwe pwoklame.

25. Selon 2 Korent 5.18-20, kisa « ministè rekonsilyasyon » an ye epi kijan nou se « anbasadè Kris la » ?

26. « Kwayan ta dwe obeyi lòd Senyè a senpman pou _____ _____ _____ : _____ legliz la, _____ tout _____ ak _____ tout _____ . »

27. Èske misyon kapab separe de krisyanis ? Eksplike.

28. Kòman jijman an ki gen pou vini an enspire kretyen yo pou obeyi kòmandman Kris la, ki se pwoklame bon nouvèl la nan tout mond lan ?

29. Ki jan rekonesans yon moun pou sali a k ap sèvi yon sous enspirasyon pou pwoklame mesaj Jezi a nan tout mond lan ?

30. Selon Women 1.14-15, poukisa Pòl te anvi preche levanjil la ? Èske-w pataje dezi Pòl la pou pale lòt moun de Jezi ?

31. Vrè oubyen fo « Gran komisyon an te sèlman pou Apot yo. »

32. Diskite sou plizyè egzanp nan liv Travay la ki pwouve ke te gen lòt moun apre douz Apot yo ki te enplike nan pwoklamasyon bon nouvèl la.

33. Ki kote nou ka jwenn dènye gran komisyon Kris la te bay disip Li yo ? Ki jan ou ka aplike vèsè sa a pou tèt ou ?

34. Ki moun ki ka fè travay misyonè ?

35. « Toutotan _____ kwayan pa santi ke sa se responsablite _____ li, yo pap _____ _____ la pou Kris la. »

36. Ki jan ou ka al konvenk yon lòt kretyen ke li responsab tou pou pale lòt moun de Jezi ?

37. Nan ki sans liv Travay la se "Manyèl Misyonè otorize" nan legliz la ?

38. Ki twa metòd misyonè prensipal nou jwenn nan liv Travay yo ke yo diskite nan leson sa a ?

39. Diskite sou modèl Pòl te itilize pou chwazi kote pou l fè predikasyon nan vwayaj misyonè l yo.

40. Poukisa anonse bon nouvèl la esansyèl pou kòmanse nouvo legliz yo ?

41. Aprann pa kè Women 10.17 epi diskite sou fason predikasyon pawòl la konekte ak kwayans / lafwa.

42. Aprann pa kè Women 10.14-15 epi diskite poukisa li esansyèl pou voye predikatè nan tout mond lan pou pwoklame bon nouvèl la.

43. Vrè oubyen fo « Pou Pòl, predikasyon se mwayen Bondye chwazi pou mennen moun bay Kris epi etabli legliz yo. »

44. Diskite sou wòl lapriyè te jwe nan ministè Pòl.

45. Ki jan legliz endijèn lan diferan de yon misyon ki te sipòte ak èd ki soti deyò epi ki te dirije pa lidè etranje yo ?

46. Kisa mo « gouvène-pwòp tèt » vle di ?

47. Ki prèv nou jwenn nan liv Travay la ki montre ke Pòl te espere ke tout nouvo legliz yo te dwe gouvène pwòp tèt yo ?

48. Eksplike mo « sipòte-pwòp tèt. »

49. Ki kèk danje ki ka rive lè yo fè legliz lokal yo depann de lajan misyonè etranje yo pou egzistans yo ?

50. Kisa mo « miltipliye-pwòp tèt » vle di ?

51. « Paske lè yon legliz pa _____-_____ ak _____-_____ li ra pou l _____-_____. »

52. Fè lis epi diskite plizyè vèsè ki ansenye n ke legliz nan Nouvo Testaman an te miltipliye-pwòp tèt yo.

53. Selon Efezyen 4.11-12, poukisa Bondye bay minis nan legliz yo ?

54. Ki pi gran leson ou te aprann sou misyon legliz la epi kijan ou ka vin patisipe plis nan travay legliz la ?

LESON 13
RETOU SENYÈ A

I. Sètitid Retou Li a
  A. Kèk Moun Doute Retou Li a
  B. Prèv Retou Li a
    1. Pwomès Jezi Menm
    2. Temwayaj Zanj yo
    3. Temwayaj Apot yo
    4. Prèv ki Soti Nan Egzanp
    5. Temwen Soupe Senyè a
II. Fason Retou li a ap Fèt
  A. Vizib
  B. Avèk Nyaj yo
  Ch. Nan Laglwa Avèk Zanj yo
  D. Nan Twoub Lanati Fizik
III. Lè Retou Li a
IV. Reyaksyon Kretyen yo Fas ak Retou Li a
  A. Separasyon ak Lemond
  B. Sentete Pèsonel
    1. Senserite
    2. Moderasyon
    3. Bon Kè
    4. Pasyans
    5. Fidelite
  Ch. Vijilans
  D. Travay

Pa gen okenn laverite nan Bib la ki pi enpòtan pase retou Senyè nou an sou latè. Premye fwa Li te vini an se pou l te pote sali a pou lèzòm. Dezyèm fwa lap vini an Li pral resevwa moun ki te jwenn sali a atravè lafwa ak obeyisans (Ebre 9.28).

Enpòtans doktrin sa a baze sou atansyon ak aksan yo mete sou dezyèm fwa l ap vini an nan Pawòl Bondye a. Yon moun te estime ke yon senkyèm nan tout Nouvo Testaman an konsène dirèkteman retou Senyè a. Kat nan parabòl Jezi yo ansenye retou a. Nan premye lèt pou moun Tesalonik yo nou jwen yon demonstrasyon ki mete aksan sou retou a. Pòl konkli chak chapit yo ak yon referans sou retou Senyè a (1 Tesalonisyen 1.10 ; 2.19 ; 3.13 ; 4.15-18 ; 5.23). Pòl te tèlman fè referans ak li, yo te konkli ke dezyèm fwa l ap vini an te tou prè. Li te ekri 2 Tesalonisyen yo pou l korije pwentvi sa a ke moun yo te genyen an.

Yon moun pa ka li Nouvo Testaman an san yo pa detekte plas enpòtan doktrin sa a te okipe nan panse premye legliz la.

I. Sètitid Retou Li a

A. Kèk Moun Doute de Retou Li a. Pa gen okenn ansèyman nan Nouvo Testaman an ki pi klè pase Kris la ap retounen. Sa a se pi gwo atant pou tout vrè kretyen yo. Men, gen kèk moun ki pa kwè ke l ap retounen an pèsòn ankò sou tè a. Pyè te predi ke t ap gen moun sa yo sou tè a. Apot la te di, « lè dènye jou yo va rive, gen moun ki pou parèt ka pral pase bagay Bondye yo anba rizib. Se moun k ap viv daprè tout vye lanvi yo genyen. Y a di : Kote pwomès Li te fè nou an ? Li pa t di Li t ap vini ? Depi sou tan zansèt nou yo ki mouri, tout bagay rete menm jan yo te ye a lè latè te fèk kreye » (2 Pyè 3.3b-4).

Paske Senyè a retade retou Li a, anpil moun te konkli ke li p ap vini. Sèvitè malonèt la te fè menm vye konklizyon an sa ki t ap pral koze lapenn etènèl li nan parabòl Jezi te bay nan Matye 24.45-51.

Anplis de moun ki rejte retou pèsonèl Kris la gen lòt moun ki eseye eksplike li nan lòt fason. Yon gwoup lidè relijye kwè ke jan levanjil Kris la rive jwenn anpil moun, nan sans sa a se akonplisman retou Li te pwomèt la. Jan yo wè l la, sèl retou Kris la, se lè Li vini nan kè chak moun. Sa a, se pa ansèyman Nouvo Testaman an.

Yon lòt gwoup ensiste ke Jezi te vini nan yon sans espirityèl nan 1914. Bib la ansenye ke Kris la te retounen sou fòm lespri Bondye jou lapannkòt la (Travay 2). Jezi te di apot Li yo, « Sonje sa byen : mwen la avèk nou toulejou, jouk sa kaba » (Matye 28.20). Jezi te di tou, « Moun ki menmen m, se li menm ki va fè tou sa m di l fè. Papa m va renmen l tou. Papa m va vin jwenn li ansanm avè m, n a viv nan li » (Jan 14.23). Kris te avèk legliz Li a tout tan, nan sans espirityèl. Dezyèm fwa lap vini an jan Bib la ansenye l la, l ap vini an pèsòn, l ap vizib.

B. Prèv Retou Li a. Pa manke prèv ke Jezi ap vini sou latè ankò. Ebre 10.37 di, « Moun ki gen pou vini an ap vini. Li p ap pran reta ankò » (italik ajoute). Pwofesi sou dezyèm fwa lap vini an te fèt avan menm pwofesi ki te anonse Li gen pou l vini premye fwa, paske Danyèl te pwofetize l nan Ansyen Testaman. « Nan menm vizyon mwen t ap fè lannwit lan, mwen wè yon fòm ki te sanble ak yon moun. Li t ap vini sou tèt nwaj yo nan syèl la. Li pwoche bò granmoun ki te la depi nan kòmansman an. Yo prezante l ba li » (Danyèl 7.13). Referans sou evènman sa nan Ansyen Testaman pa anpil epi y'on ti jan pa two klè. Li rete ak Nouvo Testaman an pou klarifye gran evènman sa a. Men prèv ke l ap vini yon dezyèm fwa :

1. Pwomès Jezi Menm. Li te di Sanedren an, « m ap di nou sa, depi jòdi a n a wè m, mwen menm, Moun Bondye voye nan lachè a, chita sou bò dwat Bondye ki gen pouvwa a, n a wè m ap vini sou nwaj yo nan syèl

77

la» (Matye 26.64). Nan moman avan yo, Jezi te fè disip Li yo menm pwomès sa, Li te di, «Lè sa a, n a wè siy nan syèl la k ap fè nou konnen Moun Bondye voye nan lachè a ap tounen. Lè sa a, tout nasyon ki sou latè va pran kriye. Y a wè Moun Bondye voye nan lachè a ap vini anwo nwaj yo nan syèl la, avèk pouvwa, nan mitan yon bann bèl bagay» (Matye 24.30). Nan Jan 14.3 nou jwenn pwomès Li yo pi renmen an, «Lè m a fin pare plas la pou nou, m a tounen vin chache nou. Konsa, kote m ye a, se la n a ye tou» Anpil lane apre Jezi te retounen nan syèl la, Li te konfime nouvèl ankourajan sa ak latè atravè plim apot Jan, «Koute, m ap vin talè konsa. M ap pote rekonpans m ap bay la avè m, pou m bay chak moun sa yo merite daprè sa yo fè» (Revelasyon 22.12). Dènye mesaj Bib la se, «Moun ki garanti verite tout pawòl sa yo di : Wi, m ap vin talè konsa ! Amèn. Vini non, Senyè Jezi ! » (Revelasyon 22.20). Jezi te di, «Syèl la ak tout tè a va pase, men pawòl mwen p ap janm pase» (Matye 24.35). Jezi te di ke l ap vini ankò. Nou ka asire-w ke Kris la ap kenbe pawòl Li.

2. Temwanyaj Zanj yo. Kòm apot yo te kanpe sou mòn Oliv la ap gade Senyè byenneme yo a k ap monte nan syèl la, toudenkou lespri yo te retounen sou latè pandan de moun te parèt devan yo – aparamman se te zanj – abiye ak rad blan, ki te di, « Nou menm, moun Galile, poukisa nou rete la ap gade syèl la konsa ? Jezi sa a ki fèk sot nan mitan nou an pou moute nan syèl la, Li gen pou l tounen menm jan nou wè l moute nan syèl la» (Travay 1.11). Labib di nou ke zanj yo ap akonpaye Li nan retou Li. Sètènman yo ta dwe konnen kichoy sou Li epi temwayaj yo a fyab.

3. Temwanyaj Apot yo. Apot Pyè trè kategorik sou kesyon retou Senyè a jan li defann pozisyon l devan moun ki nye l yo (2 Pyè 3.1-14). Pyè di nou ke Senyè a pa an reta konsènan pwomès Li ap retounen an men Li gen pasyans, Li pa vle okenn moun peri men Li vle ke yo tout vini a la repantans. Apre sa, li di, «Men, jou Senyè a ap vini sou nou tankou yon vòlè nan mitan lannwit. Lè sa a, syèl la pral disparèt ak yon gwo gwo bri. Tout bagay pral pran dife, y ap fonn nèt. Latè ak dènye bagay ki ladan l va boule, y ap tounen sann » (2 Pyè 3.10 ; gade tou Travay 3.19-21 ; 1 Pyè 1.3-13 ; 4.12-13 ; 5.4).

Jan ajoute vwa li ak anpil temwen retou Kris la lè li di, « Gade. Men Kris la ap vini sou tèt nwaj yo ! Tout moun pral wè l, menm moun ki te pèse l yo. Tout pèp sou latè pral kriye lè y a wè Li. Wi, se konsa sa pral pase. Amèn» (Revelasyon 1.7). Anplis li egzote kretyen yo «Wi, pitit mwen yo, ann toujou fè yonn ak Kris la. Konsa, lè Kris la va parèt, n a gen konfyans. Wi, jou la vini an, nou p ap wont devan l, yo p ap kapab voye nou jete byen lwen Li» (1 Jan 2.28). Jan revele tou yon panse mèveye lè li di, «zanmi m yo, kounye a nou se pitit Bondye. Nou poko konnen egzakteman sa nou pral tounen. Men, nou konnen lè Kris la va parèt nou pral tounen tankou l, paske nou pral wè l jan l ye a » (1 Jan 3.2).

Apot Pòl, te ansenye epi li te kontan pou retou Senyè a plis pase lòt apot yo. Pòl te toujou dirije lespri moun ki ap li mesaj li yo vè aparisyon gloriye Senyè Jezi Kris ki se yon "espwa beni". Pòl te di, «Nou menm nou konn sa byen : Jou Senyè a gen pou l vin sou nou tankou yon vòlè k ap vin nan mitan lannwit» (1 Tesalonisyen 5.2). «Lè sa a, n a tande yon gwo lòd pase, n a tande vwa chèf zanj lan ansanm ak kout klewon Bondye a» (4.16). «Tout moun gen pou mouri yon sèl fwa, apre sa, Bondye gen pou jije yo. Konsa tou, Kris la ofri tèt Li pou Li mouri yon sèl fwa pou wete peche anpil moun. Li gen pou l parèt yon dezyèm fwa. Men, lè sa a, se p ap pou wete peche, men pou delivre tout moun k ap tann Li yo» (Ebre 9.27-28 ; gade tou Travay 17.30-31 ; Women 2.16 ; 8.16-25 ; 13.11 ; 1 Korent 1.7 ; 4.5 ; 11.26 ; 15.23, 50-52 ; Filipyen 2.16 ; 3.20 ; Kolosyen 3.1-4 ; 1 Tesalonisyen 1.9-10 ; 2.19 ; 3.11-13 ; 2 Tesalonisyen 1.7-12 ; 2.1-10 ; 2 Timote 4.6-8 ; Tit 2.13 ; Revelasyon 6.12-17 ; 14.14-15 ; 16.15-21 ; 20.7-15).

4. Prèv ki Soti nan Egzanp. Bondye ranpli Ansyen Testaman ak lonbraj oswa refleksyon fèb de evènman ak enstitisyon ki va parèt nan Nouvo Testaman an. Desen sa yo rele egzanp. Nou jwenn anpil nan egzanp sa yo nan Tant Randevou a. Arawon, premye gran prèt Tant Randevou a, te yon egzanp Kris la, ki se Gran Prèt nou an (Ebre 4.14). Yon fwa pa lane nan jou sakrifis pou wete peche a, Arawon ta antre nan Plas Sen ki pi Sen an ak san bèt yo, pou fè sakrifis pou wete peche pèp Izrayèl la. Apre sa, li ta tounen vin jwenn pèp la epi pwononse yon benediksyon sou yo avèk asirans ke peche yo te wete a lèd sakrifis bèt ki te fèt sou fotèy mizèrikòd la (gade resansman 6.24-26).

Gran Prèt nou an pa t fè yon sakrifis pou wete peche pou nou devan yon fotèy mizerikekòd isit sou latè men Li te antre «nan syèl la menm, kote Li kanpe kounye a devan Bondye pou nou» (Ebre 9.24). Kris te ofri tèt Li kòm yon sakrifis pou wete peche, kounye a tann dezyèm fwa l ap vini sou late a pou rachte moun ki pou Li yo. Otè liv Ebre a deklare l konsa, «Konsa tou, Kris la ofri tèt Li pou Li mouri yon sèl fwa pou wete peche anpil moun. Li gen pou l vini yon dezyèm fwa. Men, lè sa a, se p ap pou wete peche nou, se va pou delivre tout moun k ap tann Li yo» (Ebre 9.28). Depi Kris la te akonpli premye pati nan egzanp sa a, nou sèten ke Li pral konplete dezyèm pati a.

5. Temwen Soupe Senyè a. Nòmalman nou panse a Soupe Senyè a tankou yon bagay ki raple nou bwa kalvè. Menm jan ak kwa a, Soupe Senyè a tou endike de direksyon. Li se siy Bondye ki raple nou bwa kalvè a epi avize retou Senyè a alavni. Pòl te di moun Korent yo, «Chak fwa n ap manje pen sa a, chak fwa n ap bwè nan gode sa a, se lanmò Kris la n ap anonse jouk jou Senyè a gen pou l vini an» (1 Korent 11.26). Chak jou Senyè a, kòm kretyen an medite sou bwa kalvè ak lanmou Bondye jan nou wè l nan sakrifis Kris la, li ta dwe tou gade pou l wè delivrans konplè li lè Kris la vini ankò. Chak semèn, sen Bondye yo ta dwe raple tèt yo ke yo a yon semèn pi pre retou Senyè a. Sa a ta dwe yon kè kontan ak yon fòs pou kenbe yo fidèl jiska lafen. Panse sa ta dwe reveye nan yon moun konbyen tan kout e yo bezwen serye nan jefò y ap fè pou sove manm pèdi.

Avèk tout asirans sa yo ke Jezi ap vini ankò, nou ka repoze nanm nou avèk apot Pyè ki te di, « Paske, lè m t ap fè nou konnen jan Jezikri, Senyè nou an, te vini avèk pouvwa li, se pa t istwa moun envante nan tèt yo mwen t ap rakonte nou. Men, se paske mwen menm, mwen te wè Senyè a nan tout pouvwa li ak je pa mwen » (2 Pyè 1.16). Epi bay atansyon ak konsèy li lè li di, « Se poutèt sa, konnen byen sa nou pral fè. Mete tèt nou an plas. Mete tout espwa nou nan benediksyon nou pral resevwa lè Jezikri va parèt » (1 Pyè 1.13).

II. Fason Retou li ap Fèt

Labib bay tou anpil detay sou fason retou Senyè a ap fèt. Men kèk deskripsyon sou retou li a.

A. Visib. Zanj yo te di apot yo, « Jezi sa a ki fèk sot nan mitan nou an pou moute nan syèl la, li gen pou l tounen menm jan nou wè l moute nan syèl la » (Travay 1.11, italik ajoute). Yo te kanpe sou mòn Oliv la ap pale ak li. Pandan l te leve men li pou beni yo, pye l te pèdi tè a epi li te kòmanse monte nan syèl la. Pandan ke li t ap monte pi wo, yon nwaj klere te resevwa l je yo pa t wè l ankò (Lik 24.50-51 ; Travay 1.9). Apot yo t ap pale ak li, epi yo wè l pati epi ale nan syèl la. Yo kontinye gade toutotan ke yo te ka wè li. Labib di ke li ap vini ankò nan menm fason an. Revelasyon 1.7 di, « Gade. Men Kris la ap vini sou tèt nwaj yo ! Tout moun pral wè l, menm moun ki te pèse l yo… » Yon moun pa pral bezwen devine sou retou li. Jezi te di, « Menm jan zèklè a fè yan, li klere tout syèl la depi bò solèy leve jouk bò solèy kouche, se konsa Moun Bondye voye nan lachè a gen pou l vini » (Matye 24.27). Moun k ap viv sou tè a pral wè li !

B. Avèk Nwaj yo. Nwaj te toujou gen yon plas espesyal nan travay delivrans Bondye. Bondye te desann sou mòn Sinayi nan yon nwaj (Egzòd 24.16). Li te desann tou sou mòn kote yo chanje ak ekla (transfigirasyon) nan yon nwaj (Matye 17.5). Nan lajounen yon nwaj te dirije pèp Izrayèl la nan dezè a ak yon kolòn dife nan mitan lannwit (Egzòd 13.21). Sòm 104.3 pale de Bondye ki « fè nyaj yo cha li » Jezi te ale nan yon nwaj. Li pral retounen sou youn. « Y a wè Moun Bondye voye nan lachè a ap vini anwo nwaj yo nan syèl la, avèk pouvwa, nan mitan yon bann bèl bagay » (Matye 24.30). Yon nonm te di ke chak fwa li te wè yon nwaj byen klere nan syèl la, san li pa rann li kont li te kòmanse chache figi mèt li a ladan. Nwaj yo ta dwe yon rapèl silansye ke Jezi ap vini ankò.

Ch. Nan Laglwa Avèk Zanj yo. « Lè Moun Bondye voye nan lachè a va vini nan tout bèl pouvwa li ak tout zanj li yo, la chita sou fotèy li ak tout bèl pouvwa li » (Matye 25.31). Lè Jezi pral vini ankò se pral yon mach triyonfan yon wa ki gen viktwa. « Lè sa a, n a tande yon gwo lòd pase, n a tande vwa chèf zanj lan ansanm ak kout klewon Bondye a : epi Senyè a menm va desann sot nan syèl la. Moun ki te mete konfyans yo nan Kris la lè yo te mouri, se yo ki va leve soti vivan an premye » (1 Tesalonisyen 4.16). 2 Tesalonisyen 1.7 di, « Kanta pou nou menm k ap soufri kounye a, la ban nou repo ansanm avè m lè Jezi va parèt nan syèl la avèk zanj Li yo ki gen pouvwa. » Jezi te vin premye fwa a kòm yon bebe nan Betleyèm. Li te vini tou dousman epi majorite moun sou latè pa t obsève si Li la. Dezyèm fwa Li pral vini an se ap yon wa epi tout latè pral konnen sa. Premye fwa Li te vini nan imilite, dezyèm fwa Li pral vini nan laglwa. Li pral akonpanye ak tout lame nan syèl la. Rantre Li nan lavil Jerizalèm sou bourik la te rele « Antre Triyonfal ». Dezyèm fwa l ap vini an se pral vrèman « lòt antre Triyonfal » Senyè a sou tè sa a.

Pòl di nou ke Jezi ap desann sot nan syèl la avèk yon « vwa » (1 Tesalonisyen 4.16). Sa tradwi « yon vwa lòd » « yon gwo kri ki gen manda » (ogmante) ; oswa « yon lòd byen fò. » Kisa vwa sa a oswa kri sa ye egzakteman, nou pa konnen. Gen kèk moun ki panse ke se vwa lame ki nan syèl la k ap vini avèk Jezi. Pasaj sa a di tou ke pral gen "vwa akanj la" oswa "apèl akanj la". Akanj lan ka rele konpayi moun ki rachte yo pou yo ini yo ak redanmtè yo a (Matye 24.31). Evidamman, sa fè referans ak moun k ap vivan lè Jezi retounen.

Pòl deklare ke klewon Bondye a pral anonse retou Kris. Pòl rele li « dènye kout klewon » epi li ajoute, « Paske, lè klewon an va sonnen, moun ki te mouri deja yo pral leve soti vivan ak yon kò ki san defo, epi nou menm ki va vivan toujou nou pral chanje » (1 Korent 15.52). Kòm vwa akanj la rele moun ki vivan yo, twonpèt la ka itilize pou leve sen yo soti nan mitan mò yo (gade Jan 5.28-29). Yo pral rejwenn ansanm nan nwaj yo "pou y al rankontre Senyè a anwo a. Konsa, nou tout n ap toujou ansanm ak Senyè a » (1 Tesalonisyen 4.17).

D. Nan Twoub Lanati Fizik. Tè a li menm va reyaji ak retou Kreyatè li a. Jezi te di, « Kou jou lafliksyon sa yo fin pase, solèy la p ap klere ankò, lalin lan p ap bay limyè l ankò, zetwal yo va soti tonbe nan syèl la. Pouvwa yo ki nan syèl la va pran tranble. Lè sa a, na wè siy Moun Bondye voye nan lachè a pral parèt nan syèl la… » (Matye 24.29). Women 8.19-22 dekri ke lanati ap tann avèk anvi kilè li pral libere anba esklavaj k ap gate l la, pou l al jwi yon nouvo libète. Pa gen dout ke sa ap reyalize nan nouvo tè Pyè mansyone nan (2 Pyè. 3.13).

III. Lè Retou Li a

Depi jou ke Kris te monte al jwenn Papa a, lèzòm t ap kesyone tèt yo sou lè retou Li a. Kretyen Tesalonik yo te asire yo ke Li ta vini pandan yo te vivan, sanble kèk nan yo te kite travay yo (2 Tesalonisyen 2–3). William Miller te fikse dat pou retou Li a pou 1843. Charles T. Russell te di ke li ta dwe an 1914. Dènyèman, Edgar C. Whisenant te ekri avèk konfyans « 88 Rezon ki fè ke retou an pral fèt an 1988. » Li klè tout dat sa yo te nan erè. Kèk lane de sa yon asistan espesyal nan biwo jeneral lapòs, nan Washington, Ozetazini, te resevwa yon apèl ki mande l fè sikile yon koupon lapòs pou komemore dezyèm fwa Kris la ap vini an. Demand dwòl sa te fè l sezi. Sepandan, li te reponn : « Si ou ka di m ki kote ak dat egzak la, mwen ap prè ak tout bagay nèt » Moun ki te rele a te rakwoche.

Lè jounal yo te pibliye sak te pase a, depatman biwo lapòs la te resevwa yon douzèn lèt ke moun ki te li jounal la te voye yo te di yo konnen lè a ak ki kote l ap fèt. Sepandan, koupon an pa t janm sikile paske dat yo te varye ant jiyè 1961 ak lane 2061 !

Labib trè klè sou sètitid retou Li a. Sèl bagay ki pa devwale se dat retou Li a. Senyè a rezoud kesyon ki kote ak ki dat la lè Li te di : « Pèsòn pa konnen ni ki jou ni ki lè bagay sa yo ap rive, pa menm zanj yo ki nan syèl la, pa menm Pitit la. Sèl Papa a konn sa » (Mak 13.32). Si zanj yo pa konnen, ni Pitit la, se sèten ke okenn moun pa konnen. Jezi te di apot yo, « Nou pa bezwen konnen ki jou ni ki lè sa va fèt. Se Papa a ki fikse dat la Li menm, pou kont Li » (Travay 1.7). Tout sa lèzòm bezwen konnen se ki jan yo dwe pare yo pou retou Senyè a.

IV. Reyaksyon Kretyen yo Fas ak Retou Li a

Nan sans sètitid retou Kris la, kesyon yo ta dwe poze an se : Kisa ki ta dwe reyaksyon kretyen an nan sa a ? Li klè ke si yon moun kwè onètman doktrin sa a, li pral gen yon efè pwisan sou lavi l ak panse l. San dout rezon ki fè anpil moun deklare ke yo kwè men yo toujou rete endiferan, an reyalite se paske yo pa kwè li. Labib ansenye ke si yo kwè vrèman nan doktrin sa a l ap pwodui anpil chanjman pozitif nan lavi kretyen an. Men kèk nan yo :

A. Separasyon ak Lemond. Pòl egzòte Tit ke Levanjil Kris la ansenye a se « pou nou kite move lavi nou t ap mennen an ansanm ak tout move lanvi ki nan lemond, pou nou ka mennen yon lòt lavi ki kontwole, ki dwat, ki devwe pou Bondye pandan nou sou latè a. Se konsa Li montre nou pou nou viv pandan n ap tann benediksyon Li te pwomèt nou yo, lè bèl pouvwa Jezikri, Bondye nou ak Delivrans nou, va parèt » (Tit 2.12-13). Pyè fè menm egzòtasyon an lè li di nan 2 Pyè 3.11, « Si tout bagay gen pou disparèt konsa, nou pa bezwen mande ki kalite moun nou dwe ye : Se pou nou sèvi Bondye, se pou nou viv pou Li ase... » Jan di prèske menm bagay la nan 1 Jan 2.15-17. Lè li te pale de dezyèm fwa Kris la ap vini an « Lemond ap pase, ansanm ak tou sa moun jwenn ladan l yo ta vle genyen » li di kretyen yo, « Pa renmen lemond, ni anyen ki soti nan lemond. »

Sa a se yon repons bon sans pou doktrin retou an. Si « latè ak dènye bagay ki ladan l va boule, y ap tounen sann » (2 Pyè 3.10b), li klè ke moun pa ta dwe atache a sa Bondye mete sou kote pou destriksyon.

Se poutèt sa, nou gen lòd pou nou konsidere mond lan kòm anba kondanasyon diven, epi separe tèt nou klèman ak li. Moun ki pridan an byen kontwole yon gwo kay ki kondane, paske li konnen li se yon danje. Se konsa, pèp Bondye a ta dwe separe tèt li ak mond peche sa. Yo konnen ke kòlè Bondye sou li, epi yo te enfòme davans ke li mete sou kote pou destriksyon nan retou Kris la. "Sonje madanm Lòt" (Lik 17.20-37).[1]

B. Sentete Pèson el. Pyè di, « Se poutèt sa, Frè m yo, pandan n ap tann bagay sa yo, ann fè sa nou kapab pou Bondye ka jwenn nou ap viv ak kè poze, san okenn fòt, ni okenn defo » (2 Pyè 3.14). Jan rezone nan menm prensip la lè li di, « Mezanmi, kounye a nou se pitit Bondye. Nou poko konnen egzakteman sa nou pral tounen. Men, nou konnen lè Kris la va parèt nou pral tounen tankou l, paske nou pral wè l jan l ye a » (1 John 3.2). Kòm aplikasyon pratik espwa sa a, li remake : « Tout moun ki gen espwa sa a nan kè yo ap kenbe kò yo pou yo pa fè sa ki mal, tankou Jezikri te kenbe kò l pou l pa t fè sa ki mal » (1 Jan 3.3).

Yon fason negatif, reyaksyon nou ak retou Kris la ta dwe repouse tout lanvi mond lan. Yon fason pozitif, nou ta dwe « mennen yon lòt lavi ki kontwole, ki dwat, ki devwe pou Bondye pandan nou sou latè a » menm jan nou antisipe « benediksyon Li te pwomèt nou yo » (Tit 2.12-13).

Esperans retou Kris la se motivasyon pou tout faz lavi kretyen. N ap bay lis kèk nan yo :

1. Senserite. Pòl lapriyè pou Filipyen yo « kapab toujou chwazi sa ki pi bon. Konsa, n a mennen yon lavi ki pwòp, yo p ap jwenn anyen pou repwòche nou lè Kris la va vini. Konsa, Jezikri va fè nou fè anpil bagay ki dwat epi ki bon, pou sa ka sèvi yon lwanj ak yon bèl bagay pou Bondye » (Filipyen 1.10-11).

2. Moderasyon. Pòl raple Tesalonisyen yo ke « Jou Senyè a gen pou l vin sou nou tankou yon vòlè k ap vin nan mitan lannwit . . . Se sak fè, piga nou dòmi tankou lòt yo ; Men, annou veye epi rete modere » (1 Tesalonisyen 5.2, 6). Evidamman mo « modere » nan sans sa a vle di moun ki pa bwè, ki pa sou. Li terib pou gade ke yon moun ta bwè jiskaske li sou nan gran okazyon ke Senyè a va vini an ; konsa tou Senyè a te avèti yo kont peche terib sa jan Li te di yo, « Pran prekosyon nou, pa kite banbòch, bweson ak traka lavi sa a chaje tèt nou pou jou a pa rive sou nou lè n pa ta kwè » (Luke 21.34, italik ajoute). Ki lèdte sa ta ye pou w ta twouve w nan yon eta konsa nan retou Kris la ! Kretyen k ap veye jou Senyè li a dwe modere.

3. Bon Kè (jantiyès, tolerans). Pòl egzòte Filipyen yo « Se pou tout moun konnen ak apèsi epi rekonèt nou se moun ki gen bon kè – ki gen pasyans, ki gen lespri padon. Senyè a tou prè – l ap vini anvan lontan » (Filipyen 4.5, Ogmante).

4. Pasyans. Otè liv Ebre a di, « Men, nou bezwen pasyans pou nou ka fè sa Bondye vle, pou nou ka resevwa sa l te pwomèt la. Paske, men sa ki ekri nan Liv la : Nan yon ti tan ankò, pa gen pou lontan menm, Moun ki gen pou vini an ap vini. Li p ap pran reta ankò » (Ebre 10.36-37). Pasyans sa a se yon fèmte, yon andirans jiska lafen, pou tann retou Li a. Nan menm sans sa a, Pyè ankouraje kretyen yo pou yo andire eprèv yo ak pèsekisyon yo paske « konfyans nou – se tankou lò li ye, Yo oblije pase lò a, ki yon bagay perisab, nan dife pou wè si l bon – Konsa tou, konfyans nou ki gen plis valè pase lò a gen pou pase anba eprèv tou, pou nou ka resevwa lwanj, onè ak respè lè Jezikri va parèt » (1 Pyè 1.7).

5. Fidelite. Retou Senyè a rete yon ankourajman nan fidelite bèje yo k ap menmen twoupo Bondye a. « Konsa, lè gran gadò a va parèt, n a resevwa yon kouwòn ki p ap janm fennen : n a resevwa lwanj Bondye » (1 Pyè 5.4).

Ch. Vijilans. Omwen 50 fwa Nouvo Testaman an fè apèl ak legliz la pou « veye » pou retou Senyè a. « Se poutèt sa, pa kite dòmi pran nou, paske nou pa konnen ki jou Mèt nou va vini » (Matye 24.42). « Se poutèt sa, pa kite dòmi pran nou, paske, nou pa konnen ni ki jou, ni ki lè sa va rive » (Matye 25.13). « Sa m di nou la a, mwen di l pou tout moun : Pa kite dòmi pran nou ! » (Mak 13.37). Pyè repete pawòl Senyè li a lè li ensiste ke kretyen an dwe toujou « ap tann jou Bondye a, jou ki gen pou rive a, ann fè sa nou kapab pou nou fè l rive pi vit toujou » (2 Pyè 3.12 ; gade Lik 21.7-36 ; Filipyen 3.20-21 ; 1 Korent 1.7 ; 1 Tesalonisyen 1.10 ; 1 Tesalonisyen 5.1-6).

Vijilans lakay yon kretyen endike lafwa. Li kwè ke Senyè li a ap vini. Se poutèt sa l ap veye epi ap tann. Vijilans endike yon dezi pou l vini. Li te mande n pou n antisipe seryezman « benediksyon Li te pwomèt nou yo » lè bèl pouvwa Jezikri, Bondye nou ak Delivrans nou, va parèt (Tit 2.13). Antisipasyon delivrans sa bay kouraj ak fèmte pou nou goumen « Bon batay lafwa a ». Alexander Maclaren poze kesyon sa, « Si kretyen yo pretann yo te viv ak gran twòn blan epi syèl yo epi latè a kouri lwen devan moun ki chita sou li a, t ap toujou boule devan je kè yo, ki jan yo ta ka woule nan mitan labou padon peche ak sakrifis bèt » ?² Repons lan se ke vrè kwayan an « rayi sa ki mal ; men kenbe fèm nan fè sa ki byen » akoz benediksyon an ak rekonpans yo ke Kris pral pote lè l ap vini (Women 12.9).

D. Travay. Pandan Pòl t ap egzote Timote pou li preche pawòl la fidèlman epi totalman, li fè efò pou motive l anvan tout bagay avèk retou a lè li di, « Devan Bondye ak devan Jezikri ki gen pou vini tankou yon wa pou jije tout moun, ni sa ki vivan ni sa ki mouri : Fè konnen pawòl Bondye a, mache bay li san pran souf, nan tout sikonstans, tan an te mèt bon li te mèt pa bon » (2 Timote 4.1-2a).

Nan parabòl talan Jezi te bay nan Matye 25 la, motif pou itilize talan yo se ke Senyè a ap retounen epi ap mande yon kont randi. Parabòl domestik yo ki t ap tann ak jeran saj la di konsa, « Se va bèl bagay pou domestik sa a, si mèt la jwenn li ap fè travay li lè l tounen lakay la » (Lik 12.43). Lè nou kanpe devan jij linivè a nou pral renmen tande l di, « byen fè ». Nou pa gen okenn pwomès ke li t ap pral di « byen fè » sof si nou te fè byen.

Kretyen nan chak jenerasyon yo t ap chèche epi yo te atann pou Jezi vini nan lavi yo. Sa a, se jan li ta dwe ye a. Antisipasyon retou Li a pouse kretyen an viv dwat, veye fidèlman ak travay avèk dilijans. Yon jou, asireman Kris ap vini vre. Nou dwe pare.

Yon douvanjou, Jezi ap vini ;
Yon douvanjou – l ap genyen tout batay ;
Li va kriye viktwa – travèse syèl la ;
Yon douvanjou – pou mwen, pou ou.

NÒT YO
1. Fred O. Blakely, *The Apostles' Doctrine*, (Doktrin Apot yo) Volim I, p. 159.
2. Ibid., p. 162.

KESYON – RETOU SENYÈ A

VRÈ / FO

_____ 1. Nouvo Testaman pa di anpil bagay sou retou Kris la.

_____ 2. Bib la di Jezi ap vini tankou yon vòlè (san atann).

_____ 3. Kris pral pou kont Li lè lap vini nan tan sa a.

_____ 4. Moun jis yo ki te mouri pral leve nan retou Jezi.

_____ 5. Jezi te di ke pa gen okenn moun ki konnen lè retou a sof limenm ak Papa.

_____ 6. Lèzòm pa t manke egare yo fikse dat Kris la ap retounen.

_____ 7. Retou Jezi a pral yon retou espirityèl, men pa yon retou vizib.

_____ 8. Pyè te pwofetize ke anpil moun ta nye ke Kris la ta vini ankò.

_____ 9. Yo di nwaj yo se cha Bondye.

_____ 10. Pa gen okenn nesesite pou veye pou retou Kris la paske nou pa konnen ki lè l ap ye.

KONPLETE

1. Mansyone twa reyaksyon prensipal ke kwayans nan retou Kris la motive.

   a. _____

   b. _____

   ch. _____

2. Ki karakteristik kretyen, retou an ta dwe enspire ?

Doktrin Kretyen

_____

_____

_____

3. Site twa temwayaj ki pwouve ke retou Kris la reyèl.

   a._____

   b. _____

   ch. _____

4. Nan Ki fason retou li a pral fèt ?

   _____

   _____

   _____

KESYON REVIZYON

1. Kisa ki te objektif premye fwa Senyè te vini sou latè ? Kisa ki pral objektif retou Senyè a ?

2. « Yon moun te estime ke _____-_____ nan tout Nouvo Testaman an konsène dirèkteman retou Senyè a. »

3. Konbyen nan parabòl Jezi yo ki te konsantre sou retou Li ?

4. Bay yon referans ki evènman ki temine chak chapit yo nan 1 Tesalonisyen ?

5. Rezime plizyè rezon ki fè moun doute de retou Jezi.

6. « Dezyèm fwa lap vini an jan Bib la anseye l la, l ap vini an _____, l ap _____. »

7. Kisa Ebre 10.37 ak Danyèl 7.13 ansenye sou retounen Senyè a ?

8. Rezime kisa Jezi ansenye sou retou Li nan chak vèsè sa yo :

   Matye 24.30

   Matye 24.35

   Matye 26.64

   Jan 14.3

   Revelasyon 22.12

   Revelasyon 22.20

9. Nan Travay 1.11 Kisa zanj yo te ansenye sou retou Vènyè a ?

10. Rezime ansèyman Pyè sou retou Senyè a nan 2 Pyè 3.1-14.

11. Kisa Jan ansenye sou retou Senyè a nan Revelasyon 1.7, 1 Jan 2.28 ak 1 Jan 3.2 ?

RETOU SENYÈ A

12. Diskite sou ansèyman Pòl sou retou Senyè a nan 2 Tesalonisyen 4.16 ak 5.2.

13. Rezime sa vèsè sa yo ansenye konsènan retou Jezi :

    Kolosyen 3.1-4

    1 Tesalonisyen 1.9-10 ak 3.11-13

    2 Tesalonisyen 1.7-12

    2 Tesalonisyen 2.1-10

    2 Timote 4.6-8

    Ebre 9.27-28

    Revelasyon 6.12-17

    Revelasyon 16.15-21

    Revelasyon 20.7-15

14. Defini mo « egzanp. »

15. Eksplike kijan Arawon te yon "egzanp" Kris la.

16. Kisa Ebre 9.24-28 ansenye sou sakrifis Kris la pou peche nou yo ?

17. Apran pa kè 2 Korent 11.26. Ki jan Soupe Senyè a se temwen retou Kris la ?

18. Apran pa kè 1 Pyè 1.13 ak 2 Pyè 1.16 epi diskite sou asirans vèsè sa yo bay pou tout moun k ap tann retou Seynè a.

19. Kòman ou ta reponn yon moun ki te panse retou Senyè a ta dwe yon «retou espirityèl» ke pèsòn pa pral wè li ?

20. Kisa Lik 24.50-51 ak Travay 1.9-11 ansenye sou fason retou Senyè a ap fèt ?

21. Aprann pa kè Matye 24.27 ak Revelasyon 1.7 epi eksplike kisa vèsè sa yo deklare sou retou Jezi.

22. Ki wòl nwaj yo te jwe nan travay redanmsyon Bondye a ?

23. Kòman nwaj yo ka sèvi kòm yon rapèl silansye de retou Senyè a ?

24. Kisa vèsè sa yo ki anba ansenye sou retou Senyè a ?

    Matye 24.31

    Matye 25.31

    1 Korent 15.52

Doktrin Kretyen

1 Tesalonisyen 4.16-17

2 Tesalonisyen 1.7

25. Kòman tè a pral reyaji a retou Senyè a daprè Matye 24.29 ak Women 8.19-22 ?

26. Ki vèsè nan Labib ou ka itilize pou rejte pawòl moun k ap pwoklame ke yo kapab prevwa retou Senyè a ?

27. Ki ta dwe reyaksyon kretyen an anvè retou Jezi ?

28. Diskite sou kisa vèsè sa yo ki anba ansenye sou yon kretyen dwe separe l ak lemond :

Lik 17.20-37

Tit 2.12-13

2 Pyè 3.11

1 Jan 2.15-17

29. Aprann pa kè 2 Pyè 3.14 ak 1 Jan 3.3 epi diskite sou kisa yo ansenye sou sentete pèsonèl.

30. Ki zòn nan lavi ou dwe chanje anvan ou obeyi totalman ak enstriksyon sa yo ki nan vèsè ki anwo yo ?

31. Kisa Filipyen 1.10-11 ansenye sou nesesite senserite nan lavi ou ?

32. Ki danje ki genyen nan inyore avètisman yo nan 1 Tesalonisyen 5.2 ak 6 konsènan pratik moderasyon ?

33. Selon Filipyen 4.5 ki koneksyon ki genyen ant retou Senyè a ak bon kè, jantiyès epi tolerans ?

34. Revize Ebre 10.36-37 epi diskite pou kisa li enpòtan pou yon kretyen pratike fèmte nan pasyans jouk retou Senyè a.

35. Ki jan retou Jezi a se yon ankourajman pou tout kretyen yo ki rete fidèl ?

36. « Omwen _____ fwa Nouvo Testaman an fè apèl ak legliz la pou «veye» pou retou Senyè a. »

37. Aprann pa kè Matye 24.42, Matye 25.13, ak Mak 13.37. Kisa ki tèm prensipal vèsè sa yo ?

38. Kijan "vijilans" yon kretyen se yon siy lafwa li ak dezi l pou retou Senyè a ?

39. Eksplike siyifikasyon sitasyon Alexander Maclaren la : « Si kretyen yo pretann yo te viv ak gran twòn blan e syèl yo epi latè a kouri lwen devan moun ki chita sou li a, t ap toujou boule devan je kè yo, ki jan yo ta ka woule nan mitan labou padon peche ak sakrifis bèt ? »

40. Revize Matye chapit 25 la, Lik 12.35-48 ak 2 Timote 4.1-2 epi diskite sou kijan pasaj sa yo pral motive-w pou w travay fidèlman pou Jezi kris.

41. Èske ou pare pou retou Senyè a ? Ki chanjman ou ta renmen wè nan lavi ou anvan Li retounen ?

42. Ekri plizyè nan zanmi ou yo ke ou konnen ki pa pare pou retou Senyè a, epi bay lis jefò ou pral fè pou mennen yo chak vin gen yon relasyon delivrans avèk Jezi Kris.

Doktrin Kretyen

EGZAMEN 1

VRÈ / FO (EKRI «V» POU VRÈ AK «F» POU FO)

1. _____ Legliz Kris la te etabli nan jou lapannkòt la avan Li te monte nan syèl.
2. _____ 1 Timote 3.16-17 ak 1 Pyè 1.21 ansenye sou enspirasyon Bib la.
3. _____ Non «Jezi» a an Grèk se menm bagay ak non Ebre «Jozye.»
4. _____ Izrayèl te yon egzanp legliz Senyè a.
5. _____ Bib la te ekri sou yon peryòd de 1700 lane.
6. _____ Mo «legliz» ka fè referans alafwa ak kongregasyon lokal epi kominote mondyal Bondye a.
7. _____ Non «Eloyim» vle di «Sila Ki Fò a.»
8. _____ Gabriyèl te pwoklame Jezi se Pitit Bondye nan Lik 5.31.
9. _____ Bib la te ekri nan twa lang diferan epi li gen 66 liv separe, chak sijè te imajinab.
10. _____ Mo «Liv Sen» vle di ekriti sakre.
11. _____ Legliz la ak wayòm nan se de kò diferan.
12. _____ 1 Pyè 1.23 ak Jak 2.19 ansenye ke nou te kreye pa Pawòl la.
13. _____ Lè n ap gade travay Jezi nan sans laj li divize jeneralman an twa fonksyon ke li akonpli : pwofèt, prèt ak wa.
14. _____ Mo «Senyè» dekri sa Jezi te fè pou nou.
15. _____ Sòm 19.1 ak Women 1.20 ansenye ke lanati bay prèv sou egzistans Bondye.
16. _____ Kolosyen chapit 3 fè referans a legliz kòm «lamarye Kris.»
17. _____ Dezyèm deziyasyon pi popilè pou legliz nan Nouvo Testaman se mo, «Legliz Bondye.»
18. _____ Mo «Eloyim» te itilize pou Bondye nan Jenèz 1.1.
19. _____ Sòm 119.105 ansenye, «M ap sere pawòl ou nan kè m pou mwen pa peche kont ou.»
20. _____ Atribisyon siprèm pou Bonde se lanmou.
21. _____ Sòm 5.5 ansenye ke Bondye rayi peche.
22. _____ Ebre 5.8 ansenye ke Jezi te aprann obeyisans de sa li te soufri.
23. _____ Akonplisman pwofesi pwouve enspirasyon Bib la.
24. _____ Bib la te ekri sou twa kontinan diferan pa anviwon 40 ekriven.
25. _____ 1 Pyè 2.31 ansenye ke nou te kreye pa mwayen Pawòl vivan Bondye a epi ki la pou toutan.
26. _____ Lafwa se sèl egzijans pou fè pati legliz Senyè a.
27. _____ Mo «Bib» vle di «pawòl sakre.»
28. _____ Detewonòm 4.1-2 ak Revelasyon 22.18-19 bay avètisman kont ajoute sou, retire nan, ak inyore Pawòl Bondye.
29. _____ Nan kèk aspè, lèzòm se 3 menm jan ak Bondye, paske Pòl dekri moun kòm «lespri, nanm ak kò.»
30. _____ Lik 19.10 ansenye ke Jezi te vini chache epi sove sa ki te pèdi.
31. _____ Mo «Adon» vle di «Sovè.»
32. _____ Kris se yon pwofèt tankou Moyiz.
33. _____ Jan Batis te kòmanse Legliz la.
34. _____ Yon Pawòl se yon mesaj ki transmèt a pati yon èt diven oswa yon sous diven.
35. _____ Nan Matye 16.18 ak Lik 23.3, Jezi reklame Li se Wa.
36. _____ Sòm 90.2 ansenye ke Bondye etènèl oswa san fen.
37. _____ Tit «Mesi» a vle di «Sovè.»
38. _____ Mo «ecclesia» nan sans orijinal te fè referans a yon asanble sitwayen Grèk.
39. _____ Prensipal tach gran prèt la se ofri sakrifis pou peche.
40. _____ Lik 1.3 ansenye ke rèy Jezi kòm Wa p ap janm fini.
41. _____ Jezi te yon gran prèt apre lòd Arawon.

EGZAMEN 1

42. _____ Sentete Bondye te anseye nan Levitik 19.2, Ezayi 6.3 ak Matye 6.9.
43. _____ Omniprezan vle di san limit nan lespas.
44. _____ 2 Pyè 1.11 ansenye ke Jezi se Wa yon wayòm etènèl.
45. _____ Pwofèt nan Ansyen Testaman an te alafwa predikatè epi vwayan.
46. _____ Mo «legliz» la parèt pou premye fwa nan Matye 18.16.
47. _____ Mo «Adon» endike otorite Bondye sou lanati.
48. _____ Bib la pral kenbe w lwen peche, oswa peche pral kenbe w lwen Bib la.
49. _____ Jeremi 23.5 ak Zakari 6.13 te anonse Jezi t ap wa.
50. _____ Imitabilite fè referans a nati Bondye ki pa chanje.
51. _____ Bib la itilize mo «Pawòl Bondye» pou idantifye tèt li.
52. _____ Tit «Kris» la vle di «sila ki konsakre a.»
53. _____ Mo «legliz» ak «wayòm» pa ka itilize youn nan plas lòt nan Labib.
54. _____ Mo Sovè a endike sa Kris te fè ak sa li ap fè pou kwayan an.
55. _____ Mo «Eloyim» vle di «Jewova se sali.»
56. _____ Apot Jan te preche premye mesaj Levanjil la.
57. _____ Mo ki pi komen Jezi ak Apot yo te itilize pou ekriti Ansyen Testaman se te «Pawòl.»
58. _____ Pliske Bondye konplètman sen, Li rayi tout sa ki mal.
59. _____ Mo Senyè a reflete sa kwayan ta dwe fè pou Sovè li.
60. _____ Bib la pa t fè okenn esè pou pwouve egzistans Bondye.
61. _____ Aktyèlman sakrifis Arawon nan jou sakrifis pou padon peche a wete peche pèp la.
62. _____ Pa gen limit nan pouvwa gouvènman-otonòm legliz lokal la.
63. _____ Non ki pi komen pou Bondye nan Ansyen Testaman se «Yawe» oswa «Jewova.»
64. _____ Nan jou lapannkòt la, 5000 moun te kwè nan Kris, repanti de peche, epi yo te batize nan Kris.
65. _____ Lide twa pèsòn yon sèl Bondye a sanble pa t deranje ekriven Nouvo Testaman an.
66. _____ Legliz Kris la oswa wayòm Li te etabli nan Jou Lapannkòt la apre li te resisite epi monte nan syèl.
67. _____ Mo ki pi komen Jezi ak Apot yo te itilize pou Ansyen Testaman se «Liv la.»
68. _____ «Jozye» an Ebre se menm bagay ak non grèk «Jezi.»
69. _____ Non «Adon» vle di «Senyè, Mèt.»
70. _____ Jeremi 13.23-24 ansenye sou Omniprezans Bondye.
71. _____ Efezyen 1.22-23 ; 4.12 ak Kolosyen 1.18 fè referans a legliz la kòm kò Kris

CHWAZI REPONS KI KÒRÈK LA

72. _____ Ki pasaj ki ansenye ke mo «Bondye» aplike pou Papa a, Pitit la, ak Sentespri la ?
    A. Matye 16.18 ; Lik 12.3 ; 1 Korent 12.4-5 ; Kolosyen 2.3-5
    B. Matye 24.24 ; Jan 12.3-4 ; Travay 5.6-8 ; Efezyen 4.4-6
    Ch. Mak 12.6-7 ; Travay 6.10-11 ; Women 9.14-15 ; 1 Korent 9.14
    D. 1 Korent 8.6 ; Jan 1.1 ; Travay 5.3-4
73. _____ Ki kote yo jwenn vèsè sa : «Paske, yon mari se chèf madanm li menm jan Kris la se chèf legliz la. Se Kris la menm ki delivre legliz la ki kò li» ?
    A. 1 Tesalonisyen 6.8 **B.** Efezyen 5.23 **Ch.** Travay 23.6 **D.** Tit 1.12
74. _____ Ki prensipal ansèyman 1 Pyè 1.14-16 ?
    A. Pa konfòme n nan sa ki mal, men se pou n Sen menm jan Bondye Sen.
    B. Soumèt ak chef ak otorite k ap dirije n.
    Ch. Padone nou youn lòt menm jan Bondye padone nou.
    D. Se pou nou alète ak veye kont fo ansèyman yo.
75. _____ «Pouvwa Bondye» se yon brèf definisyon kiyès nan mo sa yo :
    A. Omnipotans **B.** Omnisyans **Ch.** Omniprezans **D.** Ekla
76. _____ Ki kote yo jwenn vèsè sa : «Se konsa, lè nou pa t kapab fè anyen pou tèt pa nou, Kris la mouri pou tout moun ki meprize Bondye, nan tan Bondye te fikse pou sa te rive a» ?

Doktrin Kretyen

                    A. Jan 6.21   **B.** Travay 2.21   **Ch.** Women 5.6   **D.** 1 Jan 4.9

77. _____ Ki kote yo jwenn vèsè sa : « Men ki jan Bondye fè nou wè jan Li renmen nou. Li te voye sèl pitit li a sou latè pou l te ka ban nou lavi » ?
        A. Lik 9.8   **B.** Women 5.8   **Ch.** Efezyen 5.6   **D.** 1 Jan 4.9

78. _____ Kiyès ki te di, « Ou wete m nan kè sere m te ye a. Se ou menm ki wete m nan bouch twou a. Ou voye tout peche m yo jete dèyè do ou » ?
        A. Moyiz   **B.** Jeremi   **Ch.** David   **D.** Ezayi   **E.** Ezekyas

79. _____ « Sajès/konesans » se yon brèf definisyon mo sa.
        A. Omniprezans   **B.** Omnipotans   **Ch.** Omnisyans   **D.** Souverènte

80. _____ Ki kote yo jwenn vèsè sa : « Okontrè, ann pale verite a avèk renmen nan kè nou, konsa n a ka grandi nan tout sans nan Kris la ki chèf kò a » ?
        A. Efezyen 4.15   **B.** Filipyen 3.14   **Ch.** 1 Korent 10.24   **D.** Travay 9.14

81. _____ Ki kote yo jwenn vèsè sa nan Bib la : « Jezi pwoche bò kote yo, Li di yo konsa : Mwen resevwa tout pouvwa nan syèl la ak sou tè a » ?
        A. Jan 16.9   **B.** Mak 14.21   **Ch.** Matye 28.18   **D.** Lik 23.11

82. _____ Ki kote yo jwenn vèsè sa : « Bondye mete tout bagay anba pye Kris la, li mete l pou l sèl chèf legliz la » ?
        A. Travay 21.9   **B.** Tit 3.12   **Ch.** Kolosyen 2.12   **D.** Efezyen 1.22

83. _____ « Pa gen limit nan lespas » se yon brèf definisyon mo sa a.
        A. Souverènte   **B.** Omnisyans   **Ch.** Omnipotans   **D.** Omniprezans

84. _____ Ki kote yo jwenn vèsè sa : « Gen krentif pou Bondye. Fè tou sa Li mande ou fè yo. Se pou sa ase Bondye te kreye moun. »
        A. Egzòd 20.8   **B.** Sòm 89.5   **Ch.** Provèb 23.9   **D.** Eklez 12.13

85. _____ Ki kote yo jwenn vèsè sa nan Bib la : « Paske fondasyon an deja la : se Jezikri. Pèsòn pa ka poze yon lòt » ?
        A. Efezyen 4.5   **B.** 1 Timote 3.9   **Ch.** Women 11.23   **D.** 1 Kor 3.11

86. _____ Ki kote yo jwenn vèsè sa : « Bondye wete nou nan lavi san sans nou te resevwa nan men zansèt nou yo. Nou konnen sa li te peye pou sa. Se pa t avèk bagay ki ka pèdi valè yo tankou lajan ak lò. Men, se avèk gwo ofrann san Kris la ki te koule lè li te ofri tèt li tankou yon ti mouton san defo ni ankenn enfimite » ?
        A. Women 5.8-9   **B.** Efezyen 5.2-3   **Ch.** Kolosyen 3.5-6   **D.** 1 Pyè 1.18-19   **E.** 1 Jan 4.9-10

87. _____ Ki kote yo jwenn pasaj sa : « Li te delivre nou. Li pa t delivre nou paske nou te fè kèk bagay ki bon, men paske Li menm Li te gen pitye pou nou. Li delivre nou lè Li lave nou, Li voye pouvwa Sentespri li nan nou pou chanje nou nèt, pou n te ka viv yon lòt jan » ?
        A. Women 8.26   **B.** 2 Timote 4.1   **Ch.** Tit 3.5   **D.** Travay 4.12

88. _____ Konbyen fwa yo te fè referans a Jezi kòm Gran Prèt nan Ebre ?
        A. 2   **B.** 4   **Ch.** 6   **D.** 8   **E.** 10

89. _____ Ki kote yo jwenn pasaj sa : « Men sa ki te ekri : Kris la gen pou l soufri jouk li mouri, men sou twa jou li gen pou l soti vivan nan lanmò. Y a pran non l pou yo mache fè konnen mesaj la nan tout peyi, kòmanse lavil Jerizalèm, pou mande tout moun pou yo tounen vin jwenn Bondye pou yo ka resevwa padon peche yo » ?
        A. Matye 28.18-20   **B.** Mak 16.15-16   **Ch.** Lik 24.46-47   **D.** Jan 20.21-22   **E.** Travay 1.7-8

90. _____ Ki kote yo jwenn vèsè sa nan Bib la : « Poukisa n ap plede rele mwen : Mèt, Mèt, epi nou pa fè sa m di nou fè » ?
        A. Matye 12.9   **B.** Mak 9.18   **Ch.** Lik 6.46   **D.** Jan 8.27

91. _____ Kisa mo « ecclesia » vle di ?
        A. Sila ke yo rele a   **B.** Gran Chèf la   **Ch.** Rachte a gran pri   **D.** Gade epi pwoteje   **E.** A ak B

92. _____ Ki kote yo jwenn vèsè sa : « Jezi reponn li : Se mwen menm ki chemen an. Se mwen menm ki verite a, se mwen menm ki lavi a. Pèsòn pa ka al jwenn Papa a si li pa pase nan mwen » ?
        A. Matye 7.24   **B.** Mak 6.17   **Ch.** Lik 12.5   **D.** Jan 14.6

93. _____ Kilè legliz la te etabli ?
        A. Pandan ministè Jan Batis   **B.** Pandan pak la avan reziyeksyon kris
        Ch. Jis avan Jesi te monte nan syèl la   **D.** Pandan lavi apot yo

94. _____ Ki kote yo jwenn vèsè sa : « Se yon sèl Bondye a ki genyen. Se yon sèl moun tou ki mete lèzòm dakò ak Bondye ankò, se Jezi, Kris la » ?
        A. Women 12.6   **B.** Galat 5.14   **Ch.** 1 Timote 2.5   **D.** 1 Pyè 4.9

95. _____ Ki kote yo jwenn vèsè sa : « Men, lè Sentespri a va desann sou nou, n a resevwa yon pouvwa. Lè sa a, n a sèvi m temwen nan Jerizalèm, nan tout peyi Jide ak nan tout peyi Samari, jouk nan dènye bout latè » ?
        A. Matye 28.18-20   **B.** Lik 24.21-22   **Ch.** Jan 21.22   **D.** Travay 1.8   **E.** 1 Korent 12.14-15

96. _____ Ki kote yo jwenn vèsè sa : « Okipe legliz Bondye a, legliz Li te achte ak pwòp san Pitit li a » ?
        A. Tit 2.2   **B.** 2 Timote 3.5   **Ch.** 1 Korent 8.4   **D.** Travay 20.28

97. _____ Ki kote yo jwenn vèsè sa : « Konsa, se lè ou tande mesaj la ou vin gen konfyans. Mesaj la, se pawòl Kris la y ap anonse » ?
        A. Ebre 11.6   **B.** Jak 2.17   **Ch.** Women 10.17   **D.** Travay 4.12

98. _____ Kiyès nan sa yo ki anba a se benediksyon Pawòl la pote pou sila yo ki te pèdi ?
        A. Se Pawòl la ki te kreye nou   **B.** Lafwa vini atravè pawòl la
        Ch. Se Pawòl la ki te sove nou   **D.** Yo tout bon

EGZAMEN 2

VRÈ OUBYEN FO (EKRI «V» POU VRE AK «F» POU FO)

1. _____ Kretyen an te fèt oswa pran nesans pa mwayen Lespri a atravè Pawòl Bondye a, epi li te fèt nan dlo. Nan aksyon plonje a imaj sa de nesans la byen klè.
2. _____ Nan Travay 20.7, atik defini « lan » fè yon ti kras efò pou klarifye konbyen fwa kretyen yo nan Troas te abitye reyini ansanm.
3. _____ Nan Travay 2.38, Pyè te rekòmande batèm nan non jezi Kris.
4. _____ Yon bon definisyon pou repantasn se « yon lapenn pou peche. »
5. _____ Li klè ke sali vini aprè, se pa avan aksyon batèm lan.
6. _____ Lafwa se rezilta yon temwanyaj akseptab oswa yon prèv.
7. _____ Mo « tab Senyè a » se yon mo kwayan modèn yo envante, epi li pa parèt nan Nouvo Testaman an.
8. _____ Pòl bay de kalite lapenn nan 2 Korent 7.10. Youn ki soti nan Bondye, ak yon lòt ki soti nan mond la.
9. _____ Yon lòt mo ki petèt dekri nati lafwa pi byen se mo « konfyans. »
10. _____ Jezi itilize mo « Soupe Senyè a » nan Lik 22.19.
11. _____ Aksyon batèm te otorize pa Papa ki nan syèl la, Senyè Jezi, ak Sentespri a.
12. _____ Bib la ansenye ke nan lide pou antre nan Kris, nou te dwe batize nan Li.
13. _____ Travay 8.37 ak Women 10.10 deklare ke yon moun ta dwe fè yon konfesyon lafwa piblik avan pou li te batize.
14. _____ Mo « kominyon » se plis yon deskripsyon pou Soupe Senyè a pase yon non pou li.
15. _____ Obeyisans lafwa se yon obeyisans ke lafwa pwodwi oswa soti nan lafwa.
16. _____ Jeremi endike ke repantans te mesaj prensipal yon pwofèt.
17. _____ Lafwa leve lespri nou ak vizyon nou pou n ka wè ak panse tankou Bondye.
18. _____ Yon timoun pa yon sijè apwopriye pou batèm.
19. _____ Matye 3.13 ak Travay 10.46-47 montre ke dlo pa t esansyèl pou yon aksyon batèm.
20. _____ Travay 2.38 pa fè koneksyon ant padon peche, repantans ak batèm.
21. _____ Nan Travay 20.7, objektif etabli pou legliz reyini ansanm se te kase pen.
22. _____ Nouvo Testaman ansenye ke lè yon moun vrèman kwè nan Kris epi repanti sensèman de peche li yo, apre li te dwe batize nan Kris pou padon peche li yo.
23. _____ Travay 8.38 sipòte nesesite pou yon moun batize li dwe desann nan dlo a.
24. _____ 1 Korent 11.20 deklare ke Soupe Senyè te obsève chak twa mwa.
25. _____ 1 Korent 16.2 deklare ke legliz nan Korent te pran kominyon yon fwa chak trimès oswa yon fwa chak twa mwa.
26. _____ Lè Bib la pale de sove pa lafwa, li te konprann ke lafwa eksprime nan obeyisans.
27. _____ Mo « Papa Legliz yo » ak « Papa Apostolik yo » fè referans ak menm gwoup lidè.
28. _____ Batèm pou kont li pa ta pral wete peche yo, Jezi ak apot yo deklare aklè ke lè lafwa nan Kris ak repantans pou peche vini avan li, sa ka pote pou kwayan ki repanti a padon Bondye.
29. _____ Repantans se yon chanjman mantalite oswa volonte ; chanjman sa se lapenn pou peche yo ki te pwodwi l epi li pote yon chanjman nan kondwit ak lavi.
30. _____ Justin Martyr te yon disip apot Jan.

Doktrin Kretyen

31. _____ Lafwa ak obeyisans se 2 pati ki fè yonn antye.
32. _____ Batèm se pwen separasyon ant yon vi de peche ak yon pechè ki repanti.
33. _____ Polycarp te yon disip Justin Martyr.
34. _____ Lafwa, repantans, ak batèm travay ansanm pou mennen yon moun nan relasyon sove avèk Senyè a.
35. _____ Lè yo te itilize lafwa nan sans sibjektif (sans ki pa egzat), se « asirans » li gen pou li resevwa sa l ap tann lan, epi yon « konviksyon » ke bagay nou pa ka wè ak je nou egziste tout bon vre.
36. _____ Pandan 2 premye syèk yo Pratik kominyon chak semèn lan te inivèsèl.
37. _____ Batèm se yon aksyon obeyisans ki eksprime lafwa nan Kris.
38. _____ Sèl atitid sansib posib ki pèmèt moun resevwa benediksyon Bondye yo se lafwa.
39. _____ Batèm se seremoni antèman pou ansyen moun peche a – moun sa batize nan kris, li vin jwenn Li, li ini ak Li, li resite yon moun nouvo nan Kris, pou l mache nan yon nouvote oswa mennen yon lòt mòd lavi.
40. _____ Obsèvasyon Soupe Senyè a chak semèn te kontinye nan legliz Grèk la jiska nevyèm syèk la.
41. _____ Repantans ak lapenn se menm bagay.
42. _____ Nan legliz Grèk la, moun ki te neglije Soupe Senyè a twa semèn youn dèyè lòt, yo te ekskominye li.

CHWAZI REPONS KI KÒRÈK LA

43. _____ Ki vèsè ki itilize « lafwa » kòm sinonim pou krisyanis ?
    A. Matye 16.3 ; Travay 4.9 ; II Cor. 5.17   **B.** Women 8.12 ; Kolosyen. 3.9 ; 1 Pyè 1.13
    Ch. Efezyen 4.13 ; 1 Timote 3.3 ; 1 Jan 4.4   **D.** Travay 13.8 ; Galat 1.23 ; Jid 3
44. _____ Ki kote yo jwenn vèsè sa : « Lè yon moun di li gen konfyans nan Bondye, sa vle di li sèten li gen pou l resevwa sa l ap tann lan. Li gen konviksyon bagay nou pa ka wè ak je nou egziste tout bon vre » ?
    A. Women 14.6   **B.** Efezyen 5.22   **Ch.** Ebre 11.1   **D.** Jak 4.7
45. _____ Konplete deklarasyon sa : «...jeneralman, lafwa pwodwi nan kè lèzòm atravè yon pwosesis _____ epi _____. »
    A. Espirityèl ; Entèlektyèl   **B.** Rezonab ; Entèlijan
    Ch. Sinatirèl ; Emosyonè   **D.** Difisil ; Laborye
46. _____ Ki pasaj ki anseye ke lafwa kretyen an dwe bati sou akseptasyon prèv ak temwanyaj ?
    A. Travay 18.3 ; Galat 3.21 ; Jid 8   **B.** Women 1.17 ; 1 Tessalonisyen. 1.3 ; 2 Korent 5.7
    Ch. Jan 14.1 ; Women 6.18 ; Jak 2.24   **D.** Jan 5.46-47 ; Travay 15.7 ; Women 10.17
47. _____ Ki kote yo jwenn vèsè sa : « Konsa, se lè ou tande mesaj la ou vin gen konfyans. Mesaj la, se pawòl Kris la y ap anonse » ?
    A. Travay 13.8   **B.** Women 1.17   **Ch.** Women 10.17   **D.** Galat 6.2
48. _____ Ki pasaj ki ansenye sou lafwa an aksyon ?
    A. Jak 1.14-26   **B.** Jak 2.14-26   **Ch.** Jak 3.1-8   **D.** Jak 4.10-17
49. _____ Kisa ki se « kle ki louvri pòt trezò syèl la » ?
    A. Pawòl Bondye   **B.** Lafwa   **Ch.** Repantans   **D.** Lapriyè
50. _____ Ki kote yo jwenn vèsè sa : « Li pa t fè okenn diferans ant yo menm ak nou menm : nou wè li lave kè yo paske yo te kwè nan li » ?
    A. Travay 15.9   **B.** Women 8.12   **Ch.** Women 10.17   **D.** Jak 2.7
51. _____ Ki kote yo jwenn vèsè sa : « Pa kite bagay sa yo toumante nou. Mete konfyans nou nan Bondye, mete konfyans nou nan mwen tou »
    A. Matye 14.8   **B.** Mak 12.21   **Ch.** Lik 16.6   **D.** Jan 14.1
52. _____ Konbye fwa Jezi fè referans a « repantans » oswa « repanti » nan Revelasyon 2 ak 3 ?
    A. Kat   **B.** Sis   **Ch.** Uit   **D.** Dis   **E.** Douz
53. _____ Ki mo Grèk ki tradwi « repantans » ?
    A. Baros   **B.** Phortion   **Ch.** Charis   **D.** Metanoia   **E.** Rantizo
54. _____ Kisa mo Grèk ki tradwi « repantans » la vle di ?
    A. « Gneyen yon lòt atitid »   **B.** « Pwoche pi pre »
    Ch. « Peye depans pèsonèl »   **D.** « Desann kolè yon moun »
55. _____ Repantans se menm bagay ak mo Ansyen Testaman ki se _____.
    A. Retounen   **B.** Tounen   **Ch.** Relache   **D.** Chanje   **E.** Retire
56. _____ Kiyès nan vèsè sa yo ki anba mete aksan sou koneksyon ant repantans ak bonte epi lanmou Bondye ?
    A. Women 5.8 ; Tit 3.5   **B.** 1 Korent 5.9 ; Efezyen 4.7

Ch. Women 2.4 ; 1 Jan 4.19   **D.** Ebre 11.7 ; 1 Pyè 2.9

57. _____ Mo Grèk pou repantans Jida se _____.
    A. Phortion   **B.** Metamelomai   **Ch.** Doulos   **D.** Paidagogos
58. _____ Ki pasaj ki ansenye ke yon moun ta dwe fè reparasyon pou ansyen peche li yo ?
    A. Matye 18.1-4   **B.** Lik 19.8-9   **Ch.** Travay 5.1-9   **D.** Women 5.6-9
59. _____ Ki pasaj gran komisyon an ki genyen yon referans pou repantans ak padon peche ?
    A. Matye 28   **B.** Mak 16   **Ch.** Lik 24   **D.** Jan 21
60. _____ Baze sou Travay 2.38, kisa ki dwe rive avan yon moun pirifye pou peche ?
    A. Reponn a pati lafwa   **B.** Repenti ak abandone peche
    Ch. Batize nan Kris   **D.** Tout repons sa yo bon
61. _____ Ki kote yo jwenn vèsè sa : « Men, si nou rekonèt devan Bondye nou fè peche, nou mèt gen konfyans nan li. Paske l ap fè sak gen pou fèt la : la padone tout peche nou yo, la netwaye nou anba tou sa ki mal » ?
    A. Jan 12.6   **B.** 1 Korent 15.8   **Ch.** 1 Pyè 3.19   **D.** 1 Jan 1.9
62. _____ Konbyen istwa klè sou yon tibebe ki te batize nou jwenn nan liv Travay la ?
    A. Zewo   **B.** Twa   **Ch.** Sis   **D.** Nèf   **E.** Douz
63. _____ Konbyen kilomèt Jezi te mache pou l te batize ?
    A. 20-30   **B.** 40-50   **Ch.** 60-70   **D.** 80-90
64. _____ Konbyen fwa batèm espesyalman te mansyone nan istwa konvèsyon nan liv Travay yo ?
    A. Zewo   **B.** Kat   **Ch.** Sis   **D.** Uit
65. _____ Baze sou Matye 28.18-20, Kiyès ki se sous otorite pou batize sila yo ki te vle vini disip Jezi ?
    A. Papa a   **B.** Piti la   **Ch.** Sentespri a   **D.** Yo tout bon
66. _____ Ki vèsè ki montre ke moun yo te soti nan dlo a apre yo te fin batize ?
    A. Matye 4.12 ; Travay 2.38   **B.** Mak 1.10 ; Travay 8.39
    Ch. Lik 3.21 ; Travay 5.9   **D.** Jan 3.3 ; Travay 22.16
67. _____ Ki pasaj ki desine batèm tankou antèman ak rezireksyon ?
    A. Travay 2.37-38   **B.** Travay 22.16-19   **Ch.** Women 6.1-5   **D.** Galat 3.26-27
68. _____ Kisa mo Grèk « baptizo » vle di ?
    A. Awoze   **B.** Vide   **Ch.** Plwonje   **D.** Tou de A ak B
69. _____ Ki mo Jezi ak Apot yo te itilize, san eksepsyon, lè yo t ap pale de batèm ?
    A. Ekcheo   **B.** Rantizo   **Ch.** Baptizo   **D.** Philia   **E.** Doulos
70. _____ Ki kote yo jwenn vèsè sa : « Ale fè disip pou mwen nan tout nasyon, batize yo nan non Papa a, Pitit la ak Sentespri a » ?
    A. Matye 28.19   **B.** Mak 16.16   **Ch.** Lik 24.47   **D.** Jan 21.22
71. _____ Ki kote yo jwenn vèsè sa : « Pou nou menm, dlo sa a kanpe pou dlo batèm lan k ap delivre nou kounye a. Batèm lan, se pa yon bagay k ap wete kras sou kò nou. Men, se yon angajman nou pran devan Bondye ak yon konsyans san repwòch. Bondye sove nou granmesi Jezikri ki te leve soti vivan nan lanmò » ?
    A. Mak 16.16   **B.** Travay 2.38   **Ch.** Galat 3.27   **D.** 1 Pyè 3.21
72. _____ Kisa Ananyas te di Sòl pou l fè nan Travay 22.16 ?
    A. Repete yon lapriyè pechè
    B. Jene epi lapriyè
    Ch. Rete tan pou resevwa batèm Sentespri a
    D. Batize pou lave peche l epi rele non Senyè a.
73. _____ Ki kote yo jwenn vèsè sa : « Nou tout, nou te resevwa batèm pou n te ka viv ansanm ak Kris la, nou mete sou nou kalite ki nan Kris yo » ?
    A. Travay 8.38   **B.** Women 6.4   **Ch.** Galat 3.27   **D.** Kolosyen 2.12
74. _____ Ki kote yo jwenn vèsè sa : « Se konsa, chak fwa n ap manje pen sa a, chak fwa n ap bwè nan gode sa a, se lanmò Kris la n ap anonse jouk jou Seyè a gen pou l vini an » ?
    A. Matye 26.26   **B.** Mak 14.24   **Ch.** Lik 22.16   **D.** 1 Korent 11.26
75. _____ Konbyen gode diven ki te itilize pandan repa pak la ?
    A. Youn   **B.** De   **Ch.** Twa   **D.** Kat   **E.** Senk
76. _____ Ki kote yo jwenn vèsè sa : « Gode benediksyon n ap bwè a, lè nou fin di Bondye mèsi pou li, èske se pa san Kris la n ap separe bay tout moun ? Pen nou kase a, lè n ap manje l, èske se pa kò Kris la n ap separe bay tout moun » ?
    A. Travay 2.42   **B.** Travay 20.7   **Ch.** Women 11.17   **D.** 1 Korent 10.16
77. _____ Kisa mo « pen-prezantasyon » vle di literalman ?
    A. Pen Sen   **B.** Pen Selès   **Ch.** Prezans Pen   **D.** Pen san Ledven

Doktrin Kretyen

78. _____ Ki kote yo jwenn vèsè sa : « Sou pwen sa a, Bondye montre nou jan li renmen nou anpil ; paske nou t ap fè peche toujou lè Kris la mouri pou nou » ?
      A. Galat 3.21   **B.** Efezyen 4.6   **Ch.** 1 Korent 11.24   **D.** Women 5.8

EGZAMEN 3
VRÈ / FO (EKRI «V» POU VRE AK «F» POU FO)

1. _____ Bondye va kontinye reponn lapriyè moun ki dezobeyi l volontèman.
2. _____ Matye 24.42 ak 25.13 genyen menm mesaj de baz.
3. _____ Gran komisyon an te la sèlman pou Apot yo.
4. _____ Vizyon krisyanis lan sou limanite se ke tout moun fè peche epi yo bezwen sali ki nan Kris la.
5. _____ Jak 1.5 ansenye ke « chak bon kado ki pafè soti anwo »
6. _____ Tout kat levanjil yo ak liv travay apot yo bay gran komisyon an sou yon fòm oswa yon lòt.
7. _____ « Endijèn » fè referans espesyalman ak legliz ke youn nan douz Apot yo te kòmanse.
8. _____ Bib la di Jezi ap vini tankou yon vòlè (san atann).
9. _____ 2 Tesalonisyen 3.4, Efezyen 4.12 ak Lik 21.16 anseye sou nesesite pèsistans nan lapriyè.
10. _____ Gen anpil medyatè ant Bondye ak lèzòm.
11. _____ Kretyen an dwe toujou sonje ke volonte ak sajès Bondye pral dirije repons Bondye.
12. _____ « Gouvène-pwòp tèt » se yon karakteristik legliz endijèn.
13. _____ Pou ofrann, Kayen te pote youn nan premye pitit twoupo li yo.
14. _____ Lèzòm te kòmanse lapriyè lè Bondye te ba li lòd fè sa.
15. _____ Pou ofrann, Abèl te pote kèk fwi ki soti nan latè.
16. _____ « Misyon » se mo ki pi souvan itilize pou « evanjelizasyon mondyal. »
17. _____ Mèlkisedèk te wa Jide epi prèt Bondye ki Pi Wo a.
18. _____ « Sipòte-pwòp tèt » se yon karakteristik yon legliz endijèn.
19. _____ Jak 1.17 diklare, « Si yon moun pami nou manke bon konprann, se pou l mande Bondye »
20. _____ Izrayèl te bay branch fanmi Dan ladim paske yo pa t genyen eritaj.
21. _____ Mo « gouvène-pwòp tèt » fè referans ak legliz ke lidè nan katye jeneral ap dirije.
22. _____ Retou Jezi a pral yon retou espirityèl, li p ap vizib.
23. _____ 2 Tesalonisyen 2.1-10 anseye nesesite pou kretyen lapriyè.
24. _____ Mo « misyon » soti nan mo laten « apostolos. »
25. _____ Bondye ka reponn lapriyè epi Li pa bay sa ki te mande a.
26. _____ Pwomès Bondye yo toujou gen kondisyon.
27. _____ 1 Tesalonisyen 5.2 anseye ke « moun ki mouri nan Kris yo ap resisite premyèman. »
28. _____ Preche levanjil esansyèl pou kòmanse nouvo legliz yo.
29. _____ Jenèz chapit 3 anrejistre premye egzanp kado oswa ofrann yo te bay Bondye.
30. _____ Bondye te rekòmande Kayen ak Abèl pou pote sakrifis ba li nan Jenèz 4.9.
31. _____ « Misyonè » literalman vle di « pòtpawòl nan yon peyi etranje. »
32. _____ Mo laten pou « misyon » vle di « Mwen voye. »
33. _____ Yon legliz endijèn fè referans ak yon misyon ki sipòte pa sipò etranje epi ki dirije pa lidè etranje.
34. _____ Bondye te resevwa ofrann Kayen an ak kè kontan.
35. _____ 1 Tesalonisyen 4.16 anseye ke « Senyè a ap vini tankou yon vòlè nan mitan lannwit. »
36. _____ Se yon bon estrateji pou fè legliz lokal yo depann pou egzistans yo de lajan misyonè etranje yo t ap bay.
37. _____ Bondye mande pou nou bay nan lide pou kreye nan nou yon atitid ki kòrèk parapò a lajan.
38. _____ Lè yon legliz pa gouvène-pwòp tèt li ak sipòte-pwòp tèt li, li ra pou l repwodwi-pwòp tèt li.

EGZAMEN 3

39. _____ Bondye ranpli Ansyen Testaman ak lonbraj oswa refleksyon fèb de evènman ak enstitisyon ki va parèt nan Nouvo Testaman an. Desen sa yo rele egzanp.
40. _____ Mo « apostello » vle di « envoke. »
41. _____ « Repwodwi-pwòp tèt » se yon karakteristik yon legliz endijèn.
42. _____ Arawon te yon « egzanp » pou Kris.
43. _____ Soupe Senyè a se yon temwen pou retou Kris.

CHWAZI REPONS KI KÒRÈK LA

44. _____ Ki kote lapriyè premye mansyone nan Bib la ?
    A. Jenèz 2.22   **B.** Jenèz 3.15   **Ch.** Jenèz 4.26   **D.** Jenèz 5.17
45. _____ Ki kote yo jwenn pasaj sa : « A Mande, y a ban nou. Chache, n a jwenn. Frape, yo va louvri pou nou » ?
    A. Lik 6.21   **B.** Mak 5.12   **Ch.** Matye 7.7   **D.** Jan 8.18
46. _____ Ki kote yo jwenn vèsè sa : « Pa bay kò nou traka pou anyen. Men, nan tout sikonstans mande Bondye tou sa nou bezwen nan lapriyè. Toujou sonje di l mèsi tou lè n ap lapriyè » ?
    A. 1 Korent 6.11   **B.** Matye 12.26   **Ch.** 1 Timote 2.2   **D.** Filipyen 4.6
47. _____ Ki kote yo jwenn vèsè sa : « Pou konmanse, m ap mande pou nou lapriyè Bondye pou tout moun. Fè l tout kalite demann pou yo, mande l padon pou yo, di l mèsi pou yo » ?
    A. Travay 9.6   **B.** Matye 18.24   **Ch.** Efezyen 3.21   **D.** 1 Timote 2.1
48. _____ Ki ladim ki te asosye avèk benediksyon sa : « Senyè a, Bondye nou an, va beni nou nan tou sa n ap fè » ?
    A. Premye   **B.** Dezyèm   **Ch.** Twazyèm   **D.** Katriyèm
49. _____ Ki kote yo jwenn pasaj sa : « Wi, mwen vle pou moun k ap viv pou Bondye toupatou yo ka leve men yo anlè devan l pou yo lapriyè san yo pa nan fè kòlè ni nan chache kont ak pèsòn » ?
    A. Matye 16.23   **B.** Travay 9.21   **Ch.** 1 Timote 2.8   **D.** 1 Jan 1.9
50. _____ Ki twa fèt prensipal Jwif yo ?
    A. Semèn, twonpèt, tant randevou   **B.** Pak, twonpèt, Lapannkòt
    Ch. Lapannkòt, twonpèt, tant randevou   **D.** Pak, Lapannkòt, Tant randevou
51. _____ Ki kote yo jwenn vèsè sa : « Paske, kote richès ou ye, se la kè ou ye tou » ?
    A. Matye 6.21   **B.** Mak 6.21   **Ch.** Lik 6.21   **D.** Jan 6.21
52. _____ Nan ki pasaj misyon legliz la te deklare aklè ?
    A. Women 16.14-16   **B.** Matye 28.19-20   **Cb.** Travay 2.40-42   **D.** Lik 24.50-52
53. _____ Ki kote yo jwenn vèsè sa : « Si mwen te gen move lide nan tèt mwen, Seyè a pa ta koute sa m t ap di l la » ?
    A. Jenèz 35.6   **B.** Jozye 24.9   **Ch.** Jòb 16.20   **D.** Sòm 66.18
54. _____ Ki ladim yo ta bay pou Levi yo, etranje yo, òfelen yo ak vèv yo ?
    A. Premye   **B.** Dezyèm   **Ch.** Twazyè   **D.** Katriyèm   **E.** Senkyèm
55. _____ Ki kote yo jwenn vèsè sa : « Pitit mwen yo, piga nou renmen sèlman nan bouch, nan bèl diskou ak bèl pawòl. Se pou nou renmen tout bon vre. Se pou tout moun wè jan nou renmen lè yo wè sa n ap fè » ?
    A. Jak 3.8   **B.** 1 Jan 3.18   **Ch.** Matye 8.16   **D.** Jak 3.10
56. _____ Ki kote yo jwenn vèsè sa : « Tout moun fè peche ; yo tout vire do bay Bondye ki gen pouvwa a » ?
    A. Jan 4.21   **B.** Travay 2.12   **Ch.** Wom 3.23   **D.** 1 Kor 11.19
57. _____ Chwazi referans biblik ki koresponn ak vèsè sa : « Pèsòn pa konnen ni ki jou ni ki lè bagay sa yo ap rive, pa menm zanj yo ki nan syèl la, pa menm Pitit la. Sèl Papa a konn sa »
    A. 2 Pyè 3.11   **B.** Jan 14.22   **Ch.** 3 Tesaloni 1.7   **D.** Mak 13.32
58. _____ Ki kote yo jwenn pasaj sa : « Non ! Se pa paske Seyè a manke fòs kifè Li pa vin delivre nou. Se pa paske Li soudè kifè Li pa tande lè n ap lapriyè nan pye l. Men se mechanste nou yo ki mete yon bayè ant nou ak Bondye nou an. Se peche nou yo ki fè l vire figi l pou l pa tande nou » ?
    A. Egzòd 21.8-9   **B.** Ezayi 59.1-2   **Ch.** Jòb 9.23   **D.** Sòm 112.2-3
59. _____ Ki kote yo jwenn pasaj sa : « Ki jan y a fè rele l, si yo poko gen konfyans nan li ? Ki jan pou yo gen konfyans nan Li, si yo pa tande pale sou Li ? Ki jan pou yo tande pale sou Li, si pa gen pèsòn pou fè konnen mesaj la ? Ki jan pou yo fè fè konnen mesaj la, si pa gen moun yo voye pou sa ? Dapre sa ki te ekri a : Ala bèl bagay lè ou wè moun k ap pote yon bon nouvèl ap vini » ?
    A. Lik 16.24-25   **B.** Wom 10.14-15   **Ch.** 2 Tim 2.2-3   **D.** 1 Pyè 1.3-4
60. _____ Ki kote yo jwenn vèsè sa : « Lè ou refize fè sa lalwa mande ou fè a, ata lapriyè w ap fè a p ap fè Bondye plezi » ?
    A. Egzòd 30.17   **B.** Jij 11.31   **Ch.** Sòm 45.9   **D.** Pwovèb 28.9

Doktrin Kretyen

61. _____ Ki kote yo jwenn vèsè sa : « Se poutèt sa kè nou pa sote devan Bondye. Nou konnen l ap koute nou si nou mande l kichòy ki dakò ak volonte Li » ?
    A. 1 Jan 5.14   **B.** Women 13.21   **Ch.** Matye 6.22   **D.** Sòm 9.4

62. _____ Ki ladim ki te sèvi pou yon repa sakre, pou yo manje tankou yon aksyon adorasyon nenpòt lè Bondye ta bay lòd pou fè l ?
    A. Premye   **B.** Dezyèm   **Ch.** Twazyèm   **D.** Katriyèm   **E.** Senkyèm

63. _____ Ki kote yo jwenn vèsè sa : « Menm lè nou mande, nou pa resevwa anyen, paske nou mande mal. Nou mande bagay ki pou satisfè pwòp dezi pa nou sèlman » ?
    A. Matye 6.21   **B.** Jan 16.23   **Ch.** Jak 4.3   **D.** 2 Kor 4.19

64. _____Ki ladim ki te bay pou sipòte sila yo ki t ap travay nan Tant Randevou a ?
    A. Premye   **B.** Dezyèm   **Ch.** Twazyèm   **D.** Katriyèm   **E.** Senkyèm

65. _____ Ki kote yo jwenn vèsè sa : « Men ki jan Bondye fè nou wè jan li renmen nou. Li te voye sèl pitit li a sou latè pou l te ka ban nou lavi » ?
    A. Jan 14.9   **B.** Matye 6.9   **Ch.** 1 Jan 4.9   **D.** Efez 3.22

66. _____ Ki kote yo jwenn pasaj sa : « Si nou padone moun lè yo fè nou mal, Papa nou ki nan syèl la va padone nou tou. Men, si nou pa padone moun lè yo fè nou mal, Papa nou p ap padone peche nou yo non plis » ?
    A. Matye 5.12-13   **B.** Matye 6.14-15   **Ch.** Matye 7.19-20   **D.** Mat 8.24-25

67. _____Kiyès ki te entwodwi bay ladim ?
    A. Noye   **B.** Abraram   **Ch.** Izarak   **D.** Jakòb   **E.** David

68. _____ Ki kote yo jwenn vèsè sa : « Se yon sèl Bondye a ki genyen. Se yon sèl moun tou ki mete lèzòm dakò ak Bondye ankò, se Jezi, Kris la » ?
    A. Women 7.12   **B.** 1 Tim 2.5   **Ch.** Travay 18.24   **D.** 1 Kor 11.24

69. _____ Ki kote yo jwenn vèsè sa : « Paske, Bondye veye sou moun k ap mache dwat devan Li. Li tande yo lè y ap lapriyè nan pye l. Men, l ap vire do bay moun k ap fè sa ki mal » ?
    A. 1 Pyè 3.12   **B.** 1 Timote 4.6   **Ch.** I Tesaloni 5.9   **D.** 1 Kor 7.21

70. _____ Ki kote yo jwenn vèsè sa : « Moun Bondye voye nan lachè a vin chache sa ki te pèdi pou l delivre yo » ?
    A. Jan 10.10   **B.** Lik 19.10   **Ch.** Mat 16.23   **D.** Mak 12.18

71. _____ Ki kote yo jwenn vèsè sa : « Li di yo : Men sa ki te ekri : Kris la gen pou l soufri jouk Li mouri, men sou twa jou Li gen pou l soti vivan nan lanmò. Y a pran non l pou yo mache fè konnen mesaj la nan tout peyi, kòmanse lavil Jerizalèm, pou mande tout moun pou yo tounen vin jwenn Bondye pou yo ka resevwa padon peche yo » ?
    A. Mat 28.18-20   **B.** Mak. 16.15-16   **Ch.** Lik 24.46-47   **D.** Jan. 20.21   **E.** Travay 1.8

72. _____ Ak ki evènman chak fen chapit nan 1 Tesalonisyen fè referans ?
    A. Krisifiksyon Jezi   **B.** Rezireksyon Jezi
    Ch. Asansyon Jezi   **D.** Retou Jezi   **E.** Jijman Jezi

73. _____ Ki kote yo jwenn vèsè sa : « Jezi pwoche bò kote yo, li di yo konsa : Mwen resevwa tout pouvwa nan syèl la ak sou tè a. Ale fè disip pou mwen nan tout nasyon, batize yo nan non Papa a, Pitit la ak Sentespri a. Montre yo pou yo obsève tou sa mwen te ban nou lòd fè. Sonje sa byen : mwen la avèk nou toulejou, jouk sa kaba. » ?
    A. Matye 28.18-20   **B.** Mak 16.15-16   **Ch.** Lik 24.46-47   **D.** Jan. 20.21   **E.** Travay 1.8

74. _____ Yon moun te estime ke _____ _____ nan tout Nouvo Testaman an konsène dirèkteman retou Senyè a.
    A. Yon ka   **B.** Yon demi   **Ch.** Yon senkyèn   **D.** Twa ka

75. _____ Ki kote yo jwenn vèsè sa : « Jezi di yo ankò : benediksyon Bondye sou nou tout ! Menm jan Papa a te voye m lan, se konsa m ap voye nou tou » ?
    A. Matye 28.18-20   **B.** Mak 16.15-16   **Ch.** Lik 24.46-47   **D.** Jan 20.21

76. _____ Ki kote yo jwenn vèsè sa : « Men, lè Sentespri a va desann sou nou, n a resevwa yon pouvwa. Lè sa a, n a sèvi m temwen nan Jerizalèm, nan tout peyi Jide ak nan tout peyi Samari, jouk nan dènye bout latè » ?
    A. Matye 28.18-20   **B.** Mak. 16.15-16   **Ch.** Lik 24.46-47   **D.** Jan. 20.21   **E.** Travay 1.8

77. _____ Ki kote yo jwenn vèsè sa : « Epi li di yo : Ale toupatou sou latè, anonse Bon Nouvèl la bay tout moun. Moun ki kwè epi ki resevwa batèm va delivre. Men, moun ki pa kwè va kondannen » ?
    A. Matye 28.18-20   **B.** Mak. 16.15-16   **Ch.** Lik 24.46-47   **D.** Jan. 20.21   **E.** Travay 1.8

78. _____ Dezyèm fwa lap vini an jan Bib la ansenye l la, l ap vini an _____ l ap _____.
    A. Sekrè, Silans   **B.** Pèsòn, Vizib   **Ch.** Envizib, Enkoni   **D.** Okenn nan repons sa yo

79. _____ Ki kote yo jwenn vèsè sa : « Konsa, se lè ou tande mesaj la ou vin gen konfyans. Mesaj la, se pawòl Kris la y ap anonse » ?
    A. Matye 24.17   **B.** Women 10.17   **Ch.** Efezyen 1.17   **D.** 1 Pyè 3.21

www.ingramcontent.com/pod-product-compliance
Lightning Source LLC
Chambersburg PA
CBHW081507040426
42446CB00017B/3426